『十三五』国家重点图书出版规划项目

中国近现代稀见史料丛刊【第六辑】

王东培笔记二种

张剑 徐雁平 彭国忠 主编

王东培 著

罗瑛 罗长德 整理

本辑执行主编 彭国忠

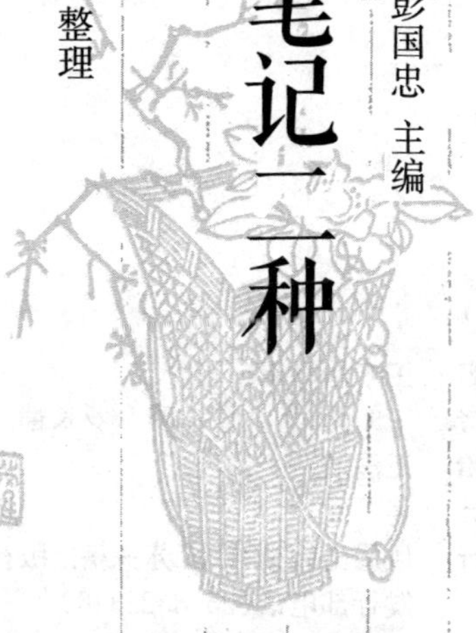

凤凰出版社

图书在版编目（CIP）数据

王东培笔记二种 / 王东培著 ; 罗瑛，罗长德整理
. -- 南京 : 凤凰出版社，2019.6（2024.11重印）
（中国近现代稀见史料丛刊．第六辑）
ISBN 978-7-5506-2958-5

Ⅰ．①王… Ⅱ．①王… ②罗… ③罗… Ⅲ．①笔记－中国－近代－选集 Ⅳ．①Z429.5

中国版本图书馆CIP数据核字(2019)第101092号

书　　名	王东培笔记二种
著　　者	王东培 著　罗　瑛　罗长德 整理
责任编辑	王淳航
装帧设计	姜　嵩
出版发行	凤凰出版社(原江苏古籍出版社) 发行部电话025-83223462
出版社地址	南京市中央路165号，邮编：210009
出版社网址	http://www.fhcbs.com
照　　排	南京凯建图文制作有限公司
印　　刷	唐山楠萍印务有限公司 唐山市芦台经济开发区场部
开　　本	880×1230毫米　1/32
印　　张	8.125
字　　数	211千字
版　　次	2019年6月第1版　2024年11月第2次印刷
标准书号	ISBN 978-7-5506-2958-5
定　　价	66.00元

(本书凡印装错误可向承印厂调换，电话：022-69381996)

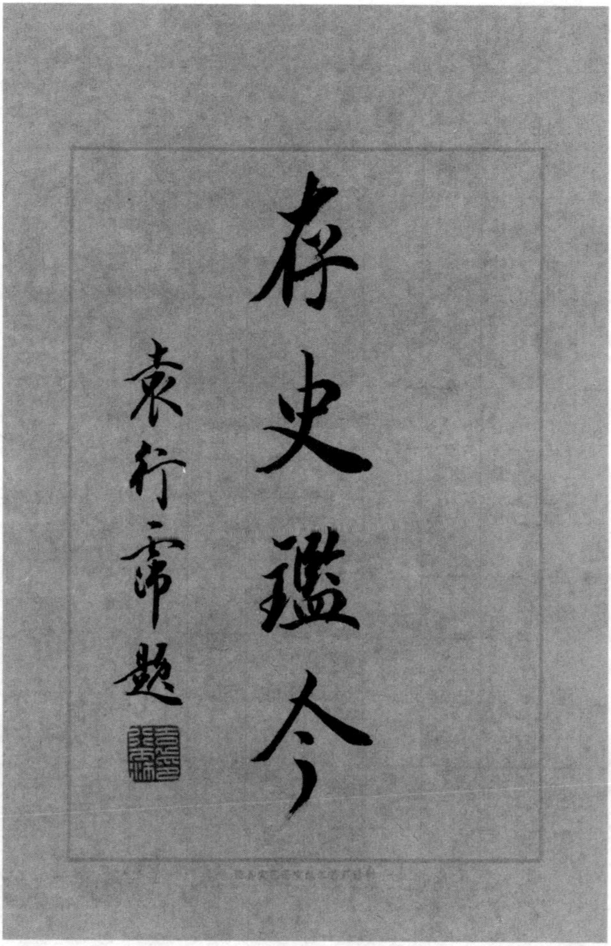

袁行霈先生题辞

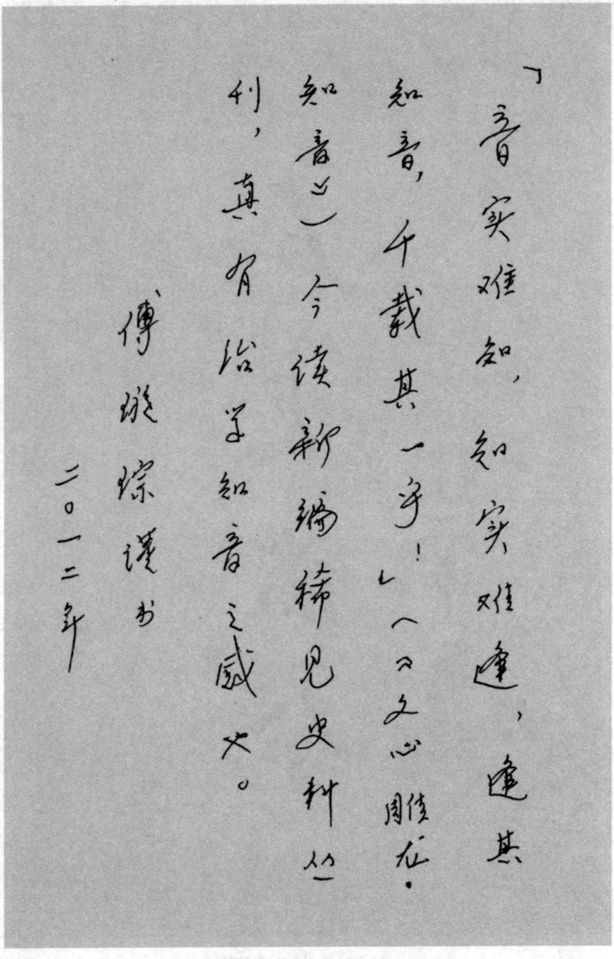

「音实难知，知实难逢，逢其知音，千载其一乎！」（《文心雕龙·知音》）今读新编稀见史料丛刊，真有治学知音之感矣。

傅璇琮谨书

二〇一二年

傅璇琮先生题辞

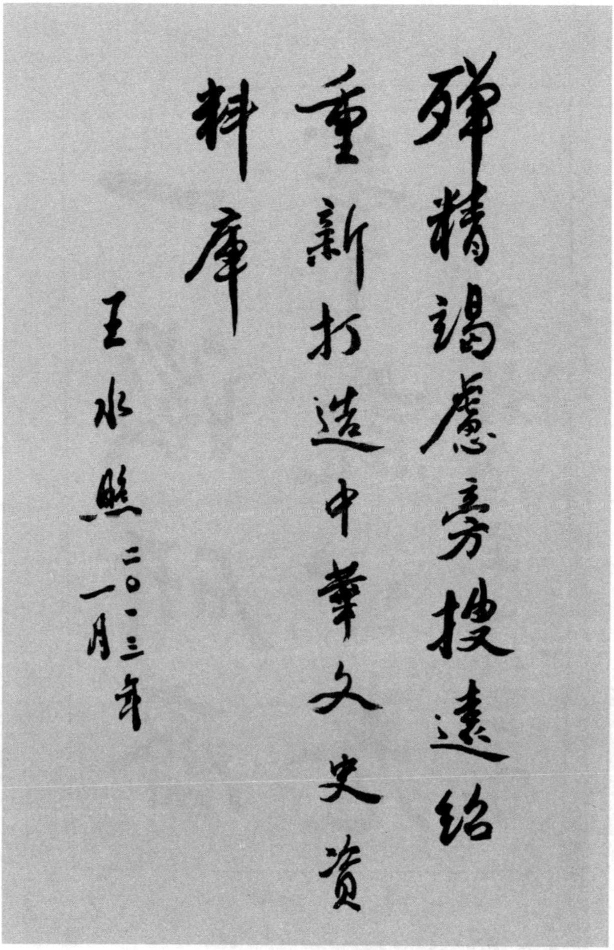

王水照先生题辞

—澄研斋笔记—

例言

初亦依託池北偶談分類曰史事人事藝事故事物事異事信手捃摭未遑次第既付梓氏史事人事釐別四卷合計八卷不必標記按卷可證

晚近讀書不期信古妄矜述作皆取正誼藉勵薄俗忠節廉隅志氣風格闡表所及不惜煩贅豈徒開卷有益亦賴先覺以覺後覺史事人事二類尤惓惓焉

藝事筆記極繁極賾十删其八特存梗概敢謝鑒別敝帚自珍已

異事寥寥不可泛拾亦不可無徵天變人痾略備陳迹豈志五行聊自惆怵而已

一澄研斋笔记二

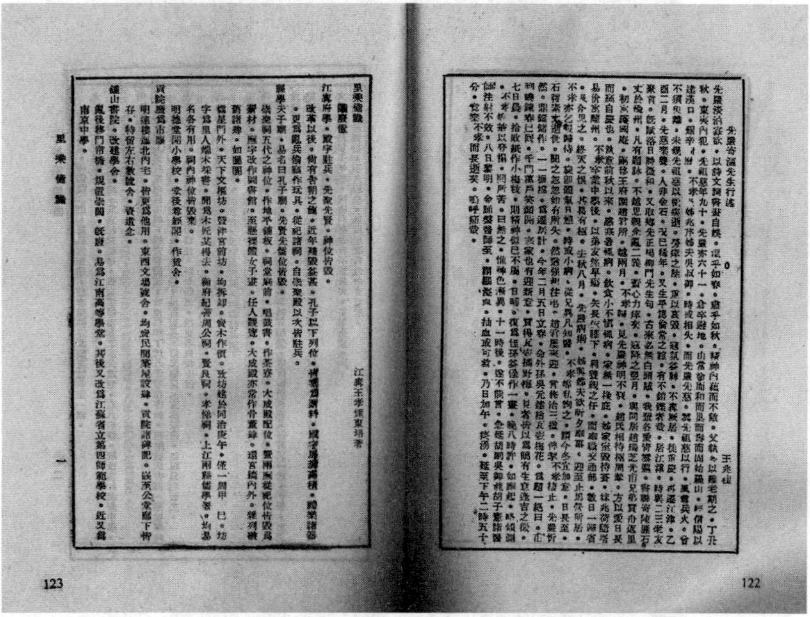

先嚴寄漚先生行述　　王兆佳

先嚴淡泊寡欲。以詩文詞賦自娛。溫乎如春。肅乎如秋。精神內蘊而不露。父執每以耄耋期之。丁丑秋。東夷內犯。先祖慈年九十。先嚴亦六十一。倉卒避地。由當塗而和而巢而舒而[illegible]始贛山。[illegible]併陽以達漢口。[illegible]。不孝[illegible]姊兆萍姊夫吳叔御。時或相失。而先嚴先慈。奉先祖慈以行。風雪兵火。曾不須臾離。未幾先祖慈以病瘁逝。勞瘁之餘。更以哀毀。寇氛多棘。不能寧居。徙重慶。再遷江津。乙酉二月。先慈棄養。人非金石。况已稀年。又生平篤倫常之誼。有不銷鑠者哉。居江津。時與二三老友聚首。既賦落日時發和。又取鄉先正楊御門先生句。古來必無白頭賊。我輩各要皆歸驅。[illegible]陳匪石丈於幾州。凡有題詠。不越思親念亂二義。苦心力瘁矣。寇降之翌月。與同居趙瑞芝先生兄弟買舟返里。初寓[illegible]。旋移王府園趙寓所。越兩月。不孝歸。見先嚴神明不衰。趙氏相待極周摯。方以愛日長而竊自慶也。孰意前秋以來。感寒發氣喘。飲食少不慣氣喘。家無一椽庇。姊家室毀待葺。妹兆荷隨婿易价寓離州。不孝客業中興後。以弟友衡早殤。矢長侍膝下。用盡親之任。而疾瘁交迫。數日一歸省。[illegible]之。終天之恨。其曷有極。去秋八月。先嚴病喘。姊氏暨姊夫欲朝夕奉事。迎至止園寓所居。不孝亦乞假歸侍。[illegible]。時或小瘥。從兄異凡知醫。不孝竊私憫之。謂今冬宜加意。日長至。石礎[illegible]逝世。聞之忽忽如有所失。然猶强起往弔。[illegible]。宵能治三餐。使不孝稍止。先嚴忻然。[illegible]。一一操搖。[illegible]計。今年二月五日立春。命外孫吳元達持瓦壺梅花。爲題一絕曰。[illegible]到曉鐘春已回。千門萬戶笑顏開。寒家也有迎新意。買得瓦壺插野梅。見者皆以爲賜有生意逸吉之徵。七日晨。拾敗紙作小梅枝。則精神似已不屬。日晡。復爲侄孫蓉侄作一畫。晚八時許。如厠起。眩暈。不孝[illegible]以脊[illegible]。問所苦。曰無之。惟神色漸異。十一時後。竟不能言。急延胡鵬與御龍胡子意諸醫師注射不效。八日黎明。命師發[illegible]師至。[illegible]。抽血或可救。乃日加午。[illegible]。延至下午二時五十分。竟棄不孝而長逝矣。嗚呼痛哉。

122

里乘備識　　江寧王孝煃東培著

[illegible]廢僧

江寧府學。殿宇駐兵。先聖先賢。神位皆毀。改革以後。尚有告朔之儀。近年殘毀益甚。孔子以下列位。[illegible]。廊宇[illegible]。禮樂諸器。更爲亂兵偷竊作玩具。從祀諸祠。自崇聖殿以次皆駐兵。

縣學夫子廟。易名曰孔子廟。先賢先儒位皆毀。崇聖祠五代之神位。作地下鋪板。祠堂廟前。唱戲書。作茶寮。大成殿配位。暨兩廡從祀位皆毀爲薪材。廡宇改作圖書館。至懸裸體女子畫。任人觀覽。大成殿亦常作書畫肆。環宮牆內外。雜列[illegible]販諸肆。如闤闠。

魁星門外。天下文樞坊。暨泮宮前坊。均拆卸。售木作價。致坊毀於同治庚午。僅一周甲已。坊字爲里人端木埰書。聞爲木匠某得去。衛府紀著周公祠。暨良祠。孝悌祠。上江兩縣儒學署。均易名各有用。祠內神位皆毀棄。

明德堂開小學校。堂後尊經閣。作貧舍。

貢院廢爲市廛

明遠樓巍北內宅。皆更爲他用。東西文場號舍。均被民間築屋毀肆。貢院諸碑記。嵌至公堂廊下僅存。特留左右數號舍。資遺念。

鍾山書院。改建學舍。亂後移門帘橋。現置崇閎。既廢。易爲江南高等學堂。其後又改爲江蘇省立第四師範學校。近又爲南京中學。

里乘備識　一

123

里乘备识

《中国近现代稀见史料丛刊》总序

在世界所有的文明中，中华文明也许可说是“唯一从古代存留至今的文明”（罗素《中国问题》）。她绵延不绝、永葆生机的秘诀何在？袁行霈先生做过很好的总结：“和平、和谐、包容、开明、革新、开放，就是回顾中华文明史所得到的主要启示。凡是大体上处于这种状况的时候，文明就繁荣发展，而当与之背离的时候，文明就会减慢发展的速度甚至停滞不前。”（《中华文明的历史启示》，《北京大学学报》2007 年第 1 期）

但我们也要清醒看到，数千年的中华文明带给我们的并不全是积极遗产，其长时段积累而成的生活方式与价值观具有强大的稳定性，使她在应对挑战时所做的必要革新与转变，相比他者往往显得迟缓和沉重。即使是面对佛教这种柔性的文化进入，也是历经数百年之久才使之彻底完成中国化，成为中华文明的一部分；更不用说遭逢“数千年来未有之变局”、“数千年未有之强敌”（李鸿章《筹议海防折》），“数千年未有之巨劫奇变”（陈寅恪《王观堂先生挽词序》）的中国近现代。晚清至今虽历一百六十余年，但是，足以应对当今世界全方位挑战的新型中华文明还没能最终形成，变动和融合仍在进行。1998 年 6 月 17 日，美国三位前总统（布什、卡特、福特）和二十四位前国务卿、前财政部长、前国防部长、前国家安全顾问致信国会称：“中国注定要在 21 世纪中成为一个伟大的经济和政治强国。”（徐中约著《中国近代史》上册第六版英文版序，香港中文大学 2002 年版）即便如此，我们也不能盲目乐观，认为中华文明已经转型成功，相反，中华文明今天面对的挑战更为复杂和严峻。新型的中华文明到底会怎样呈现，又怎样具体表现或作用于政治、经济、文化等层面，人们还在不断探索。这个问题，我们这一代恐怕无法给出答案。但我们坚信，在历史上曾经灿烂辉煌的中华文明必将凤凰浴火，涅槃重生。这既是数千年已经存在的中华文明发展史告诉我们的经验事实，也是所有为中国文化所化之人应有的信念和责任。

不过，对于近现代这一涉及当代中国合法性的重要历史阶段，我们了解得还过于粗线条。她所遗存下来的史料范围广阔，内容复杂，且有数量庞大且富有价值的稀见史料未被发掘和利用，这不仅会影响到我们对这段历史的全面了解和规律性认识，也会影响到今天中国新型文明和现代化建设对它的科学借鉴。有一则印度谚语如是说："骑在树枝上锯树枝的时候，千万不要锯自己骑着的那一根。"那么，就让我们用自己的专业知识与能力，为承载和养育我们的中华文明做一点有益的事情——这是我们编纂这套《中国近现代稀见史料丛刊》的初衷。

书名中的"近现代"，主要指 1840—1949 年这一时段，但上限并非以一标志性的事件一刀切割，可以适当向前延展，然与所指较为宽泛的包含整个清朝的"近代中国"、"晚期中华帝国"又有所区分。将近现代连为一体，并有意淡化起始的界限，是想表达一种历史的整体观。我们观看社会发展变革的波澜，当然要回看波澜如何生，风从何处来；也要看波澜如何扩散，或为涟漪，或为浪涛。个人的生活记录，与大历史相比，更多地显现出生活的连续。变局中的个体，经历的可能是渐变。《丛刊》期望通过整合多种稀见史料，以个体陈述的方式，从生活、文化、风习、人情等多个层面，重现具有连续性的近现代中国社会。

书名中的"稀见"，只是相对而言。因为随着时代与科技的进步，越来越多的珍本秘籍经影印或数字化方式处理后，真身虽仍"稀见"，化身却成为"可见"。但是，高昂的定价、难辨的字迹、未经标点的文本，仍使其处于专业研究的小众阅读状态。况且尚有大量未被影印或数字化的文献，或流传较少，或未被整合，也造成阅读和利用的不便。因此，《丛刊》侧重选择未被纳入电子数据库的文献，尤欢迎整理那些辨识困难、断句费力、裒合不易或是其他具有难度和挑战性的文献，也欢迎整理那些确有价值但被人们习见思维与眼光所遮蔽的文献，在我们看来，这些文献都可属于“稀见”。

书名中的“史料”，不局限于严格意义上的历史学范畴，举凡日记、书信、奏牍、笔记、诗文集、诗话、词话乃至序跋汇编等，只要是某方面能够反映时代政治、经济、文化特色以及人物生平、思想、性情的文献，都在考虑之列。我们的目的，是想以切实的工作，促进处于秘藏、边缘、零散等状态的史料转化为新型的文献，通过一辑、二辑、三辑……这样的累积性整理，自然地呈现出一种规模与气象，与其他已经整理出版的文献相互关联，形成一个丰茂的文献群，从而揭示在宏大的中国近现代叙事背后，还有很多未被打量过的局部、日常与细节；在主流周边或更远处，还有富于变化的细小溪流；甚至在主流中，还有漩涡，在边缘，还有静止之水。近现代中国是大变革、大痛苦的时代，身处变局中的个体接物处事的伸屈、所思所想的起落，藉纸墨得以留存，这是一个时代的个人记录。此中有文学、文化、生活；也时有动乱、战争、革命。我们整理史料，是提供一种俯首细看的方式，或者一种贴近近现代社会和文化的文本。当然，对这些个人印记明显的史料，也要客观地看待其价值，需要与其他史料联系和比照阅读，减少因个人视角、立场或叙述体裁带来的偏差。

知识皆有其价值和魅力，知识分子也应具有价值关怀和理想追求。清人舒位诗云“名士十年无赖贼”（《金谷园故址》），我们警惕袖手空谈，傲慢指点江山；鲁迅先生诗云“我以我血荐轩辕”（《自题小像》），我们愿意埋头苦干，逐步趋近理想。我们没有奢望这套《丛刊》产生宏大的效果，只是盼望所做的一切，能融合于前贤时彦所做的贡献之中，共同为中华文明的成功转型，适当“缩短和减轻分娩的痛苦”（马克思《资本论》第一卷第一版序言）。

《丛刊》的编纂，得到了诸多前辈、时贤和出版社的大力扶植。袁行霈先生、傅璇琮先生、王水照先生题辞勖勉，周勋初先生来信鼓励，凤凰出版社姜小青总编辑赋予信任，刘跃进先生还慷慨同意将其列入"中华文学史史料学会"重大规划项目，学界其他友好也多有不同形式的帮助……这些，都增添了我们做好这套《丛刊》的信心。必须一提的是，《丛刊》原拟主编四人（张剑、张晖、徐雁平、彭国忠），每位主编负责一辑，周而复始，滚动发展，原计划由张晖负责第四辑，但他尚未正式投入工作即于2013年3月15日赍志而殁，令人抱恨终天，我们将以兢兢业业的工作表达对他的怀念。

《丛刊》的基本整理方式为简体横排和标点（鼓励必要的校释），以期更广泛地传播知识、更好地服务社会。希望我们的工作，得到更多朋友的理解和支持。

2013年4月15日

目　录

前　言

本书包含王东培笔记《一澄研斋笔记》和《里乘备识》二种。

王东培(1875—1947)，名孝煃，字东培，以字行，号寄沤，别署红叶词人、岁寒山馆主等。江苏南京人。清光绪二十九年癸卯(1903)科举人，曾任知县、江苏省立第四师范学校教习、金陵大学教授兼中文系主任、国立东南大学(今南京大学)教授等。淡泊寡欲，廉洁无华。诗、书、画、印无不精研，时人誉为“艺坛全才”、“金陵第一”。优异弟子众多，如唐圭璋、萧娴、童雪鸿等。所著《秋梦录》《续冶城蔬谱》《乡饮脍谈》《北窗琐识》《游梁杂识》《里乘备识》等六种，收入南京市通志馆所编《南京文献》(1947—1948年版)。另著《红叶石馆诗词抄》《东培山民印》《岁寒山馆印》《三不同室印存》《医方集验小识》等。叶恭绰《全清词钞》卷四十收录其词一首。

关于《一澄研斋笔记》的命名，王东培在其《北窗琐识·一澄研斋刊石边跋》中说得甚明：“余于冷摊中，曾得一澄泥研，时在甲寅(1914)冬日。色紫质细，作工极端雅。因以‘一澄研’名吾斋。春忙未及造印，今日始成之。时在庚申(1920)冬日。人生几何，一研已足。吾与研与印，同其不朽。”原来，王东培得一澄泥研，以之名室为“一澄研斋”，又刻一章，为自己与研及印之永垂不朽，故又以“一澄研斋”名书。本书凡八卷，其中卷一、卷二史事，卷三、卷四人事，卷五艺事，卷六故事，卷七物事，卷八异事。

卷一、卷二撮录从春秋郑庄公到清雍正初一些史事。在卷一中，作者较详细记录了南宋皇陵攒宫及其被毁之事，并礼赞机智勇敢收葬南宋诸帝遗骨的义士。对南宋的灭亡，作者发出“为国之道，非自强不足图存”的呐喊。还详录李自成《降臣官簿》中孟章明、张罗俊、石昆等七十五名不向农民军屈服者。他们“婴城死守，或起义事败死节”，名节千古。卷一末辑录了明崇祯时五十六位宰相名单（包含他们入阁时间、籍贯、字等），批评他们除徐光启、文震孟、孔贞运、吴甡、范景文等五位“正人君子”外，“余则庸懦摸棱而已”。卷二主要是记南明和清初抗清史事。如南明永历帝被吴三桂擒杀，被俘抗清人士羞辱“两截人”洪承畴，记叙、讴歌抗清志士“六狂生”，称赞女性柳如是、李成栋妾、陈圆圆等抗清。此外，也记录了官至礼部尚书的著名书画家董其昌，由于三个儿子“无行”做恶，使董氏雕梁画栋被乡民焚毁之事。这与卷一所载李太后严管明神宗形成鲜明对照，给我们家庭教育提供了正、反两个极好的例证。

卷三记载了一些好人好事、趣事、科举世家等。好人好事，如都玄寅夜苦读、顾耿光犯而不校、熊廷弼飞马护士，还有危难救夫林普晴、亦迂亦笃之俞伟臣、救民水火赛金花等。趣事，如江苏清河县令吴棠奇遇年轻慈禧、已官至两江总督刘坤一仍未从县学“出学”、曾国藩与鲍超谈事时肤癣飘堕可扫等。科举世家，如江苏丹徒张氏、安徽当涂朱氏、江苏吴县潘氏、江西新建程氏等世族大家，荣耀史册。还记载了清同治十一年（1872）七月八日至光绪元年（1875）九月十六日，清政府四次派童子出国留学可考人员名单等，对研究清代外交史有重要作用。卷四记载了《一柱楼诗》案、《南山集》案、《地舆楼》案等文字狱。还有清东陵被盗、耆寿老人姓名、洪秀权天王府对联、天津教案、骄横太监安德海被擒杀、山东黄崖事件等。其中洪秀全天王府三副对联，气势恢宏，如：“马上得之，马上治之，造亿万年太平天国于弓刀锋镝之余，斯诚健者；东面而征，西面而征，救廿一省无罪良民于水火倒悬之会，是曰仁人。”表现了太平天国欲救民于水火而永开盛世的愿望。

卷五艺事，包括一些艺林、书林往事等。艺林往事，如南京人喜欢奸臣马士英的画，却厌恶其为人，便将马氏画之作者改为秦淮河妓女冯玉瑛[①]；乾隆时大学士刘墉爱妾王氏常代夫为书画题签，几可乱真，刘墉晚年尤然；元代画家高克恭之《春云晓霭图》，被张姓裱工以二十五金成本，作伪出二幅赝品，一以八百金售于鉴赏家毕涧飞，一以五百金售某巡抚等。书林往事，如明代藏书家项元汴所买藏品稍贵，便忧伤，而向兄项笃寿索要高价。笃寿安慰之，叹赏之，如意之。其鹡鸰在原之情赫然在目。本卷还辑录了九种同名而实异之书，如元苏伯衡、明李梦阳均有《空同子》一书，给读者提供鉴别上的方便。又记载了一些有意义的印章。如清代学者王昶藏书印"二万卷书可贵，一千通经已备购，且藏剧劳勚，愿后人勤讲肄，敷文章，习典故，兼游艺，时整齐，勿废置。如不材敢卖弃，是非人，犬豕类，屏出族，加鞭棰。述庵传戒"等，激励后人永保藏书，勤学奋发。

卷六故事，介绍了一些称谓、风俗及清代科举奇事等。称谓，如辑录从《史记》到《明史》中一些罕见姓名如减宣、梅虫儿等，给我们阅读史书提供了方便；又考证"干宝"当为"于宝"，可备一说；还有古人名字有二世、三世、四世、五世、六世同名"之"字者，这是一种特殊的古代文化现象；还有唐宋时对中央各部官员的戏称，如宋人称鸿胪寺卿为"睡卿"，可供一哂等。风俗，如中国民间"七七"治丧之制，古代鞑靼不纪年、三搭辫及卒葬之俗，暹罗国王尚火葬等。其他还有梁山伯与祝英台、雷峰塔自倒、五通庙祀绝等。本卷重点是清代科举奇事。除详载清康熙、乾隆两次博学鸿词考试情况之外，还记载了一些考官和进士的情况。考官，如乾隆四十三年(1778)会试两名主考官、四名同考官四人均为状元，另有父子、兄弟同为两省乡试主考，有学政于岁试文中预见二人必中状元、另一人子孙中状元。进士，有解元、会元、状元三元及第者，有乡榜同科出三个状元者，有父子、叔侄皆中状元者，有县学训导连捷会元、状元者，有被夺解元而会元、状元连举者，有举人知县直接殿试中状元者，有同胞二兄弟一为会元、一

---

① 马字加二点成"冯"，士字改为"玉"，英字加玉旁为"瑛"。

为状元者，有未散馆就擢庶子之状元者，有七十三岁中探花者，有同一会榜拜相四五人者，有进士释褐便官至四品者，有父子同举进士者，有兄弟二人或三人同举进士者，有同榜领乡荐一百零六人而第二年六十四人举进士者，祖孙三代同领乡荐者，等等。这些科举奇事，成为清代科举文化研究不可或缺的重要内容。

卷七物事，所涉有工艺品，如宜兴陶器、宣德炉、丁娘子布等，特产碧萝春茶叶，饮食石首鱼、粤地食蛇、陆稿酱肉等，及花卉如兰花、凤仙花、梅花等，果如花生、柿子、红豆、枸杞等，及一些常见病痘疹、恶疮、噎病之治疗法等。

卷八异事，即一些奇异之事。如相传清初黄蘗道人题壁诗预示清代帝王御世纪元、国号约字，借尸还魂，成年女人突变男人，成年男人突变女人等稀奇事，可为挥麈之一助。

本书撰写的历史背景是：日本帝国主义已在上海发动"一·二八"事变，并在东北建立伪满洲国。一些汉奸争相投靠日本。王东培对此义愤填膺。在卷一中作者对南宋遗民谢翱、张白云纳书于冢，郑思肖投书于井之举，王东培感慨系之："岂若今日语言习俗、服食起居，习与他族变化，恨不与之同种族？乃口号犹曰'吾当自立''吾当爱国'。岂不知亡？徒盖愆尤，终必至于谓'他人父母'而已，可胜痛心！"又论六狂生："如六狂生者，真可谓爱国之挚也。当时国已亡，家已破，所谓'请看域中，竟是谁家天下'。顾亦有谢三宾者捣乱，至于不可收拾。吾恐先民遭亡国惨祸，犹有六狂生，不能挽回大事，尚可支持气节。若今日谢三宾之类，亦何可胜数哉！衣冠已易，肝肺难测，惟恐不早与异族同化语言礼教，至不惜纤微而自改自革。一面犹有号召，厉声曰：'吾同胞当爱国！'持谁之矛，刺谁之盾？夫亦可为痛哭长太息矣。"作者强烈呼唤真正"爱国之挚"者，矛头直指投靠敌人的"今日之谢三宾"[①]！作者在卷一就开宗明义地指出，"春秋时，乱

① 谢三宾，明末降臣，打击南明抵抗力量，晚节不保。

臣之魁，贼子之祖，厥惟郑庄公”，奠定了全书批评现实的基调。

综合上述，本书述史事，记人事，叙见闻，辨名物，释古语，考纲纪等，诚如揖坡老人序所言：“忠节廉隅，鉴别人伦，纲常大事，系家国治乱，殷拳秉笔，义在阐发。他及掌故名物，随时因革，金石图书，数典不忘。或又祯祥妖孽，事不数见，翔实附载，系之以感。”可以说，在一定程度上本书是作者强烈爱国热情的炽热表征。

《里乘备识》所载是王东培耳闻目睹有关南京之事。作者亦在《乡饮脍谈・自序》中说：“曩纂《里乘备识》，仿《金陵待征录》之例[①]。盖曰识之有备，犹之待时有征也。”此书成于日军占领南京之前。后来书稿落于友人之手，未曾散佚[②]。1948 年 10 月，南京市通志馆《南京文献》第二十二号收录之。全书分识废置、识人、识金石书画、识事等四部分。书前有王东培之女王兆桂《先严寄沤先生行述》一文，述王东培一家在日寇侵略南京时逃难重庆及战后返宁、王东培去世经过。

识废置部分，主要记载清末民国时南京一些建置的今昔情况。如四仲书院原由上元知县王芝兰捐建，科举罢后废弃；下江考棚原是江苏学政试士之所，后改织布厂，余屋改积谷义仓；督粮厅署、府检校署、南捕通判署均改学校。字里行间，透露出作者的黍离之悲。

识人部分，记载了南京历史上和当时一些人物。如文艺人物五布衣、张宝、濮仲谦等，科举世家郑芝崖家，铮铮铁骨三御史，大义凛然江召棠知县，才女邓邦康，孝子胡少怀，贞孝节烈妇杨贞女、胡孝女、陈节母、席烈妇，以及明武宗夏皇后、明世宗方皇后等。这些人物，可圈可点。南昌知县江召棠义正辞严拒绝外国传教士王安之无理要求，并为保护南昌百姓绝食殉职；上元陈节母，婚后九年夫卒抚孤、奉姑嫡，后儿卒又抚孤孙成立，艰苦凄楚六十年；明世宗方皇后，

---

① 清金鳌辑。辑录金陵轶事，凡十卷，即卷一至卷四志地，卷五至卷七志人，卷八志事，卷九志言，卷十志物。

② 王东培《乡饮脍谈・自序》云：“大乱出奔，《里乘》稿本幸存方外性宽手。”

在壬寅宫变中将世宗从行弑宫女手中救出，等等。

识金石书画部分，仅简记了南京十处墓碑、诗文碑、神道碑等。如花林梁始兴忠武王萧儋碑、燕子矶永济寺乾隆帝赐僧默默诗刊石、明徐达墓神道碑等。

识事部分，主要是指作者生活时代发生在南京的各种事情。如民国七年(1918)，南京发生防鼠疫大闹剧。这场闹剧的结果，是"防疫使者携资归家，置田宅，或寄息银行"，"人民不死于鼠之为疫，而死于防鼠疫之役"。作者投书江苏省议员，谏止江苏省议会在丹阳、无锡等产丝之地设茧厂，表现了作者热爱广大劳动者的优良品德。辛亥革命成功后，南京旗兵在明故宫火药局集体自杀殉清等。还有各种趣事，如云贵总督董教增为百岁村翁拜寿、黄慎之状元及第极大荣耀、侯云松为拒求书画者而幽默地作两首《贺新郎》词等。奇事，如民国五年(1916)七月十九日，南京来凤街随氏屋倒塌，七个大人和小孩被压在倒墙瓦砾下未受伤；南京南门外机器局烟囱上喜鹊卵壳上均布"富贵昌宜"四字；民国六年(1917)十一月二十一日午未之交，南京上空出现三个太阳等怪事。再如太平天国失败后，南京豺狼成群，一二单行人就被吃，两江总督李鸿章命数营勇日夜剿杀，不能奏效，几年后，豺狼突然消失等。总之，《里乘备识》一书，给南京留下了一份珍贵的记忆。

本书选题由北京大学中文系张剑先生所定。其中《一澄研斋笔记》底本为民国二十三年(1934)铅印本，由李丹师姐友情提供。《里乘备记》底本为南京市通志馆《南京文献》第二十二号(1948 年 10 月)本，由江庆柏先生友情提供。在本书整理过程中，得到本丛书三位主编张剑先生、徐雁平先生、彭国忠先生的指点。责任编辑王淳航先生为本书出版付出了辛勤劳动。在此一并致谢。

整理者

2018 年 10 月

凡　例

一、本书一事为一段。为保持原貌，整理者对较长段落（如书信），亦不予分段。

二、本书正文后，时有补充说明文字。为与正文相区别，《一澄研斋笔记》将这些文字低一格，《里乘备识》则低二格。为此，整理者将其改作仿宋，并空二格。

三、为忠于原作，惟明显错误者，径改之。

一澄研斋笔记

序

虞渊之日已暮，田畴之桑倏茂。惊心怵目，人事递易。岁月悠逝，靡有底止。余足不出户已十余年，不喜诣人，常贪客至。鹿樵诗境，其敢自诩。东培山民赁庑结邻，竟与余近。每有造请，未尝不视为素心，乐数晨夕。比者，持其《一澄研斋笔记》若干卷问序于余，且曰："将付剞劂氏，何敢问世，聊备抄胥，以质同好云尔。"昔渔洋山人著《池北偶谈》暨《香祖笔记》，河间纪氏亦有五种笔录，博览闳达。昔贤专美，今又何让？但返顾吾辈身世，远非康、乾时之可比。况历乱悖景，贫贱之困苦，诡谲之遭逢，文章之憎命，处于今日，至矣尽矣。东培此编，尚借读书以资养气。余为展玩一过，忠节廉隅，鉴别人伦，纲常大事，系家国治乱，殷拳秉笔，义在阐发；他及掌故名物，随时因革；金石图书，数典不忘；或又祯祥妖孽，事不数见，翔实附载，系之以感。一切媟亵帷薄之讥讪，凭空不经之谈屑，概无一字琐琐其间。且近代文字，拈笔冲口，矫揉造作，奇异晦涩。不假饰谞译体制，即搦作村妪嫚词，是亦不可以已乎？扫尽积习，独存旧谛。知音不远。赏奇而析疑，饫空而馈愚，倘有取乎？

甲戌春莫，揖坡老人时年九十又二。

序

将期读书以成有用之学，年历富实者优为之矣。余自辛亥以后，饥驱之走，境迫情窭，身心扞格，世局谆违，胁肩谄笑，勉强凑合，相与周旋，无非笑齿尽是啼颜，殆不可自问也。北窗濯吾座具，摊书吮豪，或有所得，辄备省忆，或有所用，即存梗概，日就月将，所聚愈多。敝帚之珍，破簏之栖，闲为检点，如遇故人。风雨庐中，每自欷歔，以为不能粪心，只增蒿目。于是弃捐，又弗复道。客有见之者，曰："可作馈贫粮、拯乱药乎？而又何自慊，芟夷蕴崇！"爰摘其要，摭其芜，存其人，著其是非，写其迹象。烧烛未短，牧豕之息，或承流览，聊娱一时。其诸异乎坐古柳夕阳下，听盲翁负鼓唱辞。既付梓人，因附识之。

甲戌仲春，一澄研斋主人东培山民。

例　言

初亦依托《池北偶谈》分类，曰：史事、人事、艺事、故事、物事、异事。信手扯捋，未遑次第。既付梓氏，史事、人事厘别四卷，合计八卷。不必标记，按卷可证。

晚近读书，不期信古，妄矜述作。旨取正谊，藉励薄俗、忠节、廉隅、志气、风格。阐表所及，不惜烦赘。岂徒开卷有益？亦赖先觉以觉后觉。史事、人事二类，尤惓惓焉。

艺事笔记，极繁极赜，十删其八。特存梗概，敢诩鉴别？敝帚自珍已。异事寥寥，不可泛拾，亦不可无征。天变人疴，略备陈迹，岂志五行，聊自恫怵而已？

兹编文字，国政不议，时事不涉，淫亵不写，滑稽不入。满纸腐臭，聊诩神奇。头巾仡仡，如是如是。“君子不亮”，吾恶乎执？

卷一　史事[1]

春秋时，乱臣之魁、贼子之祖，厥惟郑庄公。左氏依经作传，首即演论其罪状。繻葛一战，射王中肩。前乎此未之有。城颍之置，羁母如囚，遂开后来悖理灭伦之端。乱贼之阶，郑庄为之厉。春秋之罪，郑庄冠其伦。

战国时多无伦理，举动残忍酷虐，触目婴心，可为叹息。淖齿试君，擢筋悬梁庙。阿大夫烹，且株连左右，俱入鼎镬。乐羊尝其子羹汤。庞涓忌孙膑，刖足而黥面。秦王车裂假父，缫囊扑杀母弟。赵公子成囚其君主父，三月饿死。是何异禽兽搏噬行为？至列国兵事惨劫，虽史书有不能尽信，但亦不尽虚诞。秦甘茂拔咸阳，斩首六万；取阳城，斩首四万；伐赵，斩首九万。白起坑降卒四十万；又败赵、魏之师，斩十三万，沉于河二万；又败韩魏之师，斩二十四万。智伯之头，漆为饮器。聂政行刺，自抉眼皮。商鞅以车裂，又灭族。直到嬴政坑儒焚书。历稽史志，殆无以过。

《三传》事实多大同而互有异处，盖亦犹后世抄记，实录前后挩简，致生歧误。考《穀梁·成公元年》“冬十月，季孙行父秃，晋郤克眇，卫孙良夫跛，曹公子手偻，同时聘齐”。事见《左传》在宣公十七年，与《穀梁》相差二年。又《左传》第言“晋侯使郤克征会于齐，齐顷公帷妇人观之。郤子登，妇人笑于房”。与《穀梁》“齐使秃者御秃，眇者御眇，跛者御跛，偻者御偻。萧同侄子处台上而笑之”又不同。《左传注》谓“郤子跛登，故笑之”，是又与《穀梁》“郤子眇”更异。《穀梁》

---

① 本书各卷名为整理者根据作者例言所加。

云云，未知孰是？宜若较《左传》为详矣。鞍之败齐国，乃在使妇人一笑阶之祸。果如《穀梁》所传“齐之辱客”，亦太滑稽。且征聘各使皆有残疾，一时聚集，又事之至奇。此亦“小不忍乱大谋”、“春秋无义战”。吾于是益信。

伊尹割烹要汤。战国时已有此稗说。孟子辩之，以为汤三使聘币而出。此说又本何记载？孟子又对淳于髡之问，论伊尹有五就汤、五就桀之事，则与“三聘”之说又相歧异。宋儒杨氏曲解曰：“就桀，汤进之也。”往事无征，古之记录书籍亦不详，乃必曲谅古人，是一人之私见。幸而在孟子口气，故传信今古耳。考伊尹，实三代以前之王莽、董卓、曹瞒一流。观于放桀、放桐宫二事，皆此老施之狡狯。相汤能放无道桀，辅商能放新君太甲，伊尹不特手段豪迈，亦且通权达变。初次一放曰“诛无道”，汤实受其谋，已而又放，则百官总己三年矣。人心未去，或怨声载道。篡逆之名不可居，史乘之罪不能改，毅然归政，美意奉君，曰“悔过”，实则众怒不可犯已。悔其过，以谢天下。于是商祚以固，后世“圣相”之名赖以不朽。三代而后，惟诸葛武侯一人而已。人心不可问，有繇来耶！

楚大夫费无忌为太子逆妇于秦。因女好，劝平王自取，而更为太子取。平王于是自取之。此事与卫宣公筑台河上邀妇，而使其子伋自死，可谓无独有偶。春秋时礼教凌替，自诸侯、公卿、大夫家已然。其时民间，概可知矣。

《太平御览》：仲子崔者，仲由之子。子路既死卫难，子崔既长，欲报父仇，与于黡约于城西决战。至日，黡持蒲弓木戟，与子崔战而死。

> 子崔欲报父仇，孔子曰：“行矣！”子崔遂与黡战。见师觉授所撰《孝子传》，《御览》引之。[①]

---

① 原注：“师觉授，南阳人，《南史》有传。”

卜子夏为定、哀时人，至魏文侯时年一百余。见近人盐城陈惕庵先生著《卜子夏年谱》。

吕后杀戚夫人，虐之曰"人彘"。武后杀王后、萧淑妃，投酒瓮中，曰："令二妪骨醉！"数日死，又斩之。忍人同出一辙。其事比之桀、纣为尤甚，况皆妇人行为，至于斯极！岂怨毒深而逞残忍，亦过耶？天下事皆有左右之者承其意旨。上之所欲，下必有过焉。于二后亦何责？

唐司马贞补《史记·三皇本纪》。张文敏照总修各史，曾为考证，谓此《纪》宜附《史记》之后，是也。《补纪》附会太甚：庖羲、女娲蛇身人首，神农人身牛首，天皇十二头，地皇十一头，人皇九头。种种荒诞，乃出于唐代人，为之作《纪》更奇谬可笑。况依文训义，掠取《易经》《春秋》《月令》等事以杂荟之。又不足，则以《淮南子》不经之谈拉列成篇。今之《史记》五帝之纪又见《三皇》，意在数典不可忘祖。小司马不多事欤？

自古宦官之祸，受累岂止一代？直绵延后世，酷矣！唐代内侍监仇士良致仕，余党小厕送归其私家。临别，士良犹授言曰："天子不可令闲，宜娱以奢靡，然后吾辈可以得志。慎勿使之读书、亲近儒生。彼见前代兴亡，心知忧惧，吾辈疏斥矣！"其党拜谢而去。士良此言，直内监传授心法。至明益骄纵，而祸遂屋社，可谓烈矣。有清一代，殷鉴甚深。殆夫末造，太阿下移，有由来也。

梁元帝眇一目，武帝第七子，雅善文翰。魏破江陵，乃焚古今图书十四万卷，以为读万卷书尚有今日，是亦不足重矣。嗟乎！梁元帝文弱不振，又不能知人善任，临变仓皇，乃归咎于读书误事，迂阔殆不可及。

北周武帝养老于太学。以太傅于谨为三老，武帝北面进馔，因访道焉。君臣典礼甚隆，载之史册，莫不以为荣。乃未几，谨子智助桀为虐，与郑译等密谋齐王宪，并告王有异图。王被执，犹分庭对鞫，必置王于死地。于谨不幸有此逆子。孝子慈孙，其可改耶？

隋高祖杨坚篡周灭陈，南北为一。本封随公，因以为国号。以周、齐不遑宁处，决去“随”之“辵”，作“隋”。不知“隋”，《说文》训“裂肉”，朕兆更不吉。未及三世，遂遭李氏之篡。

朱全忠即帝位，唐宰相张文蔚等帅百官舞蹈称贺。全忠赐宴，举酒为劳曰：“此皆诸公推戴之力也。”文蔚等惭伏，不能对。苏循、薛贻矩犹盛称功德，宜应天顺人。唐室养士，遂于此结局。转不如草莽鄙人，出口率真，本之天理，协乎人情，有声有色，耀之史册。如全忠之兄全昱，谓之曰：“朱三，汝本砀山一小民耳！从黄巢为盗贼，祸国殃民。至取唐家三百年天下，犹自矜诩，不知羞耻。他日得无灭吾族乎！”此语乃在不读书识字人口气充出，快语要自可传。

朱全忠子友珪率兵，夜入其父寝殿谋逆。全忠曰：“我固疑此贼！”友珪曰：“老贼当碎尸万段！”因弑全忠，刃入腹，出于背。此事史册纪之凿凿。当时父子恶詈，行弑谁何闻见殆亦过甚形容，口诛而笔伐之。黄巢始终颠覆唐室，咎其谁尸？读史有余痛已。

《宋稗类钞》载，陈了翁之父赠妾与潘良贵之父，相约生子当还，事极奇。潘谓陈曰：“吾与若交好，官职亦相等。只我无子，而公有子三人矣。我差为憾事！”陈曰：“我有妾，曾生子，可借君。如生子，宜还我也。”已而遣妾于潘，生良贵，即了翁之母。此母生二名儒。潘、陈二氏皆母之矣。

今闻某太史有与某公易妻事，未尝不取为典则。但不闻生子有才，且身分远不逮古人，何足法欤！

司马文正以十九年成《资治通鉴》。当时奏闻，廷旨嘉誉。并时无人能读，或阅一纸已惛惛欲睡。惟王益柔始终读一通，一字不遗。

王时已老耄，好学不倦如此。

秦始皇帝游会稽，渡浙江。项羽与季父梁观之，曰：“彼可取而代也！”梁掩其口，毋妄言。汉高繇咸阳纵观始皇，喟然叹曰：“嗟乎！大丈夫当如此也。”此皆史迁描摹二人口气，一卤莽言之，一蕴藉出之耳，非果刘、项当时如此云云。若后世君主，或曰“好头颅，当谁砍？外间大有人图侬。”“不能流芳百世，也当遗臭万年！”否则曰“若有天命，吾为周文王足矣。”或曰“未及对言，而黄袍已加于身”。种种口气事实，患得患失，皆不值一噱。甚或忿极生悲，曰“愿生生世世勿生帝王家”！又曰“汝何为生我家”！则更悔之已晚。至后唐明宗于每夜焚香祝天，愿早生圣人为生民主，似尧舜之揖让，不过尔尔。非史家诞言，即装点腴辞，为史乘之光。嗟乎！泰伯之后乃有季札，四千年亦绝无而仅有耳。

李天下粉墨登场，镜新磨遽批其颊。君臣游戏事，可谓离奇。但亡国时事，无不类此。贾似道之半间堂斗蟋蟀，天启宫中人主亲执匠斧削斫，视为习惯，北齐后主纬作乞儿状，杂厕宫市以为乐：欲不亡，得乎？

唐昭宣禅位，遣宰相张文蔚、杨涉等奉册宝，诣朱温劝进。杨涉子凝式时值史馆，即今之书家所称“杨少师”是也，谓其父曰：“大人为唐相，国家至此，不可谓之无过。况手持天子玺与人，虽保富贵，奈千载何！盍辞之？”涉骇曰：“汝此言，可招致灭族祸，”神色顿沮，可谓杨涉有子。乃唐祚既移，凝式入梁，开平中为殿中侍御史，荐升集贤殿直学士。入唐，官工户二部侍郎、秘书监。入晋，桑维翰奏除太子少保。入汉，历少傅、少师。入周，太祖总兵，候于军门，显德初改左仆射、太子太保，悬车。卒年八十五。比之长乐老人，何多让焉！史称其有“风子”之号，但追忆与乃父所言，先后如出两人。嗟乎！德、慧、术、智，亦因时会而有转移，人固不能自主欤！

景度善于笔札，洛川寺观蓝墙粉壁题记殆遍。又善诗歌、耽禅悦。其外号有曰“癸巳人”“杨虚白”“希维居士”“关西老农”。今所称东洛少师诸碑，殆多不传。惟《韭花》一帖，尚在人间，惜为日本人得去，使董香光见之，当五体投地也。

历朝人主，御位逾五十年，稽之史册，不易数见：
神农之裔帝魁，在位五十八年
帝承，六十年。
帝榆罔，五十五年。
黄帝，九十五年。
少昊金天，八十四年。
帝颛顼，七十八年。
帝高辛，七十年。
帝尧，七十三年。
帝舜，五十年。
夏少康，五十二年。
帝不降，五十九年。
帝桀，五十三年。
商太戊，七十五年。
商高宗武丁，五十九年。
周昭王，五十一年。
周穆王，五十五年。
周厉王，五十一年。
周平王，五十一年。
周赧王，五十九年。
秦昭襄，五十六年。
汉武帝，五十四年。
清圣祖康熙，六十一年。
清高宗乾隆，六十年。

又有在位历三四十年，史亦著称，享国久者：

夏帝孔甲，三十一年。

商汤王，三十年。

商太甲，三十三年。

商祖丁，三十二年。

商祖甲，三十三年。

商帝乙，三十七年。

商帝辛，三十三年。

周成王，三十七年。

周宣王，四十六年。

周襄王，三十二年。

周敬王，四十三年。

周显王，四十八年。

秦始皇，三十七年。

东汉光武帝，三十三年。

东汉献帝，三十一年。

蜀汉后主，四十一年。

梁武帝，四十八年。

唐高宗，三十四年。

唐玄宗，四十三年。

宋仁宗，四十二年。

南宋高宗，三十六年。

南宋宁宗，三十年。

南宋理宗，四十年。

元顺帝，三十五年。

辽圣宗，四十九年。

辽道宗，四十三年。

明太祖，三十一年。

明世宗，四十五年。

明神宗，四十八年。

清宣宗，三十年。

清德宗，三十四年。

后五季，风云俶扰，共五十六年。元代以外人入主中国，共八十九年，远不逮南朝合计近二百年。盖吴越之进觇中原，起于春秋。刘、项之崛起，战争亦发轫于黄河迤南。天地气运，渐已南徙。汉晋以后，武功争竞。要宜有文化优长，河北江南人心之安危、政治之是非，可于此判久暂之不同，五季、元代苟在南方因势而利导之，享国或不致如此耳。或谓南宋之不竞、明代之徙都，皆不利东南。是又各因时势，而存废系之。嗟乎！藉非临安，何有于南宋？明徙北平，强邻已与相终始，可胜言哉！

近人编史，以为元代疆域最大，兵力亦独厚，开拓土地，东西数万里。此不足据。元代兵力所至之地，并非即为所征服，临时慑其威势，虚示顺从。一经兵退，亦何曾永远归化？元代行中书省于各地，自江淮以南，羁縻而已。且每半年，帝居大都。即北方诸省政治，亦虚应故事。盗贼凶祲一旦并起，江南先亡。况人主昏庸，尤不能长治久安乎！

以名节廉耻责冯太师，抑亦过矣。冯太师以一身历四姓十君主。在唐官端明殿学士、同平章事，在晋官司徒兼侍中，在契丹官太傅，在汉官太师、中书令，在周封瀛王，自号长乐老，且著叙，时人或推重之，但亦未尝以为是。然冯太师固犹胜后世一切寡廉鲜耻者。当五季迭更，天下大乱，长乐老人献身为民。河北之地弭战祸实多，且“九经”雕版，流布经籍。太师之功，未可湮灭。略迹原情，君子亮之。

太师有子曰冯吉，字少卿。时人憎其父子，不知吉亦有文才。释文莹《玉壶清话》载，冯吉善饮，精弹琵琶，又工舞，自命“冯三绝”。撰“昭[明]宪太后”谥，举朝嗟服。见《香祖笔记》。

《五代史》：唐末帝清泰二年，功德史奏：每年上诞节，诸州府奏荐僧道，其僧尼欲立讲论科、讲经科、表白科、文章应制科、持念科、禅声赞科。道士亦有懋修科。僧道之有试，或其滥觞。自后讲戒律、兴丛林、放戒，均以教内主之，国家不别定功令。

元时皇庆三年乡试录中有示文曰：“军、民、僧、尼、道、客、官、儒、回回、医、匠、阴、阳、写、算、门、厨、典、雇、未完等户愿应试者，以本户籍贯赴试。”杂流准试，后世不论。至僧尼亦可试，或立科，官为定其等，或非通常应试而论也。

秦桧之死，定谥曰“忠献”。议状谄谀卑鄙，谓桧道德高天地，勋业冠古今。至开禧间，李季章为礼官，请易谥。朝命易为“缪狠”。韩侂胄曰：“且休，且休。”遂止。侂胄死后，乃复还之。今于《宁宗本纪》书曰“夺桧爵”，谥以“谬丑”，或有误。见《建炎杂记》。

按：桧质金先后计十二年。金之于宋，一切欺谋，桧熟谂之。及其归，又知南渡以后，克复中原，实非易事。举朝委蛇，除苟安外，别无计可延。于是决言和，而实左右成其议。桧亦有造于南宋。独以不主战而害岳飞致死，天下后世冤声一律。为桧辩，得乎？

岳忠武微时，尝馆于阳羡张氏桃溪圃中，题语厅事曰：“近者中原板荡，金人长驱，如入无人之境；将帅无能，不及长城之壮。余发愤顾影，起自相台。总发从军，大小二百余战。虽不能远涉边荒，亦足快国事于万一。又提一垒孤军，振起宜昌、建康之城……今且收养兵卒以待。如或朝廷见念，赐予器甲，使之完备；颁降功赏，使人蒙恩。即当深入边庭……还二圣，复我京师。所有故地，再归版籍。他时过此，勒金石，岂不快哉！此心一发，天地知之。知我者知之。建炎四年河朔岳飞书。”按：此书甚详尽，《粹编》所载不同，殆传抄有讹耳。

又见近有请乩者书一绝对云：“百战雄图铁马雄，尚余壮气懔秋风。有时醉倚箕山望，肠断中原一梦中。”下署一“鄂”字，是忠武手笔。此与《七修类稿》所载《金陵乩诗》相同。相传金陵一士家召乩，书绝句曰：“强金扰扰我提兵，血战中原恨未平。大厦已斜支一木，岂期长脚误苍生？”非忠武口气，不能如此。嗟哉！忠爱之遗，皆天地之至性。独怪读万卷者，只知研究利欲，而不知“德性”二字作何解说，尚自护短辩长，可为深耻。

曾记余在杭州游城内岳庙，见门首题联曰：“凛凛生气；悠悠苍天。”仅此八字，无限包括，无限感慨。相传是朱子过庙提笔所书。

可惜二圣还，只放在脑壳背后。当时伶人不免刺讽太过，亦无补时局，但此二语已传。相传绍兴初，杨存中在建康诸军之旗中，有双胜交环，取“二圣还”之意。因得美玉琢成，以献高庙，日尚冠侧。一日，伶人奏乐，高庙指环称名，并曰：“是杨太尉贡物。”伶故应声云云。见张端义《贵耳集》、王静安《优语录》。

宋孝宗时，访求岳氏子孙，襁保以上皆赐官，女少者候嫁亦官其夫。忠武有女安娘，女夫高祚补承信郎，岳云女大娘、岳雷女三娘候嫁，后各补其夫进武校尉。见《金陀粹编》。

又考：银瓶小姐亦忠武女，当时殉孝，未经朝旨旌表。《粹编》所载，或偶有之事耳。

理宗皇后谢氏，天台人，丞相谢深甫之孙。理宗即位，议择中宫。杨太后以当日深甫有援已功，命选谢氏女。时家产破坏，深甫子渠伯早世，遗女任苦家庭事。凡事躬自为之，一贫家女子而已。且生而黧黑，翳一目，貌寝陋不可言。选女诏至，诸昆弟欲充数。世父榉伯曰："即奉诏，当奉资装，不过他时作老宫婢，奚益耶？"会元夕，县有鹊来巢灯山。众以为祥，谋送之杭州。将就道，女忽病疹，迨瘳，肤蜕，莹白如玉。医又去其翳。俪与贾涉女称有殊色者，共入宫。太后喜曰："端重有福，宜正位宫中！"乃册立为后，贾为妃。后处之裕如，帝有加宠。此事甚奇，陛下殆天授。于此益信古今人不相及，即事理亦各不同。

考《宋史·后妃列传》，谢后以度宗立，尊为太皇太后。① 临安闻变，京朝官多遁去。太后命揭榜朝堂，曰："我国家三百年，待士大夫不薄。吾与嗣君遭家多难，尔小大臣不能出一策以救时艰。内则畔官离次，外则委印弃逃，尚何人为？亦何以见先帝于地下乎？天命未改，国法尚存。凡在官守者，尚书省即与转一资。负国逃者，御史觉察以闻。"宋亡后，以疾留杭，旋降，封寿春郡夫人，越七年乃终，年已七十又四。

宋南渡后，以会稽之宝山作陵寝，名曰"攒宫山"。绍兴元年，哲宗昭慈皇后崩，遗诏殓用常服，禁金玉宝具，就近殡厝。候中原复，军定，归汴园陵。梓宫之制，亦不厚重，故曰"攒宫"。

是年，徽宗皇后郑氏崩于漠北。五年，徽宗崩。七年，何藓自北始闻赴，恭上陵名曰"永固"。九年，高宗皇后邢氏又崩于漠北。十二年，金人以梓宫三南还。选人杨伟贻书执政，乞奏命取榇斫而视之。

---

① 本句有误。据《宋史》及相关史实，谢后被尊为太皇太后应为宋恭帝时。谢后为理宗皇后，于度宗为母子。

礼官请安寝�来承以椁，并纳衮冕、翚衣附于椁外，即合攒徽宗、郑后于昭慈攒宫之西北，曰“永祐陵”。又攒邢后于昭慈之西。

二十九年，高宗母韦氏太后崩，攒于永祐陵之西。三十一年，钦宗赴闻，遥上陵名曰“永献”。

乾道中，遣使求漠北寝地，不可知闻。金人已葬之于巩县。钦宗朱氏后从北狩，亦不知所终。

高宗陵曰“永思”。皇后吴氏附。

光宗陵曰“永崇”。

宁宗陵曰“永茂”。皇后杨氏附。

孝宗尚有皇后郭氏、夏氏，光宗之后李氏，宁宗有后韩氏，以攒宫在山陵之前，亦不迁附。

理宗陵曰“永穆”。

度宗陵曰“永绍”。此南宋会稽攒宫山之六陵也。诸陵遍植杜鹃花，皆极盛。

元人下江南，世祖至元十四年番僧杨琏真伽为江南总督，与丞相桑哥表里为奸。会稽有天长寺，故宋魏献靖王坟院也。闽僧曰：“西山者献媚，发魏王冢，得金玉甚多。”发陵之意，由是动议。复有剡僧云梦，嗾使妖僧嗣占、妙高上言：南宋诸陵当毁。桑哥可其议。

十五年，大兴人夫番僧诸凶隶发陵。有中使罗说守陵不去，力争之，遍受棰笞，大哭而去。先发宁宗、理宗、度宗、杨后四陵，次发高宗、光宗暨孟、韦、吴、谢诸后攒宫，取出珠玉宝玩无数。

徽宗陵有玉走马乌玉笔。高宗陵有珠戏马云琴，金猫睛为徽，龙肝石为轸，又绿玉磬一枚，系杨太真物。度宗陵得五色籐丝盘、映鱼黄琼扇柄。理宗陵开时，有白气亘天，说者谓是宝焰也。理宗尸如生，其下皆藉以锦，承以细簟，掷地有声，以金丝织成也。有告以珠琀为夜光者，乃倒悬尸于林间，沥取水银。三日，番僧断其颅以去。徽宗梓宫无尸，内贮朽木一段而已。和议时，归空椟。道君实葬五国城。钦宗梓宫止一废灯檠。是夜，四山有哭声。是役也，发掘坟墓一百余，盗掠脏物十一万六千三百余，占田三万三千亩。

于是遗民义士为救陵计。有将作监主监王英孙，字才翁，会稽人，富而好客。吏部架阁平阳林德旸、国子学正平阳郑朴翁、山阴布衣唐珏并议，为收拾掩护之。又约里中诸少年，激以气谊，造为石函六，刻字记之。德旸作丐人状，负竹器，持竹夹，遇物投篋中。贿番僧之隶事者，得入陵掘地，收高、孝二陵遗骨。朴翁等伪为采药者，乘夜入山，潜取牛马骨殖易之。只以未得理宗颅骨为憾。末几[1]，诸贼下令褒集陵骨，筑镇南塔于临安。杭人悲不能仰视。罗说亦求得孝宗顶骨一片及诸后遗骨，火化之。

诸义士既潜瘗石函于兰亭山南天章寺前。每一陵为一穴，手植冬青树为识。至元二十八年，发陵事告发，诏治台省诸臣罪，置极刑。嗟乎！北宋诸陵始为金人所启，其后又置河南陶沙官，遍取山陵中物。南渡以后，亦可以鉴矣。乃犹穷奢极欲，不知戒抑，致蒙耻辱，演成悲惨，古今无二也。

唐珏晚年无子。种冬青后，于己卯上元夜梦黄袍人引一儿与之，后生子，即唐珙，遂成名儒。

僧泽以足蹴理宗首，示不惧，即生痈疽，溃烂而毙。凡得珠宝之人，非死即病，无幸免者。奈何四山之哭，不能夺胡虏魄欤？

杨髡败后，西泠道上以为攒官之祸，实所自肇。于是争毁杨髡遗迹，凿飞来峰之塔，折六一泉之象，以为报复。说载《草窗记》。

高宗骨发尽化，止有锡器端砚。孝宗除顶骨外，只余古铜鬲而已。西山僧后为乡人二十余辈屠而脔之。

宋陵使中官罗说，一作“罗锐”。

---

[1] 当为“未几”之误。

冬青之举，尚有郑宗仁、谢皋父诸人冥索维持于其间。迨明太祖洪武二年，上与学士危素论史，道六陵事甚详。因谓真伽取理宗颅骨为饮器事败，骨入官，以赐西番僧之为帝师者。上凄然曰：“南宋诸君无大失德，又非世仇，元人乘弱而取之，何又纵奸肆虐如此？”即日诏丞相宣国公李善长遣工部主事谷秉彝移北平大都督府及守臣吴勉访饮器所在，得之西僧汝讷、监藏，奉诏献至。付应天府官夏守忠，命瘗之南郊高座寺西北。次年，浙江行省以采诸陵图进，又诏礼部尚书崔亮由南郊移骨归会稽旧穴。九年，诏会稽诸陵五百步之内禁樵采，置守陵户二人，每三年一传，制道士赍香帛致祭。理宗头骨瘗旁有碑亭，亭侧有义士祠。

攒山今在绍兴府城东南，出都泗门，过东湖转南二十余里，俗曰“攒宫步”。别有上皇村，即道君葬所。

陵前约六七里，半道有唐、林二义士祠。阮文达抚浙时，题额曰“义存蜕玉”，又曰“冬青不朽”。联曰：“未许髡胡惊帝魄，几经杜宇守天章。”又曰：“一树冬青怀义士，千秋香火近思陵。”

论曰：宋代帝德，比之历朝，无大过失。子孙屡遭寇侮，斯亦已矣。北宋之亡，二帝蒙尘，为史载所无之苦难。南宋之亡，至君臣无寸土，浮舟海上，冤沉莫白，其情亦至难堪。而汴京之陵已为金虏所发，会稽之陵又遭妖僧之毒，谓为天意，抑何故耶？溯自艺祖以杯酒释兵权，藩镇节度之祸一洗，天下于是大定。不料国政又频衰弱，邻邦欺凌极至，亡其国而后已。观于宋事，益知为国之道，非自强不足图存。吾读《全吉士集》暨稗史，撮抄合并记之，庶取鉴欤！

宋瀛国公事，纪载甚多。《符台外集》：宋幼主北迁时，降封为瀛国公。一夕，元世祖梦金龙舒爪缠殿。明日，公至入朝，世祖感其事，欲除之。公惧，乞从释，号“合尊大师”，往西天受佛法，获免。按，宋恭帝以元世祖至元十三年丙子亡国，时方六岁。以至元十九年二月徙上都，其日即杀文丞相。因奸民薛保告变，谓将兴复宋室，瀛国公以二十五年十月学佛法于哇鲁蕃，年才十八。又考《庚申外史》，瀛国为僧白塔寺，已而奉诏居甘州山寺。有赵王者因游历至寺，悯瀛国年长，留一回回女侍奉之。延祐七年，女子有孕，四月十六夜生一男。明宗适自北方来，行寺右，见有龙文，上绕五色气物色，知瀛国所居，问有无重宝，答曰："无。只今夜五更后舍下生一男。"明宗喜，求为子，并挈母以归。考《元史·顺帝本纪》，母罕禄鲁氏名迈来郡王，阿尔厮兰之裔孙。明宗北狩，过其地，纳罕禄鲁氏。又云：延祐七月四月[1]，帝生于北方。此与《外史》之言相合。

《符台集》又载，明永乐中，常侍太宗观历代帝王像，至宋太祖以下，太宗笑曰："虽都是胡羊鼻，其气象清癯，若太医。"至元列帝，曰："都吃绵羊肉者。"至顺帝曰："此何为类太医也。"忠彻府首，不能答，退问同里王润玉，得之。是其赋形之异，又有暗合者。

忠彻，鄞人。袁珙子。著《符台外集》。

贾似道命门客廖莹中撰书数卷，名曰《福华编》，以夸其肃清江汉之功。事败，书亦不传。似道精通六艺，今余杭州孤山前摩崖大字书"节用爱人，使民以时"八字，笔情纵逸，骨肉妥当，实开赵松雪之先。

考秋壑自扬州窜归临安，招莹中夜饮，即暴卒。恐有异谋，又惧事泄，故急杀之以灭口。

江上兵溃，议秋壑，窜循州。摄山阴尉郑虎臣素有报复志，以其父受贬死也。乞谋防送之役，判越州。福王赵与芮又憾秋壑，竟命虎臣押羁。至樟州木棉庵，秋壑一夕踞虎子，虎臣踢其阴而毙。少保张世杰以未奉朝命擅行事罪，杀虎臣。

---

① "四月"，当为"四日"。

帝昺即位，年八岁。其时，端宗崩于崖山。群臣知事不可为，多欲散。惟陆秀夫不肯，仓猝间犹多迂阔事。帝昺即位登坛礼毕，御辇所向，有龙拿空而上，因改元“祥兴”，升硇州为翔龙县。张世杰秉政，秀夫裨助，匆遽流离中，犹日书《大学章句》以劝讲。未几，迁崖山，日遣人入山伐木，造行宫及军屋，造舟楫，制器仗，结大舶千余，作一字阵，贯以大索。四周起楼棚如城堞，君臣羁处其间，以图挥复。计拙心苦而至于斯，千古同悲。

《辽文存》六卷，江阴缪荃孙刊。第三卷刊耶律乙辛奏懿德皇后私伶官一疏，极摹伶人赵惟一与后淫亵事，并后所制《十香词》密奏。此文据《焚椒录》抄存，但懿德遭诬、乙辛奸佞之流，史传可考。缪氏何必定存此文，且亦有伤忠雅也？

按：《辽史·道宗本纪》：“（太康元年）十一月辛酉，皇后被诬赐死，杀伶人赵惟一、高长命，并藉其家属。”

《辽史》卷七十一《后妃列传·宣懿皇后萧氏》：“小字观音……姿容冠绝，工诗，善谈论……生太子浚……伶官赵惟一得侍左右。太康初，宫婢单登、教坊朱顶鹤诬后与惟一私。枢密使耶律乙辛以闻……赐后自尽，归其尸于家。乾统初，追谥‘宣懿后’”。临死，作《绝命词》一章，中多受诬之语。

又考《辽史》卷一百十《奸臣传》，耶律乙辛于咸雍五年加太师，势震中外。太康初，皇太子始预朝政，乙辛不得逞，谋以事诬皇后。后死，乙辛又欲害太子，寻杀太子。又以禁中物鬻入外国，及私藏兵甲。事觉，缢杀之。天祚皇帝乾统二年发冢，戮其尸，诏诛其党，以其家属分赐被杀之家。

宋谢翱皋羽有《独行之士月表》，又有《天地间集》《晞发集》《游录》，其余皆殉圹中，故多不存。郑所南著《心史》，投枯井三百年后乃出吾乡。张白云卒时，纳其所著实于圹。此皆遗氏[1]心上事，不肯轻使落在人间。既免遭辱，亦求速朽，用心亦良苦矣。岂若今日语言习俗、服食起居，习与他族变化，恨不与之同种族？乃口号犹曰“吾当自立”“吾爱吾国”。岂不知亡？徒盖愆尤，终必至于谓“他人父母”而已，可胜痛心！

郑所南作《大义略叙》，洋洋数千言，忠愤碧血之所凝也。末记“大宋德祐八年岁在壬午之春，遗臣三山郑思肖述”。中叙崖山亡败云：“二月初六日，贼来攻。我军内虚莫敌，船中兵尽走……少保张世杰奉祥兴皇帝奔遁……杨太妃蹈海死，丞相陆秀夫朝服蹈海死。”正史云“秀夫负帝赴海死”，或与其言稍不合，《大义录》遂不叙祥兴如何，殆当时不详，或知之而不忍言。又曰“不料八年，今尚未复”，则知恭宗北行二年而殂。所南犹称曰“德祐八年”，是诚当时不甚明晰也。考恭宗在位仅一年，而元兵入临安北去又二年。于是益王立于福州，是为端宗，国号“景炎”，在位三年，崩于崖山硐洲。帝昺立一年，国号“祥兴”。宋至是亡。所南此录，作在祥兴之后，尚称“德祐”，其志可哀。

文丞相之殉，刀入颈，见微涌白膏。再剖腹，见黄水。又剖心，色纯赤。忽必烈取其心肝，与众共食。正史称柴市就刑，妻殴阳收尸，面如生。义士张毅甫负骨归葬吉州，似殉节后毁尸之说，未必可信。然丞相过广州香山零丁洋，诗曰：“人生自古谁无死，留取丹心照汗青。”忠义已自许如此！

元人陷临安，丞相、执政以下百官尽出国门迎降，或跪或拜，至有叩头乞命者。丞相陈宜中立益王即位于福州，城南墙忽崩七里。端宗迁新会，有大星如箕，陨爆为五，堕地，色如血，声如鼓。亡国有征已！

元帝忽必烈优异意大利人波罗马哥，赐官爵。马哥服元代衣冠。

---

① 氏，当为“民”。

未几，荐升封疆大吏，遽思归国，世祖不许。乃微服隐居苏门答腊，后乃潜行私遁，往返二十四年。著书，备述东方所闻见。由是欧西人始知中国文化，东来者日众。

《后汉书》"桓帝延熹九年，大秦王安顿[1]遣使自日南徼外献象牙、犀角、玳瑁"，始通中国，即今之意大利，殆由印度东来，尔时尚无著作耳。不然，欧西人何待元明以后才知中国耶？

赵松雪从兄赵孟坚，字子固，居湖州广陈镇，国变后杜门不出。一日，松雪舆从过广陈，访子固。命启旁门入，坐厅事，语不涉私。匆遽间，松雪辞去，子固即命苍头濯其坐具。此事与洪亨九之弟承畯相类。亨九既官新朝，屡征承畯不起，强之不为动。即杜门谢客，绝不与闻时事。亨九惭见之。

子固善画工诗，负重名。承畯工诗文，善草书，蜿蜒遒纵，时人目为"龙蛇字"。

元代士大夫殉义者，亦有其人。顺帝北逊，有可纪者。明代修史，多不载。戴良被囚死，蔡子英逃荒山，王冕死于兵。伯颜子中拒命不受，叶兰荐举不出。张宪国亡后，隐姓名，佣于僧寺。永福山道士自刎死。原吉自制圹铭待尽。

句容城内之朱宰巷，即朱家巷。明祖旧宅在是，尤西堂作《大明乐府》道其详。《朱氏世德碑》，太祖手撰。碑中赠官尚称臣于韩林儿，受封吴公。又曰"龙凤二年"，是奉韩正朔。韩栾城无赖子建国曰"大宋"，自称曰"小明王"，建元曰"龙凤"。史称太祖不愿向韩尊为帝，亦不尽然。

---

① 据《后汉书》卷七八《西域传》，大秦王名应为安敦。

太祖渡江建国，曰“大明”，是胜于“小明”之意也。而自称吴王，仍不忘封爵之旧。前事可证。豪杰奋兴，纵不因人，亦甚难矣。

太祖亦有故人，如光武之有子陵。江阴焦某，屡征不起。一日，荷担只鸡斗酒，由御街直入。守卫者奉旨不敢阻。太祖微服出便门，步迎之。邀入别苑，饮谈终日，欢若平生。官其子孙以千户，掉头不顾去。

《草木子》载，危素游京师，专以倡鸣科举无人才。彼固以文章德行自居者。至正辛卯，天下大乱。能死节者，惟彭城张桓、安庆余阙、江州李黻、燕京陈子山，皆举人也。危是时位已至参政，独首鼠归降。明祖以其失节，屡辱之，使以夏楚，安置滁州而死。闻履声橐橐，而令守余阙墓。正史虽不载，传说不为无据。

蓝玉之党狱牵连，死者极多。有孙蕡者能诗，蓝玉有画幅曾题识。蓝家被抄，以为同党坐杀。孙蕡临刑绝命辞曰：“鼍鼓三声近，西山日又斜。黄泉无客舍，今夜宿谁家？”指挥杀后，以诗呈太祖，曰：“能此好诗，是有才者。何不早奏！”竟杀指挥。

山阴张岱宗子撰《陶庵梦忆》，记曾预南京孝陵中元之祭。飨殿内有暖阁，铺黄锦椅褥。阁下一座，稍前为碽妃云，是成祖生母。成祖生，孝慈皇后妊为己子，事甚秘。考《明史》一百十三卷《后妃列传》，竟无碽妃。而《明太常寺志》有妃碽氏，岂史志不符欤？又见粤雅堂主人伍崇曜《跋〈梦忆〉后》曰：“考《明诗综》沈邃伯《敬礼南都奉先殿纪事诗》：‘高后配在天，御幄神所栖。众妃位东序，一妃独在西。成祖重所生，嫔德莫敢齐’”。又引《静志居诗话》“长陵每自称曰：‘朕高皇后第四子也。’然奉先庙制：高后南向，诸妃尽东列，西序惟碽妃一人。盖高后从未怀妊，岂惟长陵？即懿文太子，亦非后所生。世疑此事不实，诵沈诗可征矣。兹编‘钟山’一条……殆可补史之缺”云云。余读《高皇后传》，并未叙及生儿子，第曰“妃嫔宫人被宠有子者，厚待之”，言外之意，可以想见。独怪《明史》纂修六十年，称史法之善，乃亦有不尽不实处。

《陶庵梦忆》载，明孝陵“飨殿一，寝殿一……飨殿深穆，暖阁去殿三尺，黄龙幔中列二交椅，褥以黄锦孔雀翎织，正面龙，甚华重。席地以毡，步其上，必去舄，轻趾。稍咳，内侍辄叱曰：‘莫惊驾！’近阁下一座，稍前为碽妃……再下，东西列四十六席，或坐或否。祭品极简陋，朱红木簋、木壶、木酒樽……簋中肉止三片，粉一铗，黍数粒，东瓜汤一瓯而已。暖阁上一几，陈铜炉一、小筋瓶二、杯棬二。下一大几，陈太牢一、少牢一……先祭一日，太常官属开牺牲所中门，导以鼓乐旗帜，牛羊自出，龙袱盖之。至宰割所，以四索缚牛蹄。太常官属至，牛正面立，朝牲揖……而牛头入燖，即舁至殿。”大致祀毕，而牛羊已臭腐。平常亦日进二膳。

明袁凯初官御史，旋以罪放归。佯狂自贬，披发行市间。尝以竹筒储食物，以糖糁之使下，状如茧。又作蛇行，于墙隅食之。太祖命人觇之，或报病狂矣。乃免。太祖崩后，渐渐复原，且出所著，有《海叟集》。相传明代诗人，无出其右者。凯，字景文，华亭人。

靖难之役，实太祖一误再误三误酿成之。其始，泥于封建之古法。洪武三年以后，迭封诸子为王，各予甲兵，多至万人，冀有捍御之力。弱者不足论，强则拥兵叵测矣。且犹虑外重而内轻，不更为患乎？已而太子标卒，建储不自主，乃御朝门，听迂儒廷议。燕王英睿，于是予以“清君侧”之机矣。尤可笑者，马后之崩，诸王奔丧归国时，各给一僧，令诵经忏过。于是道衍得机，先荐名，属燕王。阴谋计定，大事斯成。帝王御世，乃有此琐屑以误天下不知不觉，遂使建文将来由隧道出逊，披僧服，漂泊人间世，而史书不知所终。其裔长作缧绁，囚至不辨牛马。惨痛遭遇，太祖实厉害之。于成祖又何责？

太祖崩时，又诏诸王毋奔丧京师，第哭临国中。此不啻防北平也。又深知朝内积弱，预为之地也。不久，而又有议削诸王之权，欲抑愈扬，误不尽言。而儒臣临难，固多气节，实亦昧于事机，贻之伊戚，可胜道哉！

成祖时，鄞人袁珙，字柳庄，能相，以姚广孝之荐入见。成祖杂卫士类己者九人，操弓矢，饮市肆。珙察之，即前跪启曰："殿下何轻玉体？"九人笑其谬。珙不顾。召之宫中，谛视曰："龙行虎步，日角插天，太平天子也。年四十须过脐，当登大宝。"已而遍相朝中左右，皆曰："可辅大事。"成祖恐泄语，潜遣之归。靖难后，召为太常寺卿，赐赉极渥。相传珙幼时，于海外落迦山遇一异僧，传授相法。先以目视皎日，眩久，又布赤黑豆暗室中辨之。然后目力凝注，可察气色。至今宁波西门外柳庄牌楼袁氏子孙犹繁盛。

柳庄先遇一僧，授以术，后遇一僧，行其术，非所谓遭际欤？《明史》有传。子忠彻，字静思，亦能继业。从父至北平，成祖宴之，遍视文武曰："某气粗，某步如蛇，某面如飞火，皆当受戮。"成祖喜，以为若辈不足虑，反意乃决。

明代籍贯极繁，有民籍、官籍、兵籍之分，而官籍与兵籍又各各不同。当太祖为吴王时，即立卫兵。又取婺州，选富民子弟入充宿卫，以时更番侍从，号曰"亲军"。有事，帝得自行部，不关都督府。天下既定，改设京师五卫，所谓"皇城守卫官"是也。今纪各卫籍如右：

官籍　太医院籍
　　　钦天监籍
　　　锦衣卫籍

兵籍

金吾卫籍　左、右、前、后、中
羽林卫籍　左、右
旗守卫籍
虎贲卫籍
膺扬卫籍
旗手卫籍

江阴卫籍

广洋卫籍

骁骑卫籍　左、右、前、后、中

水军卫籍　左、右

龙口卫籍　左、右

后府军卫籍

京卫籍

兴武卫籍

府军卫籍　左、右

龙骧卫籍　左、右

毛奇龄修《明史》，纂《武宗纪》。因作《外纪》，正史多不载各事，而用笔尤与龙门酷相类。摘录可读者数事。

武宗生于弘治四年九月二十四日，宫中梦有白龙，所生辰枝为申酉戌亥相联星命家谓之地支一气。

宫中有尚寝者，司上寝，处事每记。上幸所在并时日情状，一一详列。上游幸无度，悉令除去，不设所司。又尝微行街市宝和店，杂人丛，牵衣出入。

南征宸濠，先移刘美人居通州。帝约先行，而后迎美人以从。临行，美人脱一簪，请上珮之，且令迎者执为信。过芦沟，上驰马失簪，大索不得。及至临清，遣迎美人，辞曰："非信不敢行！"上乃独乘船，晨夕兼程，至张家湾自迎之。

诸领军赐遮阳帽，前拖靛染天鹅翎，以示贵。饰大者三英，次或二英。

上尝自称"天下大元帅"，又曰"大庆法王总督军务威武大将军总兵官"，加"镇国公"，加"太师"，易名曰"朱寿"。

幸南京。一日，驾至牛首山夜宿。诸军数惊，左右皆不知上所在。大扰久之，乃定。或谓江彬谋不测，故尔时有物如狗头堕于上前，其色绿。又拘留妇人之所，满壁累累，一若有人头挂于上者。

正德九年，宸濠献灯，误触火药，延焚宫殿。自二漏至天明，乾清以内皆烬。火势正盛，上往豹房，回顾光焰曰："是不啻一棚大烟火！"

武宗弃天子之尊，而自称"天下大元帅"，诏臣民不许讳其"朱寿"名。史谓其乖异特甚。闻武宗好佛，或取佛法平等、不自囿于尊贵欤？唐宣宗好称"乡贡进士李道荣"。凡事无独有偶。

《渔洋诗话》载《弇州朝野异闻录》籍没严嵩抄单，与近人薛太常福成《庸盦笔记》载籍没和珅家抄单，古今贪婪如出一辙。揆厥贪婪好聚，殆亦有因。奸宄献媚夤缘，即藉以济私。此其一。或自偿大欲，予取予求，而无餍足。或势位所在，朝廷上下赐赉馈赠积久，遂足眩耀庸众。否则计取豪夺，藉没人家而不少惜。坐是谩藏，而报复伺之矣。

> 闻张江陵身后家亦被抄，无长物。惟后有一室，扃钥甚固，破扉而入，第见列朝赐予服用器玩，敬谨封固而已。以是知江陵相业，究有可取。维彼贪婪，乌足语耶？

神宗母李太后，性严明，教神宗不稍假借。以大学士张居正之请，视帝起居，乃由慈宁宫徙居乾清宫。偶知上不读书，召使长跪。遇经筵讲罢，太后命帝效讲臣进讲于前，藉以验其记忆否。每遇朝期，命中官入寝所，呼帝起。又敕左右掖上坐，取水为沐，而挈之登辇以出。故上事太后颇祗畏，而诸内臣奉太后懿旨，左右挟持，时至过当。

神宗万历八年十一月宴西苑，宫人侍。上醉，命歌新曲，谢不能。即取剑击之，左右劝止之。遂戏，割其发。太后闻之，大怒。自尚青布裙，屏簪珥，传知阁臣张居正具状切谏，且令代草诏罪己。又召上长跪，数其过，至曰："必欲用汝作皇帝耶！"上大惧，跪泣不起，久之方解，乃笞其所嬖。

万历初，政委任张居正，综核名实，几于富强。太后之力居多。

光宗未册立也，给事中姜应麟奏请定国本，被谪。太后闻之，大弗善。帝入侍，太后问故。帝曰："彼都人子也！"太后怒曰："尔亦都人子！"帝惶恐，伏地谢罪。宫人呼宫嫔曰"都人"。太后亦由宫嫔进，故怒失言。于是光宗所由立。

明天启间，左都御史邹元标、副都御史冯从吾建首善书院于京师，高攀龙等附和。讲学非东林者，咸忌之。未几，元标被劾。大珰魏忠贤尤恶之。于是邹、冯皆去位。群小击碎《碑记》，先师木主委弃路隅，经史典籍皆毁为灰烬，书院屋宇尚存在。徐光启率西洋人汤若望，即入居修历，改署曰"历局"。至今，首善书院之名尚有知之者。大学士叶向高作《记》，御史周宗建为起屋云。

案：天启六年，御史张讷辈即疏诋邹元标等。诏下，毁天下书院矣。而逆祠遂自此议建。未几，监生陆万龄有祠忠贤于国子监之请。熹宗末政，即亡国先兆也。

奉圣夫人与九千岁，内外同恶相济，祸国殃民，杀戮忠良。亡明之渐，有由来矣。其后，烈皇御极，即磔忠贤尸，悬首河间。其党李朝钦等自缢死，诏开棺戮尸，子弟皆遣戍。客氏诏赴浣衣局掠死，籍其家。其党魏良卿等弃市，家属无少长皆斩。婴孩赴市有盹睡未醒者，皆不赦。人以为惨毒之报。

魏珰有墓在西山香山碧云寺后麓，墓有穹碑，大书"钦差总督东厂官旗办事掌惜薪司内府供用库尚膳监印务司礼监秉笔总督南海子提督保和等殿完吾魏公忠贤之墓"。隧道深闳，翁仲簪笏环侍，羊虎驼马罗列。此系阉贼自营生圹。既磔尸，其后遂忘毁灭耳。直至清康熙间，为江南道监察御史张瑗奏，刬平之。今碧云寺仍旧，竟亦称寺为珰墓享堂，似误。见《香祖笔记》。

观于十七年三月十四日有诏收尸，或因是未毁其墓。化淳辈，余毒遗留耳。不然，即在烈皇殉国以后、自成未离北平之时，又重新整理，未可知也。

崇祯十六年，宁波奉化胡乘龙起事，号“大萌天子”，改元“宗贞”对思宗年号，谓“去其头，剥其皮”。奉化在万山中，地瘠民贫，时有绿林豪客出没无常。乘龙率众据雪窦山，宁波知府陆自岳讨平之。《鲒埼文集》[①]《明州系年录》均详载。

崇祯时，杨嗣昌督师，榜诸道路曰：“能斩臧张献忠头来者，封万户侯！”不逾数日，幕府庖壁亦有榜揭曰：“能得嗣昌头者，赏银三钱！”督师气愤，以是丧师。是谲计亦有所本。宋夏竦西征，揭示塞上曰：“能斩元昊头来献者，赏钱五百万贯，封爵西平！”已而市间见有揭榜曰：“能献夏竦头者，赏钱两贯！”竦大沮丧。说见全谢山引孔经父《说丛》。

明庄烈帝有生母刘，生帝五岁即殂。帝入承大统，思母，求形像。有懿妃者，东宫淑女也，与母后比宫居，言宫人有相类者。杂指眉睫颊辅，召宫人认之。命武英殿中书梁祝善摹形，仿佛似之。敕具法驾卤簿，由正阳门警跸入。上自跪午门迎之，悬像乾清宫，呼老婢及素侍母后者瞻仰。或曰是，或曰否。上雨泣，六宫皆掩面。

烈皇后周氏观演戏，见中州蝗旱，盗贼大起，作驱蝗状，百姓纷纷避贼，情形甚惨。后垂涕，徐语上曰：“有是耶？天下其多事。”上不怡，遂罢演戏。

田贵妃有宠。岁旦当朝后，诣坤宁宫。天雨雪，翟车止门外，不入，又不令传免。忽见袁淑妃车至，即传后旨入贺，且故为好语，谢之去。于是，乃传妃车入。后冠帔上座，朝之礼毕，无他言。妃起出，恨而诉之上。一日，上坐交泰殿，与后语不合。上推后扑地。后愤不食，欲自戕。上悔，遣中使持貂裀赐后，且问起居。后勉为进餐。又

---

① 应为《鲒埼亭文集》。

诏田妃省愆，三月不召。嗟乎！庄烈帝性忭急，宫闱间虽细事，概可知矣。

崇祯十七年会试，以兵事流寇载道，计偕公车，特诏试于十六年秋间，未及题名太学，而国变矣。是科馆选，流贼密令山西巨商某主之。凡求读中秘书者，即招致之，亦纳贿于宦者无不得。京师陷，伪臣相牛氏大言曰："新翰林尤宜速报名！"诸人始悟：前此招致，皆贼主之。三十六庶常不得免者三十四人，亦可羞矣。全谢山跋《甲申进士录》言李闯亦有《降臣官簿》，内列授官及不为所辱者，可见大概：

孟章明　泽州人，随父刑部侍郎兆祥殉节。

张罗俊　清苑人，与弟光禄寺卿罗彦殉难于保定。

石　昆　三原人，以佯狂死。

凌　䌹　歙县人，殉节于河南。

陈　爊　孟津人，殉难于洛阳。

周志畏　鄞县人，殉难于江都。

龚定祥　无锡人，殉于江宁。

梁于涘　江都人，殉万安。

顾咸建　昆山人，殉于杭州。

刘允浩　掖县人，起义，殉建昌。

史夏隆　溧阳人，殉吉安。

温　璜　乌程人，殉休宁。

李待问　华亭人，殉松江。

黄淳耀　嘉定人，殉嘉定。

卢象观　宜兴人，殉吴江。

吴　易　归安人，殉太湖。

刘　曙　长洲人，殉福州。

以上目，刘允浩以下，皆婴城死守，或起义事败死节。

郑为虹　江都人，殉仙霞。

郭符甲　晋江人，殉晋江。
欧养素　广安人，殉汀州。
熊　纬　南昌人，殉汀州。
杨文荐　京山人，殉赣州。
姚奇胤　钱塘人，殉赣州。
龚　棻　南昌人，殉赣州。
吴闻礼　休宁人，殉永丰。
周定礽　南昌人，殉广信。
王景亮　吴江人，殉衢州。
俞元良　海宁人，殉海宁。
徐复仪　钱塘人，殉会稽。
林　嵋　莆田人，殉福州。
汤　棻　海宁人，殉兴化。
林　垐　侯官人，殉福清。
林之蕃　闽县人，殉福州。

以上名节千古，是科人才之星凤，有光史乘者。

周　钟　金坛人，以劝进有表，授检讨。
杨明烺　晋江人，升顺天安抚使。
黄　灿　夷陵人，纳币五千，改授编修。
张元琳　晋江人，升关门防御使。
朱　积　华亭人，引见同年等，改检讨。
魏天赏　遂平人，升两淮盐运副使。
史垂誉　云城人，改官礼仪从事。
李呈祥　沾化人，同上。
魏学濂　嘉善人，改官户部司务。

以上皆授官有差。

刘余瑛　怀宁人。
梁清标　真定人。
刘肇国　安福人。
鲁　栗　山阴人。
龚　鼎　昆明人。
李化麟　韩城人。
王九云　晋江人。
王自超　会稽人。
万发祥　新喻人。

以上皆以庶吉士留馆。

罗宪汶　南昌人，授迁安县。
傅学禹　麻城人，授长安县。
白胤谦　阳城人，授南郑县。
张　端　掖县人，授仁寿县。
胡统虞　武陵人，授曲沃县。
刘廷琮　番禺人，授内江县。
何胤光　杞县人，授井陉县。
高　珩　淄川人，授襄陵县。
赵　颎　项城人，授大名县。
张元锡　清苑人，授武功县。
成克巩　大名人，授华阴县。
吴尔埙　崇德人，授苍溪县。

以上均改官县令。

吴图龙　全椒人，改翰林院待诏。
吴刚思　宜兴人，改礼仪从事。
王尔禄　清苑人，户部从事。

秦　汧　无锡人，礼部司务。

胡　显　井研人，中书。

归起先　常熟人，西京留守经历。

吕崇烈　安邑人，屯田防务。

徐家麟　鄞县人，山东防御使。

武　愫　泾阳人，淮阴防御使。

王道成　安邑人，青州防御使。

杨　璥　宛平人，扬州府尹。

吴国鼎　全椒人，济宁知县。

程玉成　津江人，山西学正。

以上因一时丧乱，士失所守，纷纷改官。

思宗欲破格用人，命天下各省举贡，悉就铨用。凡二百六十三人，时称为“庚辰特用”。光、宣之际，废止科举，竞号“疏通出路”，诏令天下举贡二次，会考于礼部，分别京内外爵秩授职。又诏各省生员一例考职，以巡检、典史录用。天下滔滔，官多于民，较之“庚辰特用”为尤变本加厉。

冯梦龙《燕都日记》载，崇祯十七年三月十四日，有诏密收魏忠贤遗骸。以曹化淳奏言忠贤若在时，事必不如此。上为恻然，故有此诏。政事丁到，何至于是？崇祯末年，不免有之。又谓曹系阉党，于理亦近。相传宣府监视太监杜勋蟒玉鸣驺，郊迎三十里降自成。不数日，兵抵居庸，太监杜之秩复降。十八日，自成坐彰义门外，杜勋等呼门，将入见帝。曹化淳缒之入城，遽言于帝不如降，帝叱之去。杜谓曹曰：“吾辈富贵，固在也。”明日，化淳遂启彰义门，而帝以殉。观于此曹等行逆，思陵用意气。十四日之诏，必有之事也。近人李莼客笔记以为不足信，证以正史云然。

甲申三月十九日，李自成陷京师。越三日，成国公朱纯臣，大学士魏藻德、陈演率百官趋贺，演首劝进，自成不许。召见朝臣，以大僚多误国，概付囚系。藻德泣曰："此时求死，不得矣！"拷掠责赇赂，至灼肉折颈，备受惨毒而后杀之，亦大快人心事。

自成闻清兵至，吴三桂先驱，旦夕逼京师。乃悉镕所拷掠金及宫中帑藏，铸为金饼，约数十万。西奔，即于二十九日用伪丞相牛金星言，僭号郊天。是夕，焚宫殿、九门城楼。又勒诸珰，悉索金币，令军士各执。守城白杨枝逐之去。不分贵贱，徒跣面流血走出京城外。

三月初一日，上遣内监徐羔谕嘉定伯周奎助饷金，谢不能。羔跪泣恳之，捐一万两。上不允。奎密奏后，付五千，又勉强足成三万。自成入城，奎以后父国戚呼万岁。自成命夹打，追出金银各五十二万、珍币器具百余万，追完杀之。陈演亦遭极刑，献银三万、金三千、珠三斗、金银犀玉器皿八千余件，出城时杀死。

《明史》一百十卷《宰辅年表二》载，崇祯十七年间之宰辅至多，无裨国是，甚且贻误大事至不可收拾者。烈庙鉴于晚季政治之失，亟欲借重贤良弥纶彝宪，不料每下愈况如此。若徐光启、文震孟、孔贞运、吴甡、范景文一流，尚不失为正人君子，余则庸懦摸棱而已。若魏藻德、陈演、温体仁、周延儒，直尸位小人，而死有余辜。兹为考纪，亦犹《表》序所云"治道待失，人才用舍，理乱兴衰，繄宰臣是系"，可以鉴矣。

韩　爌　崇祯元年四月召，复入阁。蒲州人，字象云。
周延儒　二年十二月晋东阁大学士。宜兴人，字玉绳。
何如宠　二年十二月礼尚兼东阁。桐城人，字康侯。
钱象坤　二年十二月礼尚兼东阁。字云载，会稽人。
温体仁　礼尚入阁，三年十一月晋文渊阁。字长卿，乌程人。

吴宗达　三年十一月入文渊阁。武进人。

郑以伟　五年五月以礼尚兼东阁。上饶人，字子器。

徐光启　五年五月以礼尚兼东阁。上海人，字子先。

钱士升　六年九月以礼尚兼东阁。嘉善人，字抑之。

何吾驺　五年十一月以礼尚兼东阁。香山人。

王应熊　六年十一月以礼尚兼东阁。巴县人，字非熊。

张至发　八年以礼侍兼东阁。淄川人。

文震孟　八年七月以礼侍兼东阁。吴县人，字文起。

孔贞运　九年以太子太保入文渊阁。句容人，字开仲。

林　釬　九年以礼侍兼东阁。同安人，字实甫。

傅　冠　十年八月以礼尚兼东阁。进贤人，字元甫。

黄士俊　九年以太子太保入文渊阁。顺德人。

薛国观　十年八月以礼侍兼东阁。韩城人。

刘宇亮　十年八月以礼尚兼东阁。绵竹人，字烈弟。

杨嗣昌　十一年六月以兵尚兼东阁。武陵人，字文弱。

贺逢圣　九年以太子太保入文渊阁。江夏人，字克繇。

蔡国用　十一年六月以礼尚兼东阁。金溪人。

程国祚　十一年以礼尚兼东阁。上元人，字仲若。

姚明恭　十二年五月以礼尚兼东阁。蕲水人。

方逢年　十一年六月以礼尚兼东阁。遂安人。

范复粹　十一年以礼侍兼东阁。黄县人。

张四知　十二年五月以礼尚兼东阁。费县人。

魏炤乘　十二年五月以礼尚兼东阁。滑县人。

谢　升　十三年八月以少保、吏尚入武英殿。诸城人。

陈　演　十三年以礼侍兼东阁。井研人。

黄景昉　十五年六月以礼尚兼东阁。晋江人，字太稚。

蒋德璟　十五年六月以礼尚兼东阁。晋江人，字申葆。

吴　甡　十三年六月再入东阁。兴化人，字鹿友。

魏藻德 十六年以少詹事兼东阁。北通州人。

李建泰 十六年以吏侍兼东阁。曲沃人。

方岳贡 十六年以左副都御史兼东阁。谷城人,字四长。

范景文 十七年二月以工尚兼东阁。吴桥人,字梦章。

邱 瑜 十七年以礼侍兼东阁。宣城人。

以上计三十八人,加之复召入阁者吴甡、周延儒、蒋德璟、王应熊、陈演、黄景昉、魏藻德、万岳贡、贺逢圣、范复粹、刘宇亮、傅冠、张至发、温体仁、吴宗达、徐光启、何吾驺、钱士升,共五十六人。

卷二　史事

史称郑成功沉鲁王于海，此谬论也。郑氏于鲁王有隙，以隆武之颁诏也。当时自丁亥至辛卯，海上原有二朔。成功在金门，援天复、天祐例称。隆武三年，而奉淮王为监国，其所颁曰《东武先历》。钱忠介在长垣，则颁鲁监国二年历。己丑，粤中使至，郑氏奉朔淮王，去监国号。舟山仍奉鲁王。辛卯以后，鲁王尽失所有地。壬辰，次中左所，寻次金门。至癸巳，亦去监国号，通表滇中。于是，海上之历始合。其后，舟山旧臣日益消落，鲁王竟依郑氏。丁酉，次南澳。郑氏虽不奉王，而时致饩不缺。辛丑，成功入台湾。壬寅，缅甸桂王赴至，成功亦卒海上，遗臣复奉监国。郑经亦未尝奉王。甲辰，王薨。是郑氏始终无背逆于鲁王，特郑经不能似其父，为衰于礼耳。乃谓南澳之役，郑氏忌之，非事实矣。

永历既窜缅，缅酋蟒孟白袭，执以献吴三桂。是日，永历与从人伏处旅邸，漏二下犹未寝。正无聊，缅相锡波奉酋命，绐之曰："李定国自暹罗借兵来迎！"于是率兵入邸，径执永历并太后马氏、皇后王氏、太子慈煊及宫女等十四人、太监七人，又华亭侯王维恭及其妻妾子女十人，又文武官员妻女等百余人，俱缚以去，以竹椅舁永历起程。及河乘舟，水浅，从人负以登岸。永历问为谁，此去何之。有应声曰："臣乃平西王前锋某也。"帝曰："吴三桂，我旧臣，乃来此乎？"遂默然。其被絷也，沐天波、王维恭等私约，囊石为槌，拟逞一击。及事不谐，天波等骂不屈，同死者文武大小官员数百人。

康熙元年正月，永历被执，三桂奉命就滇中处分之。三桂集议，爱星阿曰："当如何置法？"三桂曰："当骈首！"爱曰："未免太惨！"三桂以诏旨对。卓罗厉声曰:“彼亦曾为君,宜全其首领!”三桂色赧,乃遣固山杨坤缢杀于昆明篦之坡。太后大哭曰:“吴三桂逆贼! 汝立心谋反,而以我家为汝固宠之计。张目地下,见汝碎尸万段也!”时四月二十五日正午,忽天阴雷雨,有黑云二股蜿蜒入空去。滇人哀之。三桂命焚尸扬灰于翠海中,即九龙池。翌日,送太后等入都。

永历身躯修伟,趾爪内卷,不善骑。官兵厄尔特赛从旁叹愤曰:“吴三桂原是他家旧奴,如何不留恩惠与他?”遂与本固山邵尔岱纠官兵,割发辫为号,劫永历为王,奔汉中。机泄,为三桂处死。

今所传桂王致三桂书,措辞哀切,不知是否已入缅甸? 或知三桂统兵入滇,将有不利,因致书也? 天不助明,蹙蹙靡骋。事仇余孽,乃逞倒戈。贼子之心,乱臣之肉,其足食乎? 其后反复无常,遗臭万年,为《逆臣传》中人物。报施之道,固不爽欤!

福王闰位南都,立礼贤馆。清兵南下,馆贤集议,请决高邮湖灌军。史忠正曰:“民为贵,社稷次之!”力持其议,得一言而淮海数百万生灵以免。忠正本传不载此言,全谢山得之王解州、朱旦之诗云云。《林玺庵太常集》载,宏光非朱裔,云是卜者王郎辈。当时以史阁部立朝议立,遂以为福王之后,自河南来者。于是父恭王、妃童氏、太后皆伪托,即马瑶草之母房氏亦伪。是野史记载,亦尽非䜩言。

张献忠,小名八大王,延安卫柳树涧人。初隶府快手,悍猛异常。其初生时,为恶星下降。有村塾师避雨荒庙中见之,庙神迎送,并属其稍加宽恕,不必过杀。恶星舆从去。明旦,塾师归村,竞传张氏嫂昨夜生子,饷鸡卵来矣。知此儿有异。见李调元所作《张献忠降生记》,载《虞初续志》。

李自成,小字碢生,又名皇来儿、小枣儿,年二十一为银川马夫。乌程朱翊清著谈怪《埋忧集》云,“自成败,实未死,单骑窜澧州安福县石门之夹山寺为僧。今有塔曰“奉天玉和尚”,卒于康熙甲寅二月,已七十余岁”。有遗像，高颧深頔，鸱目蝎鼻，是自成形状。其自号“奉天倡义大元帅”，后自立为新顺王。和尚之名，特在“王”字加一点耳。况何腾蛟上疏唐王辞封爵，有疑自成虽死，身首已朽，不能辨。是亦疑其未死。史称死于村民，殆敷衍不实耶？

自城陷汴时，民饥食人。水中小虫每捞获一斤，值钱三千。瓦松每斤值一千二百文。陷武昌，浮尸蔽江，脂浮水面厚寸许，水臭作腥色，三百里皆同。陷襄阳，刖劓青衿诸生一百九十余人。

自成臣下劝进表文曰：“两条劲腿马赶不前，一部胡须蛇攒不入。白帽戴额，依稀秦始之皇；皇袍加身，仿佛汉高之祖。”似通非通，亦鄙亦俚。

闯贼陷承天，有巡安李振声自称同谱，与闯联宗，上表迎降，谄媚之态，令人欲呕。兴化李兆嘉因耻与贼同姓，改“李”为“理”，又“理”和“䋎”亦因“李”而改。人情反复，相去奚啻天渊！

张献忠祭梓潼帝君文曰：“你姓张，咱老子也姓张。咱老子与你连了宗罢。尚享！”此语是贼口中所述属[①]。如此祭告，不必咬文嚼字。咱老子不懂，赶快去办。如改样，咱请他吃刀头肉。

又诏军中文，骂裨将兵败汉中，曰：“奉天承运，皇帝诏曰：咱老子叫你不要往汉中，你强要去汉中。果然折了许多兵马骡子。截死你娘的！你回来，咱老子问你！”要言不烦，连责带数，直截了当。

丙戌六月，献贼居然考试，取士二百名，赐进士第一名状元成都张大受，美丰姿。贼爱之，屡赐予。一日不见，即敕命状元来。张亦因宠受惊。忽有谕旨曰：“这骡养的！咱老子爱他很，心中不知如何是好，以后咱老子不看他为是。快收拾了罢。钦此！”立时枭首，夷其族。

丙戌七月，清肃王兵入川。张命驾欲遁，登高望前锋，有献策者即日迁都。行，遇前锋一矢，遂中要害，不能动。军中舁尸至，犹张目

---

① “属”字当衍。

作怒视，即斩头刳心，黑色无血。

《通鉴辑览》载，贼闻清兵至，尽焚成都宫殿、民舍，乃出奔川北。伪将刘进忠降，乞为清兵向导。至盐亭界，献忠行大雾中，猝遇流矢，中要害堕马，蒲伏集薪下，乃被擒，斩之。降军及败死者二三十万。其义子孙可望、李定国、刘文秀、艾能奇、白文选俱溃走川南，竟附桂王，受封爵。而故明川中诸将拥兵自固，一筹莫展，亦可哀矣。

《明史·汪乔年传》："乔年巡抚陕西，奉诏发自成先冢。米脂令边大受……诇得其族人为县吏者，掠之，言：'去县二百里曰李氏村，乱山中十六冢环而葬，中其始祖也。……圹中……铁灯檠不灭，李氏兴。'如言发之，蝼蚁数石，火光荧然。斫棺，骨青黑，被体黄毛，脑后穴……中赤蛇盘，三四寸，角而飞，高丈许，咋咋吞日光……反而伏。乔年函其颅与蛇以闻。……自成闻之，啮齿大恨，曰：'吾必致死于乔年！'已而杀乔年，兵由西华攻陈州。"而边大受被贼拘囚，得间，遂逃归。

骂人非礼也。但有痛快者可以一骂，而声其罪。明瞿忠宣公式耜与张忠烈公同敞，广西兵败被执。孔有德劝之降，婉言曰："我为先圣后人，贵识时务，毋自苦！"同敞在侧，厉声曰："汝不过是毛文龙家倒夜壶贱狗才，毋辱先圣！"有德不能堪。遂与忠宣公同日殉节。

谢震龙，字云生，鲁监国，授兵部主事。丙戌，江上师溃，缚送巡抚，亲讯之，问："若两榜乎？"震龙曰："曾见两榜不屈者几人？明朝天下坏于两榜如尔者不少。鲁监国，特用我辈以压倒之，今犹以两榜自夸耶？"巡抚以两榜降清者，闻言羞愤，遂杀震龙。

成启官湖口主簿。左良玉兵至，启公服坐庭上，骂曰："国家养汝，将以靖乱，反为乱兵耶？将见汝无死所！"卒殉难。

四明降绅、太仆寺卿谢三宾致书定海镇王之仁，请杀六狂生。陆宇爔为狂生之一，临刑，责三宾曰："昔宋德祐之季，谢昌元赞赵孟传，诱杀袁进士以卖国。此执事之家风也，亦何怪！"三宾惭愤，不能仰。

黄忠端被执，承畴自诣之。忠端曰："洪承畴死久矣！松山之败，先帝痛哭遥祭，焉得尚存此无籍小人冒名耳！"承畴犹为上书，乞贷死。

婺源金正希声兵败，被逮至南京，呼曰："岂有受恩如亨九而甘心降敌者！"洪曰："此老火性未除！"

孙兆奎，吴江举人，佐吴日生起义，兵败，举室殉难。械送南京，承畴与有旧，慰问曰："先生审知故扬州督师史可法果死耶？"孙曰："经略从北方来，审知故松山殉难之洪督师果死耶？"又曰："崇祯时，松山有一洪承畴，身死封疆，先帝亲祭哭之。今又一洪承畴，为一人，为两人耶？"洪不能屈，曰："咄！尔自为一人事可耳。"驱出斩之。

顾咸正，字端木，昆山人，陕西陷，被贼縶之，又以其子天逵、天遴匿陈子龙事，被逮至南京。洪问曰："汝知史可法在乎，不在乎？"答曰："汝知洪承畴死乎，不死乎？"父子同殉烈。

刘曙，字公旦，长洲人。鲁监国，事败，为所获，械至金陵。洪承畴霁颜慰劳，答曰："起义，吾素志，恨不手刃汝辈！"承畴曰："汝不念老母耶？"曰："君、亲原非两人，臣子岂有二理？"卒不屈。

承畴有母，鄙儿无志节，遣使迎于里邸。母强出见承畴，怒责曰："将使我为旗下老婢耶？我打死尔，为天下无志气者除羞！"即日闭门不出。

经略辽东殉难，事闻思陵，赐祭，议恤典。家中已成服，刻行状，吊客盈门。忽有传已生降者，诸后事遂罢议。其后入清，又位极人臣，没后赐谥"文襄"。家中又作行状，颇踌躇。有黠者为自入关叙起，轻薄子某得其前后两状，合成一册，以为笑柄。

承畴殉节传至京师，思陵赐祭十六坛，并敕建祠庙，择地正阳门月城之东，表忠荩于士庶。以其西有关壮穆庙，尤为忠义之配。已而降信至，帝立命毁祠，改为观音殿，即今之菩萨庙。

按:此见《广阳杂志》。又考今之菩萨庙中观音偶像,为天启时宫中所作,以像成时日作《人间世》命理推测云。此像受香火甚长,特命置前门月城中,而以一大像置祀宫中,晋江之祠在后。又不知有无传误耳。

《志》又载,承畴入滇,有永历朝丁酉开科所取士举人一名江或者,请计偕。顺治间会试,洪特揭示,谓崇祯朝举人可援例,余皆闰位不许。或上辩曰:“若以清朝龙飞之日计,自天命元年始,万历以下皆当不许。况永历亦明朝圣子神孙,西南半壁固犹未失,奈何不认其所取士?吾知之矣。崇祯帝为公赐祭十六坛者,有旧恩未忘也,其所取士得认为举人。可会试永历,公仇耳,一仇而无弗仇。”承畴命扶出。

黄忠端械至南京,承畴礼迎之。忠端闭目不视,承畴命以笔述,即书一联曰:“史笔沉芳,虽未成名终可法;洪恩浩荡,不能报国反成仇。”隐叶洪名,以讥之。

徐竢斋《读史稗语》曰:“朱泚篡位,不废唐室九庙之祀,且护其历代陵寝。或问之,泚曰:‘朕尝北面事唐,不忍也。’”乱贼口中犹有此言。洪承畴既降新朝,下江南,纵兵斩伐孝陵树木,一夕而尽。葱郁三百年,一旦遂成童山,真朱泚不若。孝陵无树,殆自此始。

张春,明季陕西潼州人,由举人历官永平兵备。崇祯四年,清太宗入永平,张春被擒献俘。谕之降,不从,并求速死。太宗善遇之,比之文天祥。是时,洪经略降有时矣。张春在狱,必向西南望,日夜哭不绝声,绝粒十余日,竟死节。

左懋第与陈用极、陈洪范同使北庭。洪范贿摄政左右,得纵之南归,而左、陈被絷。会有监饷傅浚先薙发,告左有异图。闰六月初二日,以百人露刃入院,曰:“薙发者免死!”左大呼曰:“我头可断,发不可薙!”于是与用极等。又有游击王一斌,都司王庭佐、张良佐、刘统四人俱下刑部狱,不屈。十九日,执见摄政,令跪,左曰:“天使无跪小国礼！”用极南向坐。左曰：“尔亦何敢抗礼？”用极曰：“三尺童子耻拜敌人，况堂堂大明士大夫乎！”左右破其颊，用极喷血曰：“士可杀不可辱，不得无礼！”摄政曰：“尔等皆忠臣，但本朝已奄有江南，不降何归？”用极曰：“忠臣不事二君！”摄政曰：“尔何故杀尔中军？！”左曰：“盗饷外通，罪当诛。若以不屈不降杀我，犹可言。如为一标卒复仇，杀大明使臣，适贻笑千古！”摄政语塞。左右捽二人出，至宣武门，飞骑呼曰：“王怜汝忠，降即封王！”左、陈大声曰：“宁为大明鬼，不在满封王！”将刑，又谓：“得毋有悔心乎？”曰：“求仁而得仁，又何怨！”二人顿首南向曰：“臣等报国尽矣！”遂相与引颈。天忽阴风起，市棚卷入云端，观者流涕，佥谓：“柴市以后，未曾有也。”见《野老漫录》，据风雨楼旧抄本。

倪文正公元璐，晚筑室于绍兴府城南隅，窗槛手自绘图制，巧匠叹绝。时公方患目疾，因以程君房、方于鲁墨涂墙，默坐其间，以养疴。室东有飞阁三层，曰“衣云阁”。凭栏看山，万壑在舄下。漳浦黄石斋过越，施以锦幛，张灯设宴。黄公不乐，谓：“国步艰难，只觉为忧。”公曰：“会当与公诀耳。”已北上，历官户部尚书，随思陵以殉。而石斋亦奉唐王起义兵，溃婺源，被执殉节。二忠固彪炳人间也。

相传衣云阁顺治间尚存，阁中当日聚谈人，恶知其皆不朽？甚矣，难能可贵在此而不在彼也。相传公殉甲申之难，南都议谥“文正”，清代赠谥“文贞”，又拟以“文忠”。公有弟朗斋，愿得“文正”。当时有议，以为非为殉国谥者。朗斋曰：“是乃所谓得正而弊也。”于是方正学“文忠”之谥，亦同时而定。

文正，字汝玉，上虞人，天启二年进士。浙人不得官户部。公拜户部尚书，即坚辞。帝眷甚，不可。陈演辈忌之。甲申三月，李自成陷京师，公整衣冠拜阙，大书几上曰：“南都尚可为。死，吾分也。勿以衣衾殓，暴我尸，聊志吾痛。”遂取帛，南向拜父母，自缢而绝。一门殉节者十三人。

史忠正有弟曰可程，多尔衮致书阁部曰："识介弟于清班。"即指可程。明社既屋，可程时宦京师，遂降。已尔南来，至淮上谒忠正墓，吊以诗，有恧言。或曰，非忠正同母也。

明钱玉尘先生敬忠，既为其父临江知府钱若赓哀号呼吁而脱狱。于是甲申难后，先生重趼赴南京上疏，痛陈时政，下语如铸，有曰："百年以来，功利之毒沦入骨髓，已成膏肓。乃有'书破万卷，官跻一品'，不解'君父'二字作何解释，致有今日。夫复何言？"嗟乎！风雨如晦，亦徒见其鸡鸣不已矣。

顾宁人，初名绛，乙酉国变后更名炎武。其时本生父同应公已辞世，先生又继叔父同吉公后。同吉更早世，聘妻王氏守义，诏先生曰："毋事二姓者也。"揆之《礼经》，父死不更名。先生易名，实蹈于非礼。岂身婴国难而从权欤？或弃去诸生有恢复明室之志，而别有不得已欤？

文祖尧，字心传，号介石，云南呈贡人，天启辛酉选贡，任四川名山训导。崇祯癸未，晋江南太仓学正。甲申国变，夫人郭氏偕子女各赴水死。先生被人自水救出，苍雪和尚招入中峰寺为僧，已而归滇，终以亡国忧愤卒于道。吴越人为位以哭，颜曰"思贤庐"，私谥"贞道先生"。滇中称为大儒，著作或有传者。

按：陈两叟撰《金陵通传》云：文为上元人，明亡为僧，寄居金陵以终，著有《明阳山房诗稿》，则是未归滇矣。且中峰寺恐在太仓，金陵无此寺名。

陈佐才，云南蒙化人，字翼升。少倜傥不羁，世乱习才艺，隶沐黔国天波标下。永历入滇，佐才以命使四川。归，则王已奔缅甸，追不及，乃隐居，发愤学吟哦。自幼读书，仅至《论语》。有才智，竟能著作成家。有《宁瘦居》《天叫集》《是何庵》等稿。晚年凿石为棺，作诗自挽。友人和作，镌之床前。

刘联升，字毅庵，滇之楚雄人，潜心陆、王之学。乙酉秋，滇省开科，得士一百二十人。永历御殿试士，先生即于是科领解名第一，同榜者共百五十人。国亡逃隐琅井山中。巡抚朱国治威胁之，又礼聘之，终不出。著有《百脉望斋诗草》三卷、《滇都纪事》四卷，乾隆时被禁毁，诗亦偶存，不多传。

论曰：滇中三遗民，尚已！丁酉之试，有士江彧欲赴清会试，洪承畴不许，竟至骂座。何如刘先生遁迹山林，不预世事之为愈？文、陈二先生，一则致命遂志，一则借诗鸣其志节。“岁寒后雕”，岂不信然！

王思任，字遂东，非殉鲁王之难者。谢山作《六狂生·董志宁传》中，有云：“舟山破，鲁王监国逊去，杨吏部思任、戴工部仲谋同殉。”是舟山之难，殉节有思任，特杨姓耳。古柏草堂刘蕴华君曾得遂东墨迹一缣，丁闇公曰“是殉鲁王难之忠烈”，且云“饿死”。今读谢山《答友人辩》、邵念鲁《思复堂书》可知。盖明季有二思任，各殉烈，非一人也。

考《绍兴府志》、《越殉义录》，王遂东于越城陷后，即构草亭，依祖墓而居，在凤林曰“孤竹庵”。巡抚御史王应昌命出拜新命，遂东致书报谢，并绝粒七日卒。时丙戌九月二十一日，死而目不瞑。

《张忠烈公煌言年谱》系赵之谦所纂。居悬岙时，不载双猿升木瞭海事，而引征忠烈传：顺治三年入海，遇飓风舟覆，飘至海岛，饥困待毙。梦祠神告曰，“‘饷君子千年鹿，俟十九年还我。’诘朝，果得一鹿，炙食之，乃不死”云云。双猿事，何以只字不载？原书一册，巾箱刻本。余乃题二绝句以志景仰，即归之吾友石弢素。

《苍水集》载公绝命诗曰：“我年适五九，复逢九月七。大厦已不支，成仁万事毕。”近人祈黄楼主作《悬岙猿传奇》五曲：一岛栖，二诫猿，三岛别，四归神，五展墓。情辞恳挚，描写孤臣遗爱，令人读罢生无穷感喟。忠烈亡命悬岙，托迹僧寺，其地孤悬海外无人迹。忠烈栖遁，畜有双猿解人意。每升岙壁最高处树杪了望，遇有逻舶至，即哀鸣。公知之，藉以匿去。一日，有僧装船来，从山后入岙，双猿未见。公遂被执，至杭州，死节焉。

鄞县旌忠庙在县学之右，乾隆间罗文义捐金建之。前堂祀张忠烈与钱忠节肃乐，后堂祀六狂生、五君子，皆遗民之卓卓者。全谢山有《二忠碑记》。今且附祀全先生于东屋。黄东井有《旌忠庙记》，郡邑志皆详记。

明末甬人有六狂生，皆起义，思光复。事不成，余皆死难。惟毛聚奎一人隐遁终老，著有《吞月子集》行世。余最爱其《舆人丐人皂人》传赞，觉名教纲常之系，赖有此耳。全谢山《鲒埼亭集·六狂生传》约节录之，备存行谊，诏示今之所谓爱国者。

毛聚奎，字象来，一字文垣，都给事中毛宏之后。性刚毅，有节概，少与其弟聚壁并有声，时称“西皋双凤”。乙酉，甬上议守义，几为谢三宾所害。行营将士争来识狂生，先生笑曰：“夫狂者，不量力之谓。量力则爱身，爱身则国家不足言矣。”寻奔走山海间，屡遭逻织，行遁得免，竟以沉冥卒。著有《吞月子》一卷。

董志宁，字幼安，由诸生食饩，贡太学。乙酉六月清兵南下，先生谒里中缙绅，劝起兵。人皆笑之，独刑部员外郎钱肃乐以为是。时里人谢三宾新从江上迎降，闻郡中将谋抵抗，私遣书于定海总兵王之仁，请以所部来，狂辈可杀。会之仁始降终悔，致书郡中，请自效。翌日，以兵至。三宾不知，之仁从容出袖中三宾致书，诵责交施。三宾羞愤，叩头乞免，请出家赀以赎愆，众乃已。时鲁王监国，次于会稽，授先生大理评事，又升兵科都给事中。先生奔走诸遗老，结寨山中拒命。辛卯，舟山失守，公从容自焚死。有二子士骏、士骧。配罗孺人闻公死节，仰药亦殉。

张梦锡，字云生。乙酉郡中谋起兵，先生应之。六狂生皆文弱，惟先生于弓矢矛戟皆娴习。尝奋身亲自督战。当时左右钱忠介者，惟张苍水，而先生亚之。军中呼曰“大张君”、“小张君”。江上失守，诸寨失利。先生挟矛出斗不敌，遂死之。帐下士卒五百人，无一降者。

陆宇爀，字周明，又号戆庵，右都御史世科子。南都覆，传闻至甬，恸哭学宫。适董幼安至，相抱而号。于是王家勤、毛聚奎、张梦锡相与偕来，誓起义师，谒钱公肃乐。先生排闼，直入卧内，钱起曰：“不敢辞！”即日召募。当时狂生多窭儒，独先生以贵公子毁家输饷。谢三宾尤恨之。先生贻书让之曰，“昔德祐之季，谢昌元赞赵孟传诱杀袁进士以卖国，执事之家风也”云云。鲁王授按察副使，仍监军。时马士英逃至浙，先生陈士英十大众[1]，乞斩其头，以谢江左。不报，即挂冠归。已而士英以私见，争金华江上军，事遂崩裂。未几，六狂生死事者四人，而先生之志不恢。壬寅，降卒以先生之事告。捕至钱塘，先生病中用计出狱，抵家而卒。著有《霜声集》。

华夏，字吉甫，别字嘿农，本定海人，迁郡。少与王家勤同受业于始宁倪文正，已而又同学于漳浦黄忠端，又同参蕺山之席。先生以恩贡入太学。乙酉倡义，授兵部司务、职方主事，皆不受。素性劲挺，钱忠介亦不相合。江上师溃，乞师于翁州总兵黄斌卿，屡不谐。反复要挟，斌卿怒，用拳击之曰：“吾勉听尔计。倘不利，当取尔肝脑以饷军！”斌卿终不发兵。奔走国事无宁晷，呕血几死。谢三宾再降。郡城破，先生被捕，大陈刑具，严讯狂生之党。先生曰：“心、腹、肾、肠、胆，吾同谋也。”拷掠之。又曰：“太祖高皇帝造谋，烈皇帝主兵，安皇帝司饷。甲申殉节范景文、史可法而下，皆同谋！”置狱中，鼓瑟赋诗，自称曰“过宜居士”，取“周公之过，不亦宜乎”意也。戊子五月初二日行刑，有司曰：“非不欲生汝，奈法何！”先生曰：“事成，吾不汝置；事

---

① 众，疑为“罪”。

败，汝自然尔！”绝命时，有白光一缕冲天而去。鲁监国，赠翰林院检讨，私谥曰“毅烈”。著有《过宜言》八卷《操缦安弦谱》《泗水鼎乐府》《对簿录》。夫人陆氏，有隽才，先生死，投缳以殉。子凛咫于先生殉义之前，密付林评事耀，窃出匿之，育于林家，年二十始复姓。

王家勤，字卣一，别字石雁，雅持风格，博通四部，其师友渊源皆与华夏同。其子即夏婿。福王帝南都，以选贡入太学。乙酉起义江上，召为大理寺评事。尝逾姜山，募得死士三千人，议由水陆并进。忽遭谢三宾之变，将由大嵩入海，为定海将军。常得功以水师扼之。于是先生中道被执，遂以六月二十日殉节，门人私谥曰“忠节”。著书极多，余皆散佚。惟《周礼解传》行世，而《静远阁集》亦无存者。

论曰：如六狂生者，真可谓爱国之挚也。当时国已亡，家已破，所谓“请看域中，竟是谁家天下”。顾亦有谢三宾者捣乱，至于不可收拾。吾恐先民遭亡国惨祸，犹有六狂生，不能挽回大事，尚可支持气节。若今日谢三宾之类，亦何可胜数哉！衣冠已易，肺肝难测，惟恐不早与异族同化。语言礼教，至不惜纤微而自改自革。一面犹有号召，厉声曰：“吾同胞当爱国！”持谁之矛，刺谁之盾？夫亦可为痛哭长太息矣。噫！

附毛聚奎《舆人皂人丐人传赞》：

舆人者，南都武定桥人，不详其姓氏。乙酉之变，夫妇同日缢死。吾友吴于蕃亲见其事，为吊之。

皂人者，于姓，江阴人。乙酉之变，传新县官至，往执旧役，谛视久，叹曰：“此寡廉鲜耻者，吾不可以为之役！”遽归而缢。时新县官者，湖州李某也。

丐人者，姓氏与邑里俱未详。闯贼陷北都，题诗养济院，自缢死。

吞月子曰：夫舆人、皂人、丐人也，汲汲赴义若此，可异也。噫！无异也。夫舆人、皂人、丐人，人之微者也，然而人也。人，则义其性之者也，则亦有人而不舆人、皂人、丐人者乎？夫人而不舆人、皂人、丐人者多矣。不舆人、皂人、丐人而人者，吾未数数见也。予之为三人者立传，拟曰《舆公皂公丐公三先生传》。既而思之，今所谓公之先生之者，皆其不舆人、皂人、丐人者。举舆人、皂人、丐人而公之先生之是，不以人目之也，故从而人之。人之者，人之也。人之者，则于不舆人、皂人、丐人，而不人之者也不异，固所以异也。

鄞县谢三宾，字象山，以进士知嘉定县，主持风雅，为刊娄、唐诸公诗文集，以贽列牧翁门下。旋又与争柳如是，遂与牧翁有隙。南都立，翁起且大拜。三宾弃前嫌，仍走门下。戊子以后，为海道孙枝秀勒取家赀殆半。三宾泄恨，赂当道，劾枝秀，夤缘握兵登、莱，以侥倖论功，加太仆卿。但干没粮饷，搒掠数百万金，归里称雄。晚年又求官于新朝，以郡中六狂生起义事通款，袭杀五君子。乡里益鄙弃。所著《视师纪略》，今亦不传。子于宣，官行人，以家有巨赀，被甲申难，拷掠致毙。

三宾家居郡中三支巷近月湖。黄蒙庄定斋《鄞西竹枝词》有曰："堂堙春草寂无楼，五岳轩还泡影浮。齿冷任嗤夫已氏，贤奸一例付东流。"即指三支巷谢宅言。收藏甚富，曾得元赵文敏、明王弇州、钱牧翁所藏之宋刊前、后《汉书》。桂未谷言，为于文襄购进内府，且有王、钱诸跋。见《天禄琳琅》。

明季诸生李世熊，字元仲，宁化人。挟其著作，走漳州，谒黄忠端，勉之曰："妙年笃志，令人愧畏。"所著有《寒枝集初集》八卷、《二集》六卷，集中有《狗马史记》，今不传。传序数篇，曰：《弄臣传》《直报传》《畸人传》《排难传》《外教传》《忠义传》《名士传》《妖祥志》《艺文志》，褒贬质直，用笔警妙，亦亡国之野史也。

道光间，宁化知县余姚陈塏，曾以活字版印行世李蒓客笔记，曾见之。知寒枝生于明万历三十年壬寅，卒于清康熙二十五年丙寅，年八十又五。莼客谓“寒枝”二字，或取东坡词“拣尽寒枝不肯栖”之意。

闽兴化林佳，字衡者，为黄忠端弟子。忠端殉节，抱其遗书，匿山中。已而出游江淮，布衣芒屩，负所著诗古文辞数十卷，求师友，谒道读书，殆犹有遗民之痛，欲静以察变耳。吴梅村送以序，朱竹垞赠以诗。

《万古愁曲》当时流传北都，清世祖见之，颇为赞许，命乐工每膳必侑歌。不知何人作。魏勺庭征君为昆山归玄恭作寿序，叙及曾作此曲，知出自遗老手笔。归名庄，字恒轩，与亭林有“归奇顾怪”之称。工词翰。太仆归有光曾孙。

曲文极长，措辞诡谲，以沉痛之笔写无限牢愁，中有指斥满清政俗，寓意不与同中国也。不料乃已流传，直到今日。读之，令人犹有亡国余痛。嗟呼！谁非黄农之子孙？空言爱国，衣冠语言，礼俗风纪，唯恐与异族不早同化。此其故，滋惑甚矣。

吴中虎丘山塘便山桥有顾氏塔影园，本为文三桥子肇祉所筑，初名海涌山庄。天启时，属吴江赵氏，后乃归顾芸美苓，芸美亦文氏之弥甥也。又名云阳草堂，中有松风寝，存思宗手书。杜茶村作记《万年少作图》，一时名流至吴下者，皆流连而凭吊之。主人风雅尤冠群。

茶村《松风宝墨记》曰：“一日，导浚啜茗于其草堂西偏之密室，仰视梁间悬一小扁作‘松风’二字，大不盈尺，端劲轩翥……苓具告为宸翰。浚肃然下拜伏地，悲泣良久，不能起。自是以后，每过苓辄先……叩首……苓以为知礼，因为作《记》。”又曰：“风俗之薄，藏者以为灾患，见者为之色变，甚而背弃韬褎，称谓无章，尤在于受恩深厚。三台八座之子孙……幸而藏者有苓，拜者有浚。国家养士三百年，仅如斯而已乎？可悲也矣，可愧也矣。”想见当时清廷入关，得新忘旧，人事浇漓，即礼义廉耻四维之不张。亡国之痛，乃在一二草野间。千古有同慨已！

黄梨洲作生圹于忠端公墓侧，中为石床，不用棺，以身遭国变，期于速朽，因著《葬制》一篇，仿陈希夷例，告其后不得违戒。殆卒，用一被一褥角巾深衣。既殓，委置床上而封土藏之。时年已八十有六。子三：百药、百谊、百家。

近人《章一山文存》，论梨洲当时处境甚寒，“不免请托……蔽车羸马，时驻权贵之门”，引《国初名人传》云云。又《傅青主传》曰：“大科之设，以死拒者三人，二曲、亭林而外，厥惟先生。而太冲则欣欣然食指动者……其居郡城烛笼上，已题召试翰林。”且晚年以其子得翰林之俸为荣宠。故竹垞《明诗综》不选其诗，亦不以明遗论。

李莼客笔记，谓尝见青主印章，有“征辟博学鸿词”文，是青主亦不得谓以死拒者。且入京罢试，以中书舍人头衔归里，谓之“不奉召”可乎？余尝见金冬心每于画端，以大字署“荐举鸿博词科”字。既不应试，又引以为荣，无惑晚近科举既罢，通变应试者辄自命为“征君”者多也。又有夸其祖或父应洪、杨时天朝之试，曾中状元、进士者。亦有为饥躯计，佣书一试，幸获取名，并诩为人才者。世风之偷，自古已然。彼二曲以病拒，实较胜虚谈气节矣。即亭林氏亦不免以门人故旧获新朝之俸，转而为猪肝之累。吁，观人于微，诚不易易！

乌程温璜，字宝忠，崇祯癸未进士，仕徽州推官。甫之任而国变，徽州且陷，公与夫人茅氏、十四岁女子同殉难，赠谥“忠烈”。公初名以介，与体仁为族弟。极贫，母陆氏抚之。生二月而孤，破屋一间，无帷帐。祖母沈老病且饿，同坐卧一板箱，种火煨粥，有非人所堪者。卒教子成人。天启七年，有司闻于朝，旌门焉。忠烈集·母训一卷，载入《明史·艺文志》。

复社始于崇祯戊辰，成于己巳。由嘉鱼熊开元宰吴江，进诸生讲艺，有孙孟朴淳、吴扶九翻、吴去盈允夏、沈圣符应瑞，皆从游。因立社，其监书曰："学不殖将落，毋蹈匪彝。毋读匪圣书，毋违老成人，毋矜厥长，毋以辩言乱政，毋干进丧乃身。嗣今以往，犯此小用谏大者摈。"一时社友大会三次。于是云门几社，浙西闻社，江北南社，江西则社，历亭席社，昆阳云簪社，吴门羽社、匡社，武林读书社，山左朋大社，共来吴下，统合复社。声势既广，人品亦杂。虽有盟书，庸践言乎？

松江有"三文敏"之称，皆精文翰。一为赵松雪管夫人，小蒸人，华亭乡间也。小蒸市集数十家，其地滨泖。松雪以妻舅家，又以族兄孟僴为僧，居松城北寺，号称"中峰禅师"，为管夫人所皈依，故常往来似故乡。一为董文敏，居城外之白龙潭。今第宅已圮，遗迹遭毁，而名誉犹存。一为张得天居士照，集诗书画三绝之众长，而官跻卿贰，又有贤孙诗舲侍郎继美家声，至今不堕。见娄县沈约斋祥龙明经《潭东杂志》。

长洲文秉著《定陵纪略》，载董思翁家焚劫始末甚详。近昆山赵学南又满楼刊《董宦事实》一卷云，此稿旧为江山刘彦清家藏，今为长洲吴梅瞿庵所得，赵氏因借于吴传刊也。文敏自登己丑进士第，历仕致礼部尚书致仕。子三，长祖和，字孟履，次祖常，字仲权，三祖源，字季苑，皆无行，而仲尤甚。干仆陈明倚势更横，时知华亭县郑著存为文敏弟子，藉以渔猎。众怒不平已久。郡中诸生陆绍芳长躯，黑面，绰号"陆悫"，口微吃而好议论。家有仆一，仆有女一，小名绿英，有殊色。文敏知之，祖常承翁旨，以计盗劫之。陆悫告通郡，声董氏劣迹。有何绳武、吴玄水两绅出为解纷，事稍寝。好事者演成小说，名《黑白传》。第一回标题曰《白公子夜打陆家庄　　黑秀才大闹龙里门》。思翁居宅在龙门寺，而又号“思白”。既知此事，赫然盛怒，欲惩之。奈无主名，而有疑于郡中一范生。生父廷言，万历己卯举人，仕荆州刺史，已故。督责范生，又无佐证，诣城隍庙设誓，不数日而生暴卒。范母詈董父子实威逼之，登门辱骂。董氏叱仆辈擒妪褫衣，而备极箠楚。一时所称为脱裤捣阴是也。由是人心不平。范生子启宋召同类诉冤公庭，官又偏袒董。众议焚董宅，一倡百和。于是白龙潭所建之护珠阁暨家中园囿第宅，一炬而空。学使王以宁闻其事，大怒，檄司理吴之甲严鞫。有词曰：“纵恶而长奸，司地方者固不敢出。杀人以媚人，有人心者更何可为？”吴阳为不平，而阴实庇董。郡中诸绅亦不直董。万历己未春试，骆公沆瀣来，唱名至祖常，大加呵责曰：“剥裩捣阴，死有余辜。姑与大杖二十！”闻者称快。董宅迁徙半载后，乃宁息。

思翁三子。祖源雄于资，妻为徐阶玄孙女，申时行甥，气势盖乡里。至强析民居，私造楼台堂榭。积怨并发，均付是劫。

思翁居白龙潭，有楼极精巧。事变，乃抛弃其自书“抱珠阁”匾于潭中，曰：“董其昌直沉水底！”

坐化庵正殿额为思翁书，百姓争毁之。寺僧登，殿下之诸人持刀斫，曰：“碎杀董其昌！”

路有戴巾衣月白衫者，手持扇遮日。思翁写字，被人当街碎之。其人不服，又被痛殴，扯破衣巾而去。

按：《明史·艺文传》：思翁督湖广学政，不徇请，为势家怨，嗾生儒数百人鼓噪，毁公署，寻拜疏去。天启五年，拜南礼部尚书。时奄竖党祸酷烈，即告归。崇祯四年，加太子太保。综其生平，亦有足钦迟者。苟非家有纨绔，决不至是。思翁文翰及身遭此打击，几无挥复流传地位。其后有清康熙、雍、乾诸帝酷爱风雅，虽未能如唐太宗之于王逸少，然已为倡导。二百年间，摹董风气有繇来矣。然董自有天才，学力足以深人俯昂者，决非死卧碑下狂怪阴险，毒人入骨髓，而自诩以为古人复生，可得同日语也。

又见近人笔记，有钱塘杨云友女子嫁董一事甚奇。杨云友女子工画，酷摹董思翁，可乱真。家有父，故儒者某刹和尚是空与之友。因共设肆卖画，命云友伪思翁。一日，思翁偕陈继儒游西湖，见画甚喜。是空遂谋之杨，欲以女妻思翁，实则是空自为媒，特借此以诱之。杨父允嫁。有日，是空伴送女至云间。中途，和尚忽欲犯色律。杨女有急智，以计沉之河，私反钱塘而别居焉。家中以女嫁久，不得消息，赴松江访之。董亦因有疑，仍托麋公问究竟。云友始出，白于麋公，携女去，入董宅，成眷属云。

钱牧翁，明万历十年壬子九月二十六日生，康熙三年甲辰五月二十四日卒，寿八十三。兹据年谱，可述大概。

十五岁，奉准提咒，六十余年不稍辍。

十七岁，入邑庠，补诸生，有声。诵《楞严经》，得开深省。

十九岁，娶妻陈氏。

二十四岁，读书拂水岩，从游者有瞿稼轩等。瞿死桂难，谥“忠宣”。

二十五岁，举乡试，名第三。明年计偕入都，李长蘅同公车，喟然叹“为文不可及，人不可论”，遂绝交。

二十九岁，会试中试，殿试一甲名第三，都下名噪。翁犹以未得状元为歉。

四十二岁，初生子，名寿。耇母尚在堂也。

四十三岁，升詹事府少詹事。五月间，削藉归里。

五十六岁，以事被逮北去，明年赦归。

六十二岁，筑绛云楼藏书，在半野堂之后。又筑我闻室，以处河东君。

六十三岁，为顺治元年，崇祯帝召起。未及行，福王监国南都，遂以原官入朝。

六十四岁，弘光元年，官礼部尚书加太子太保。清兵南下，翁迎降通济门外。随例北行，旋授内秘书院学士兼礼部侍郎。

六十五岁，告病归里。

六十六岁，被狱，银铛拖曳，讼系南京。自是改字曰"蒙叟"。

六十八岁，释囚出狱归里。

六十九岁，绛云楼火，书尽焚。

八十二岁，注《华严经》。

八十三岁，病殁里邸。身后遭家难，河东君殉。

牧翁归里，即杜门不出，以金绣斗大"民"字，缀"玉音"二字高悬厅事，有谑者题联于两旁。蒲留仙《聊斋志异》亦载其事。又考"玉音"二字，为当时通用颂圣语。尤西堂家有联云"老名士先皇天语，真才子今上玉音"是也。

杨龙友有妾曰"方芷"，以自刎劝杨尽节。

李成栋妾，乃云间妓也。劝成栋归明，后以成栋眷属在江南，有难色，曰："吾敢独享富贵耶？先死尊前，以成君志！"取刀自刎。成栋持抱尸大哭，遂具疏迎永历。

柳如是，又名隐雯，小字影怜。初适云间某孝廉为妾，已而知牧翁才，欲嫁之。会有谢三宾争夺之嫌，一时云间传为笑柄。事后，卒为牧翁所有。蘼芜君既事虞山，文词才貌固足与匹。居"我闻室"中，倡和之乐，遍国中知其风雅。可惜牧翁身后，至于香消玉殒，可谓报知己已。蘼芜君改换男装，以牧翁之侄孙钱曾介绍之，来访翁，翁一见倾心，即纳为小星。归常熟，因其名筑"我闻室"以居之。

清兵下江南，牧翁欲降，河东君力劝死节。翁不能用其言，即日改易清代衣冠,亲到豫亲王多铎营下投降。河东君深耻之,使其家丁头戴溺盆,日在清营附近羞辱降臣。一日,清兵获,献亲王。问之,为牧翁家事,即怒,解牧翁归北平问罪。河东君亦自到北平,向大学士金之俊求救,牧翁出狱。同时,翁有婿赵管,劝翁归籍。钱遵王因牧翁北行,即盗窃绛云楼之书,并其最爱之宋版《汉书》俱去。一旦楼烬,藏书悉熸,或谓遵王所为,图灭迹者。当时牧翁夫人陈氏受惊死,翁拟以河东君正其室,不允。遂学道装,就钱氏供奉关帝庙居之。厥后,牧翁死。家有难,河东君排解不了,遂自缢。

河东君有一《镜铭》,曰:“照日菱花出,临池满月生。官看巾帽整,妾暎点妆成。”查他山亦有诗咏之,曰:“宗伯夜清世莫知,菱花初照月临池。点妆巾帽俱新样,不用喧传镜背词。”是又此铭若甚讽宗伯者。见《随园诗话》。

阎古古被难,柳夫人匿之侧室中,卒以脱祸。厉樊榭诗曰:“蛾眉前后皆奇绝,莫怪群公欠致身。”

柳如是有妹,曰“杨绛子”,隐居吴江垂虹亭畔,筑有园墅“小结茅庵”,日与优婆夷往还,皈依梵典,种蔬自娱,与嘉兴女士薛素素同约,不与男子交。中年拜佛名山,足迹所至,多存之题咏。著有《鹃灵集》以寄志。自蘼芜君嫁虞山,即绝不与通消息。今之选闺秀诗者,当知杨绛子胜出侪辈。

吴三桂有爱妾名连儿。三桂败,为赵良栋部下所掳,辱身军下,忧愤而死,有绝命词曰:“君王不得见,妾命不如烟。”是连儿亦能文耶?

陈圆圆在滇时,劝三桂毋反,不听,即出居尼庵,学道装。迨延陵败,圆圆自沉于莲花池。道光中,阮公子福赐卿作《后圆圆曲》,四印斋有圆圆像。吾友丁闇公作《沧桑艳传奇》,甚详尽。

《沧桑艳曲》第十六出《藩变》，演三桂兵败，自怨自悔，描摹临死情状。《越恁好》一曲曰："你做二臣一误，做判臣再误。生平扰扰竟何为？只道是相君之背非常贵，怎知道结果竟如斯！便是这几根头发，长了又剪，剪了又长也。对不住霜霜星星两鬓丝，谁教你当年不死？这便是普天之下负亲恩没收稍的样子，负君恩没下场的样子！"宛转羞愤，其言也善，且能总括全部，头尾衔接。千载下劝善惩恶，有功世教不浅。

董小苑[①]为冒巢民妾媵。今之小说率以为小苑入清宫，竟影射董鄂贵妃之事。此穿凿之太过者。小苑之卒，在顺治八年辛卯正月初二日，年仅二十八，巢民作《影梅庵忆语》二千余言。何来豫王多铎下江南，掳掠北献？无稽谰言，不足信已。

《燕子笺》调曲，阮胡常于石巢园中歌舞之。老夫评骘工劣，以为快乐，实为其女阮丽华所作[②]。南都破，相传某亲王掠丽华以去。女有才，工词曲，又撰《梦虎缘》，咏梁夫人故事。自幼即字杨龙友之子名作霖者，以乱离，遂破镜矣。

瑶草有子曰马锡，甚以其父为不然，声闻所在，羞愤无术，遂先归贵阳而隐，未预于祸。又有子马銮，与士英同死。吾乡张白云纪其事于随笔。

瑶草居北门桥鸡鹅巷。福王闻京口军溃，夜半跨马出通济门。瑶草以黔兵自卫，遁广德。知县赵景和，闭城门拒之，遂攻杀，走杭州。潞王常淓降，又逃至严州方国安营。明年，清兵擒士英，诛之。阮大铖乞降，旋至仙霞关，仆石死。

---

① 董小苑，当为"董小宛"。下同。

② 阮丽华，当为"阮丽珍"。

顺治元年九月,即有诏征明大学士冯铨入朝。铨闻命即至,摄政王赐自用衣冠,又赏鞍马银币,诏使更定大清乐章。铨奏圣朝削平寇乱,有中原可改用“平”字为始,如“景平”、“寿平”、“咸平”、“嘉平”之类。朝廷悉从之。

冯铨,字振鹭,涿州人,万历四十一年进士。天启初,魏忠贤进香涿州。铨跪道旁,泣诉其父为东林党所害,其后又谋杀熊廷弼。崇祯初,铨以大学士罢职家居。忠贤伏诛,论罪及铨,给廷杖。入清,又仕弘文院大学士。会有御史吴达劾铨为明时逆党忠贤干儿,即下刑部质问治罪。自是朝中交恶,恩怨并加。顺治十八年,晋中和殿大学士。康熙十一年卒,赐祭葬,谥“文敏”,旋削。余详《贰臣传》。

合肥龚尚书,崇祯甲戌进士,由工部主事出知蕲水县,屡以大计卓异。壬午,烈皇帝召对,皆称旨。癸未上疏,参陈演下狱,声誉极振。鼎革后,入新朝。顺治初复出,由给事中历升尚书。癸丑八月乞休,卒谥“端毅”。天下之士,恩怨参半,竟受小人之报复,列之史传,堕其名节。千古刻薄,无逾于是。著有《定山堂诗文集》,《尚书经义》及奏议若干卷。

端毅之父,名孚肃,郡诸生,著有诗集,《江南通志》有传,且祀合肥乡贤祠。与兄萃肃太仆齐名。端毅子士稹,顺治丁酉副贡,以荫仕湖广按察使。著有《凤将堂诗文》《露澣园词》《冬官条议》《全楚邮艖稿》暨《爰书》。光绪间,龚仰蘧照瑗方伯,即其裔。

顺治二年乙酉夏,下薙发令,直隶各省限文到日即遵旨。若惜发争辩,决不轻贷。于是明末遗臣上下江皆起义称兵以抗,而陕西巡抚孔闻譓特奏:“臣家衍圣公已薙发,念先圣为典礼之宗,章甫缝掖自汉及明三千年之久,未之有改。一旦变更,恐非崇儒重道之典。请蓄发,以复衣冠。”旋奉旨切责,谓薙发有旨,违者无赦。念汝为先圣之裔，免死，革职放归，永不叙用。

顺治辛丑，苏州有抗粮之狱，金人瑞之死是也。时知吴县任维初自盗常平仓米三千余石。生员倪用宾、薛尔张等哭于文庙。又值世祖哀诏至，江南巡抚按临于府治，诸生欲藉是攻讦维初之贪婪，随声附和者数千人。巡抚朱国治怒，竟以诸生倡乱入告，朝命侍郎叶尼等会勘。于是斩决倪用宾等八人，又斩决张韩等十人，而吴令任仍如故。朱国治更号有平乱才，不数年至云南，死吴三桂部下。事详计六奇著《辛丑纪闻》。

雍正三年，朝中大臣奏参年羹尧九十二大罪状，议处极刑。世庙念其征青海有功，赐自裁死，诛其弟年富。父遐龄，曾任某省驻防都统，以老免死。子孙发边远充军。

按：大将军年羹尧，祖籍安徽怀远县，后隶汉军旗。羹尧庶出，嫡悍，与母共黜。术者相当贵，复收之。犷黠不训，有宿儒与居异室三年，教之成。宿儒留诗曰："海水摇青云四垂，曈昽晓日照旌旗。愿君熟读《淮阴传》，毋忘低头胯下时。"厚贻千金，不顾而去。诗中寓意已明，言青海立功必遭忌。羹尧傲慢恃功，明不敢与岳钟琪争，而暗中思有以倾扎之。其后，岳收平青海，论功封爵，而年羹尧遂中谗，无以自白。论者或为冤之。

雍正初，孙嘉淦上封事三：一曰亲骨肉，二曰停捐纳，三曰罢西兵。帝召诸臣，以封章示之，且责掌院学士曰："尔翰林衙门，乃容此辈狂妄学士！"叩头谢。大学士朱轼在侍班，从容曰："此人诚狂妄，然臣服其有胆！"帝大笑曰："朕亦不能不服其有胆！"即召对，授国子监司业。他日，尝于班中指孙嘉淦曰："此人能直言极谏，尔等当以为法。"

卷三　人事

倪迂，始名珽，后乃改名瓒，晚年画益潇洒清疏。石谷善摹其笔，又加以刻厉之工，至入妙境。书法似老师宿儒，烘气满纸，有隽味可寻。平生学问不在诗、书、画三绝，其高超在人意表者。遭逢世乱，能散尽家资，买舸隐于笠泽，不若沈万三辈拥资自豪，至获罪窜身，相去不可以道里计也。

吴郡顾元庆著有《云林遗事》五目，一高逸，二诗画，三洁癖，四游寓，五饮食。云林别号最多，曰“东海倪瓒”，曰“奚玄朗”，与倪云林音叶。曰“玄映”，曰“荆蛮氏”、“净名居士”、“朱阳馆主”、“萧闲仙卿”。

长乐王宾为撰墓志云，其家无锡，甚富。至正初，鬻产。迨乱作，富家剽剥，人始服其有见。卒于明洪武甲寅十一月十一日江阴旅次，年七十四。已归葬无锡芙蓉山。又拙逸老人周南老撰墓铭，题曰“故元处士”。

都玄，字敬穆，吴县人，弘治间进士，官太仆寺少卿。老犹不废书卷，而家贫，或至乏食，辄扶膺自叹曰：“天壤间当不令都生饿死!”居近南濠，尝有娶妇，夜半遇风雨灭烛，不得行。望见南濠都太仆家读书灯荧然，先生坐窗下，丹铅在握，急趋启门借火以往，传为佳话。见《列朝诗传》。

袁了凡好谈葬术。尝偕友访光福间山水，问一老农曰：“知此间有佳穴，果何在?”对曰：“小人生于斯三十余年矣，但见戴纱帽者来觅地，不见戴纱帽者来上坟。”了凡闻其言，爽然若失。

相传了凡子欲举乃父入乡贤，学使者樊某阻之甚力，且恶其著书，斥为离经畔道，名教罪人。噫，亦过矣！了凡居官清慎，立品向善，讲学近于佛、老，于世道人心颇多裨益。樊某无名，抑亦庸中，非佼佼者耶？

孙西川封翁艾尝游金阊，途中有人忽自后把其袖，且笞且詈，几至折颐。翁曰：“余常熟孙某，非君仇，貌或相似，何愤如此？”侍从欲诉之郡中，翁曰：“负恩生愤，笞之不为过，是必误耳，不与较也。”引裾而去。

顾耿光，字介明，副宪玉柱之子。尝与友并立城隅，一夫突前，三批其颊而去。公袖手怡然。或疑其难堪，公曰：“非意相干，方寸乱矣。宜避其锋。”越宿，其人暴卒于途。

顾文康长子履方，尝于元旦盛服谒岁亲长。途间遇乡民担粪趋过，绠断污其衣。仆从怒责，欲送官究治。履方从容曰：“彼无心，然已惊矣。可更辱乎？”自为拂拭，整衣而慰之。乡民崩角，惭谢而去。

胡城东先生一日读书山中，晚归，遇山魅，首如巨瓮，遮道不使行。先生颜色不变，抚其首曰：“汝业报所积，乃蹒跚如是，亦可悯也。吾为子忏悔何如？”从容言之，怪泣而去。自是不复见。

常熟徐侍郎恪，成化丙戌进士，仕至工部侍郎，为时名臣。相传其父徐敏叔晚年婢生子也。敏叔有七子同居，而爨久析矣。翁纳婢，忽生子。夫人某恐见笑家人，且虑七子必不容，即置儿木匣，命妪弃去。长子已于前夕梦巨鲤跃入室，明早起，治事厅堂见妪持匣匆遽出，匣有啼声，诘问其实，告母曰：“此子为吾父晚出，将来吾七人让产可也，何弃为？”固请于母，乃育之。后竟贵显侍郎，持兄服，为缞绖三年。

常熟钱侍御岱极富贵，神仙之境，《笔梦》一卷，述其佚事曰：“侍御有墅曰小辋川，在西城九里圩西偏城河，自南门依城址曲港可达。别墅有水门，画舫可入，中有空心亭，雕云镂雾，空翠浮四面，凉气幽袭，为避暑之庄，系其门客赵静之构思营造者。诸女侍级红小鞋，衣轻绡，纨执冰纨，肌肤玉映，挥扇立榻右。每日四人轮番侍从，侍御坐小舴艋，葛巾纱衫，轻荡水面，舣亭畔则见亭上湘帘乍卷，兰蕙周馥，几案缥缃，层列杂陈。主人入座，随意翻动冰雪茗果，美人捧上，倦则偃卧，消此永昼。夕阳初照，槛外荷风，万柄摇曳。冥色既深，徐徐渡艇而归。”是墅既废，涉想当日，良深叹羡。

可山先生乡试，寓金陵。群众好谈风月，以妓甥之。先生温温然，与妓絮语家常，询其有无父母，因何堕业，为之咨嗟。妓不禁哭。明日，妓与假母哄去。人以为先生能感化，尤可敬。

此事与黄忠端待顾横波事极相类。忠端有友，以横波进御。其时已大醉，横波为解衣，公作鼾声。天曙，横波出，语人曰：“为圣为贤，成仙成佛，断推黄子。”

沈石田于书无所不读。尝以重值购得古籍置斋中，有客见而问曰：“是何所得？”先生曰：“胡问为？”客曰：“毋谑。是吾物，失久不获，不图见。”于是，先生曰：“有左证否？”客曰：“某卷某卷，吾有手记。”发而视之，果然。石田曰：“且为子庆。”举而归之，终不言其故，亦不较其值。宅心之厚，措事之光明，叹不可及。

石田垂名于画，诗书亦工，为画名所掩。相传碧瞳银须，现寿者相，先生固非凡夫也。

吴门冯梦龙为熊廷弼所拔士，尝撰《桂枝儿》小曲，倾靡成人隙，群起讦之。冯乃泛舟西江，求熊解救，相见曰：“海内盛传冯生《桂枝儿》曲，曾携一二册与老夫乎？”梦龙踢蹐，唯唯引咎，因致千里求援之意。熊曰："此易事，不足虑。我将饭子。"须曳[1]，供枯鱼、焦腐二簋，粟饭二盂。梦龙下箸有难色，熊曰："晨选佳肴，夕谋精餐。吴下书生大抵如此。此类薄具，原非待客。然丈夫处世，不应于饮食求工，能饱餐粗粝者，真英雄也。"熊遂饱啖，遽起入内，出曰："我有一书，便道致我故人，毋忘也。"并不述及援事，且手挟数十斤一冬瓜相赠。梦龙偃偻祗受，然意怏甚，而力又弗能胜，未及舟，委瓜于地，鼓棹下游矣。未几，过熊致书故人处，即延相见，殷勤款待。主人揖，与言曰："先生宏文大才，莫不钦迟。今来此，是天假之缘，敢备不腆，以犒从者。"赠白金三百，纳之舟中。甫抵里，熊已飞驰致当道，而解其所讦。熊之爱，类如此。

又闻襄敏试士，卷皆自阅。设几于堂，鳞批诸卷，置酒与剑，手挥目送。每得佳文，辄浮大白，用志快心。有纰缪者，舞剑一回，以抒其郁。是亦公之佚事可传者。

阎尔梅，别字古古，淮上人，又号白耷山人，明亡以遗民终。尝为顾芸美妻作《孝妇陆氏墓碑》。钱牧翁见而奇赏，曰："古之善骂者，当世无所推。"予今传其稿，为临川桂履贞太守属金坛冯蒿叟中丞编刊。所可异者，前列古古遗像，乃误取宋陈抟石刻像为之。余在想灵馆中见之，甚诧。盖余藏陈抟像在箧中，故知其误。

广平申端愍公死甲申之难。有三子，长涵光，字凫盟，高尚其志，著《书纂言》，以学行闻天下。学者称为"聪山先生"。次涵煜，孝廉，工画花卉竹石，有赵彝斋之风。三涵盼，顺治辛丑进士，官翰林院检讨。朱竹垞有《寿申检讨诗》。聪山著书，有《说杜》一帙。盖与其弟论诗，有笔述者即记之。又工书，晚号"卧樗老人"。余曾见其手书《迟山草堂诗》一卷，与其友孟肩者七律十首，神隽有味，逼近工部。

---

① 须曳，当为"须臾"。

有时若出入于《剑南集》中，实不相近。卷首自题分书七字，取杜句曰："晚近渐于诗律细。"又有印曰："平生多掩扉。"盖痛其父之殉节，决不愿以功名重也。此卷曩为张子虞太守藏物，今归吾友濮季平，曾属余题诗纪之。

吴渔山晚年遁迹海外，不知所终，已见记载。近年上海大南门外天主教公墓发现土中有碑，刊有"渔山"字，知为吴先生墓碣，文曰："天学修士吴渔山之墓。"边有小字曰："圣名西满，康熙二十一年入耶苏教，二十七年登铎，寿八十七。康熙戊戌孟由义立碑。"是渔山晚耽西教，半为避地，亦当时举鸿博征及之，而藉是以徼免，终老于教堂内。人不甚知，故亦不传。但公墓之碣，当时必有见及者，《常熟县志》与《上海志》《苏松府志》，均无纪述，诚可异已。

吴先生，常熟人，因所居有言子墨井，故以为外号。亦工书法，似苏叔党，善琴。崇祯五年壬申生，康熙戊戌卒，年八十六，与碑文差一岁。见张瓜田《画征录》。

吴汉槎，吴江人，天才横逸，与计改亭、顾茂伦、潘稼轩并称"四才子"，以科场事于顺治戊戌遣戍宁古塔。尝托名金陵女子王倩娘题诗驿壁云："忆昔雕窗锁玉人，盘龙明镜画眉新。如今流落关山道，红粉空娇塞上春。毡帐沉沉夜气寒，满庭霜月浸阑干。明朝更向渔阳去，白草黄沙马上看。"

高淳诸生邢昉，字孟贞，五言学韦应物。渔洋司理扬州时，即知孟贞，欲过江一访而未能。有李斯佺，令高淳山人以访孟贞事托之，赠其家二百金，买田四十亩，瞻其老妻及遗孙。时孟贞已谢世已多年，将其所著《石臼集》刊行于世。

考《石臼集·前集》九卷，为明代之作，《后集》七卷为入清之作。原刻于康熙甲申商丘宋漫堂中丞巡抚江南，索遗稿于高淳邢氏，付之剞劂。此为始刻行世。又考先生生于明万历十八年庚寅，十九岁补邑诸生。崇祯甲申，先生年五十五。明亡时客杨龙友幕中。顺治十年癸巳十二月卒，年六十四。门人汤之孙彦仍为作年谱。先生年三十，筑室于其宅舍西南，题斋额曰“鲁稽”。四十六岁时，豫章曾升伯先生为刻先生《鲁稽斋诗》，自后唱酬多而稿皆不全。

程岫，字云家，天都峰下人，隐居南梁，去东淘七里。与吴野人交，以诗文相切磨，著《江村诗》二卷。吴野人《陋轩诗》，海内知名，而《江村诗》人鲜知者。野人没，几无以为殓，云家为经纪其丧，有古人谊。今野人裔藏有程、吴二先生画像合图，嘉庆间袁啸竹承福得之。

全榭山作李杲堂子《东门先生墓表》曰：杲堂艰于子，四十后始举。东门，名暾，字寅伯，堕地时面上有如小耳者数十，为系去之。稍长，右颊有斑作鸦青色，有相见者谓之曰：“此海外阿罗汉化身也。”长负才气，有任侠风。平生好游，每年足一集，曰《游录》。又好客，四方之士至明州者无不叩李氏。又善治具，凡食品无不充实于庖。卒年七十余。著有《松梧阁集》。生三子，能继述，刻《两世集》行世。奇人奇文，直逼龙门。

熊赐履，字敬修，又字素九，孝感人，康熙十四年升内阁大学士兼刑部尚书。时吴三桂反，乞致仕。奉母居金陵青溪。三十年，又调吏部尚书。旋遭御史龚翔麟参劾伪学欺罔，请治罪。上不问。龚为熊门下士，亦奇事也。四十六年，南巡，赐赍极厚。四十七年，公已七十四岁，生子契生，七十五岁又生子夔生。明年秋八月卒，葬上元之青龙山，赠太子太保，谥“文端”。其后人有居江宁者，今已不可考。乡里闻有熊姓，传其祖自江西迁来者，与入青浦籍之熊同宗，非孝感裔。

丹徒张九征，以顺治乙酉解元、丁亥进士荐举博学鸿词，历仕至河南提学道，异卓天下学政第一。以子玉书赠大学士，赐祭祀河南名宦。著有《艾衲亭稿》《闽游草》《文陆堂文稿》。先生生六子。玉裁，康熙丁未一甲二名进士及第，内国史院编修；玉书，谥“文贞”，顺治辛丑进士，历官文华殿大学士、太子太保；恕可，康熙戊辰进士，官至河陕汝兵备道；仕可，康熙丙辰进士，历官湖南布政使；与可、玉禾，皆廪膳生，一授颖上教谕，一授国子监学政。孙宏敏，康熙乙酉召试，入南书房武英殿供奉，后中甲午举人，仕至德安知府，己未荐试鸿博。其裔二百余年，代有传人。一时丹徒之张，遂为清初江南世家第一。

素存相国，谥“文贞”。据年谱，五十岁时充会试总裁。是科副公者安溪李光地谥“文贞”，泽州陈廷敬谥“文贞”，而公之七世孙锡庚以侍郎督学浙江殉难，予谥亦曰“文贞”。一时“文贞”类聚，若有深契此二字者，亦异数也。

文贞之兄玉裁，字礼存，长公六年，以顺治十一年甲午拔贡即中乡试副贡。十四年丁酉文贞应乡举，玉裁又中副榜，十七年庚子玉裁复副乡榜，盖三次矣。至康熙五年乃举京兆试，六年丁未成进士一甲二名及第，官国史院编修，一充庚戌会试分校，即逝世，年仅三十六。

韩慕庐宗伯《有怀堂稿》，风行一时。蒲留仙、纪元少先生或出附会。相传先生平生有三好，一酒二棋三淡芭菰。或问：不得已而去何先？曰：“去棋可，去酒可，去烟不可。”

案：宗伯以康熙十一年癸丑会试、廷试，皆第一人。通籍，仕至礼部尚书。乾隆十七年，赐谥“文懿”。子孝基官翰林。乾隆十六年南巡召见时，年已八十八，赐“家学耆儒”匾旌门。寿九十余。

固始祝氏亦近代世家之一。礼部尚书祝庆藩与弟翰林庆扬，同举嘉庆丁卯乡榜，又同中式辛未进士。从弟孝溶亦同榜。凡一科三进士。道光壬辰，祝祜、祝开平、祝宾阳又兄弟同榜三举人。祝履庆旌五世同堂，祝友文旌四世同堂。百余年间，词林进士十人，乡榜贡成均数十人，而举、优贡几七，绩学之士尤多焉。

杭州横河桥许氏，望族也。乃赓，嘉庆戊午举人，丁丑进士，官左庶子；乃裕，嘉庆己卯举人，台州府教授；乃来，乾隆癸卯举人，江苏太仓州知州；乃大，嘉庆辛酉举人，海州知州；乃济，嘉庆庚申举人，己巳进士，太常寺卿；乃谷，道光辛巳举人，敦煌知县；乃普，嘉庆丙子举人，庚辰进士，吏部尚书；乃钊，道光戊午举人，乙未进士，江苏巡抚；乃恩，道光癸卯举人，山东揆县知县；乃安，嘉庆乙卯举人，壬辰进士，甘肃兰州道；乃宽，道光庚子举人。乃字辈计十一人皆登科。而其中有五人为同胞兄弟，且自乾隆癸卯、道光癸卯、光绪癸卯一百二十年间，三遇癸卯，皆开科。同年许世澄宝绶云云，尤为奇事。世澄祖父辈葆身，汉阳通判；立身美身，海州知州；桂身，寿张知县；培身，四川建昌道；观身，户部员外郎；祐身，苏州府知府；润身，刑部员外郎：皆登乙科。谨身，道光癸巳进士，兵部主事；庚身，同治壬戌进士，太子少保、兵部尚书；彭寿，道光丁未会元，内阁学士。而世澄曾祖为乃裕，祖为蔚身，父名之瑾。许氏官尚书二人，官翰林六人，榜眼一人，传胪一人，官学政三人，官主考六人，官巡抚一人，官藩臬二人，得谥二人，乃谱"文恪"，庚身"恭慎"。

泗州杨殿邦，累官漕运总督，生七子，五子登乙科，登甲科者亦三人。士燮，光绪戊子举人；士晟、士琦同中壬午举人；士骧，乙酉举人；士铨，癸巳举人。士燮，甲午进士；士晟，壬辰进士；士骧，丙戌进士。近时，泗州家世无出其右。

光绪癸巳恩科，四川华阳称罗氏父子兄弟叔侄同榜。罗长镛、长钰，长镛子春炜，而春炜名最前，中式四十一，长钰次之，名五十八，长镛中式七十八。为前江宁知府罗绍劼太守章族人。

广州大南门高第街许氏为第一世家，五世同堂，七世同居，兄弟叔侄同登乡榜三人，父子周甲登科，兄弟同科者凡三世。又七子登科，至闽浙总督；应鏁，广西巡抚；应骙而极贵而星台，制府子孙尤多，官江苏布政使时，已有十子十五孙、曾孙二十。制府每朝起，子孙环侍问安，均不能辨为何名，为何人所出，首颔之而已。家中藏弆极富。近日，许苓西观察炳榛刊有《藏金石书画目录》。

岳钟琪，武臣，工吟咏，著有《姜园集》《蛩吟集》，节钺名家，一时无二。雍正时，公以兵部尚书总督川陕。其季父超龙，湖广提督；弟钟璜，广西提督；子浚，山东巡抚，旋擢两广总督；兄子含奇，兖州总兵。宋忠武王飞为其二十一世祖。父升龙，赐谥"敏肃"，登州镇总兵。祖镇邦，大同镇总兵，加左都督。公以平青海功，献俘京师，锡封三等公爵、太子少傅。享年六十九，赐谥"襄勤"，入祀贤良祠。清代武人汉大臣始终以功名显如公者，不数见。

湖南人曾静，靖州诸生，遣其徒张熙上书劝公反，且约同谋起事。公廉得其情：书生因考试生愤，思欲一逞，以泄其私。因奏闻之。又得吕留良之徒严鸿逵等谋逆诸迹，皆置之法。实则曾静亦被忌公者之利用。清代文字之狱，大率类此。

翁覃溪，其先福建莆田人，明正德间北徙大兴，字正三，晚号苏斋，以雍正十一年癸丑八月十六日戌时生。今按年谱，纪其大略，备资书画题跋之参考：

十二岁，补邑诸生。

十五岁，举乡试。

二十岁，成进士，登秦大士榜。

乾隆三十三年督学粤东，至英山得坡公题跋，重摹二石，因自号"苏斋"。

三十六年，撰《粤东金石记》十二卷。

三十八年，得宋椠《施元之注苏诗》三十一册，又得米题药州石帖，更名“苏米斋”。

四十七年，得宋拓《大观帖》，自题室曰“晋观”。

嘉庆九年，以原品休致。

十二年，重宴鹿鸣。

十五年，杭州门人续刻《复初斋诗集》，至第六十二卷。

十九年，重宴琼林。

二十三年戊寅正月二十七日丑时，归道山，年八十又五。

覃溪藏书处曰“苏斋”、“苏米斋”、“宝苏室”、“石画轩”、“小蓬莱阁”、“石墨书楼”、“两香谷园”、“三汉画斋”、“松竹双青书屋”、“三万卷斋”。先生晚年休致，甚贫，殁后益窘。门人杭州孙氏赙以千金，平生收藏及著稿均归之。光绪初年，有黄再同君访其后人，仅有孙媳一人，年届六旬，蜷居土室，衣食不敷。再同为移居松筠庵闲屋，并为雇老妪鸠资，月给钱若干。又访其墓而修葺之。翁氏已无后人矣。

覃溪晚年，目力极佳，尝于元夜集名流苏斋中作诗。会先生从容取芝麻一粒，写“天下太平”四字，笔画结构，不失欧、虞格局，同人大服。先生莞尔，曰：“十年前，我可作‘鼋’、‘鼍’、‘蛟’、‘龙’四字也。”

凌廷堪，字次仲，生于清河之板浦镇，子孙仍居淮上，其后殁于皖中，晚年以讲学归也。门人张其锦为作行状。余曾于荒摊得先生乾隆已酉乡试朱卷，中式一百四名次，艺书同文题，竟以《说文》六书诂训，场中允不多见。是科主江南试者，兵部侍郎仁和胡高望、吏部主事遂安贺贤智。明年庚戌，先生遂登石韫玉榜进士矣。

按：先生少慕其乡江慎修、戴东原之学，又从翁覃溪、阮文达游。生平经学，于《礼经》用力最深，著《礼经释例》十三卷。江郑堂谓其思通鬼神焉。通籍，用知县，改选宁国府教授，卒于嘉庆十四年，年五十五。

袁简斋子通，官河南河内县；通子祖惠，四川夔州府知府；祖德，上海县知县，小刀会匪陷城殉难，恤赠知府衔；祖志，诸生，字翔甫，工诗，久客上海，称“仓山旧主”是也。祖德子师锴，四川同知，署蓬溪知县。子孙至今皆侨寓川中。前江苏巡抚程德全幕中有袁杰者，为简斋先生后。闻金陵随园地址为奸人盗卖于与外国人，即饬县出示勒石，聊有挽回。国变后，亦不知究竟矣。至真来先生迟，为随园老人晚出者，平生工诗词兼善画，闻有子，近亦无传。余知袁氏有人居金陵者。自袁廷璜为香亭之后，其子自超字崧生，已无后。至归钱塘籍者，则不可知。今仓山之北有简斋墓，左附真来墓，而也通既仕于外，恐未归葬。

蕲水陈秋舫沆，嘉庆己卯状元，一任广东主考。著有《简学斋诗存》《近思录补注》《诗兴比笺》。祖士珂，乾隆丁酉举人，著《韩诗外传疏证》十卷。父光诏，乾隆己亥举人，湖南知县。秋舫有弟沄，嘉庆丁丑翰林，仕至江南道监察御史。子廷经，字小舫，道光甲辰进士，内阁学士。孙恩嘉，咸丰戊午举人，由郎中出为江西道。曾孙曾佑，字苏生，光绪己丑进士，授编修。曾寿，甲辰进士。累代簪缨，为蕲中冠。

汪孟慈喜孙，容甫先生子，嘉庆丁卯举人，官怀庆府知府。孟慈生九岁而容甫逝，其自作《孤儿编》云：“先君初娶孙氏，好吟咏，不事家人生计。大母邹太宜人独任井臼，有二姑相助为理。孙氏弗能亲操作，遂归老母氏之党。殁后，吾母朱太宜人来归，求其墓不得”云云[①]，是孟慈之言有未尽然矣。容甫殁于乾隆五十九年，孟慈九岁。包慎伯于嘉庆辛酉往扬州，犹及见容甫元配妻孙氏，所著《艺舟双楫》书《述学》六卷后明言之。阮文达《广陵诗事》云：“容甫妻孙氏工诗，有句云‘人意好似秋意好，一回相见一回疏’。”是孙氏通文翰，或不能

① 此引文与原文有异。

与寒儒家勤庶务，且容甫性下急，因是失邹宜人欢，故出之耳。至传谓容甫杀妻，亦误矣。孟慈云云，或有讳言。

又传包慎伯至扬州，孟慈慕义，谒长者。以先人《述学》稿求慎伯编定之。慎翁自诩其功，谓删集诸稿一如容甫。于是孟慈宦游，遍识通人。又重为编辑，尽更慎翁之笔。包、汪由是有隙。昔汤卿谋既殁，尤西堂虑挚友无所传，自摹口气才调，作《湘中草》，附刻杂组中，谋卿谋不朽。慎翁为人编次定稿，尚有掠美诩功之事，援展成之风，何可以道里计？每下愈况，尚有盗稿易名，或卖文已久仍夸我作者，则无聊更甚。

山阳鲁荫亭樾，光绪戊子举人，系通甫先生之孙。明德之后，必有达人。高祖也鲁，字绍曾，以乾隆戊辰进士仕刑部员外郎。著《有味闲堂诗集》。曾祖长泰，学者称“特山先生”，工书画，流誉淮海间。通父先生名一同，又字兰岑、季连，工书善画，以道光壬午副贡中乙未举人，仕兵部主事。著有《右军年谱》《邳州志》《清河县志》《读杜心解》《史记测义》《诗存》，已刊。《国史》列《文苑传》。

当涂朱氏，七世明经，五传拔萃，三代联科，为皖南旧族之卓卓者。朱联甲，同治癸酉拔贡。祖汝璜，道光丁酉拔贡。曾祖德祺，嘉庆辛酉拔贡。高祖滋年，乾隆乙酉拔贡；联甲叔父兆鋐，道光己酉拔贡。此为“五传”。父兆湘，廪贡；祖汝桂，恩贡；八世祖辂，雍正乙卯恩贡；九世祖敏闻，乾隆乙酉岁贡：合之为“七世明经”。父兆湘，同治丁卯举人。祖汝璜，咸丰壬子举人。联甲本生祖汝桂，道光丙午举人。联甲，光绪乙亥举人。是为“三代联科”。

婺源胡氏，七世祀乡贤，皆有德性问学，可纪也。

胡伸，字彦时，号环谷，宋绍圣进士，仕国子司业。著有《尚书注》。学者称“新安胡氏”，崇祀乡贤。

胡方平，字师鲁，号御斋，得朱子《易》学之传。著有《启蒙通释》

《性理》诸书。学者称为“玉斋先生”，崇祀乡贤。为胡伸礽孙。

胡斗元，字声远，号勉斋，私谥“孝善”。授业朱子从孙，得《书说》《易说》之传。太守涿鹿瞿侯书墓碑曰“孝若先生之墓”。崇祀乡贤。

胡次焱，字济鼎，号梅岩，宋咸淳三年发解，明年成进士，授贵池县尉，著有《四书五经》《唐诗绝句》。崇祀乡贤。

胡一桂，字庭芳，号双湖，宋景定五年领乡荐。著有《易纂笺》《启蒙十翼传》《十七史纂》，编年、文集等书。《元史·儒林》有传。崇祀乡贤。

胡炳文，字仲虎，号云峰。著有《四书通》《尔雅韵语》、笔记、文集行世。至大间，主簿胡淀为请于朝，建明经书院。列《儒林传》。崇祀乡贤。

胡默，字孟成，号石丘，受业云峰。著有《石丘诗文集》。崇祀乡贤。

无锡薛湘，工文章，年未四十，已刊有制艺行世，其时犹诸生也。某年，曾文正侍其父，入郡应童试，于冷摊中买得时文一册，署名薛湘所著，并不识其为何时人。读竟，甚惬意，以为必是国初老手，归而揣摩，弗释手。文正通籍某年，会试分校，得一卷极佳，击节曰：“此得薛湘神髓者！”荐卷中式，榜发，即薛湘，所称“江南老名士”是也。文正始恍然曰：“吾以君为古人，苟非余知君之深，固不能读君文。”薛湘仕至湖南保庆府。薛叔耘福成京卿，其第五子，年十七即上书文正，见知入幕。

吴县潘氏世恩，谥“文恭”，乾隆癸未状元。弟世璜，乙卯探花。孙祖荫，谥“文勤”，咸丰壬子探花。文恭世父奕隽，道光已丑重宴琼林。文恭亦于咸丰癸丑重宴琼林，文恭八十四岁，亲见文勤胪唱一甲第三。道光二十八年，文恭八十岁，以体仁阁大学士晋太傅。文恭次子曾莹为癸丑会试总裁，榜发，新进士晋谒，文恭得与后进叙同年礼。文恭享寿八十又六，奕隽享寿九十余，家中子弟四五十人，三四世科第相继，异数优渥，为近代吴中世家第一。

《天春楼脞语》云：吴县潘文恭世恩有女子五，俱嫁汪氏，但非一家。今考文恭年谱，嘉庆丙寅长女嫁汪学源。时公视学浙中，学源后举孝廉方正，用知县。癸酉，二女于归汪嘉森，时公视学江右。道光元年辛巳，三女嫁汪椎，时公以工部尚书降补侍郎，终养归里也。癸未，四女嫁汪嘉梓。乙未，五女归汪德英，即士钟朗源子，时公已拜体仁阁大学士。惟五女家世藏书，最有名誉。

新建程氏，自矞采、焕采、楙采，相继扬历中外，于是其族乃大。矞采，嘉庆辛未进士，历仕山东、云南、江苏、广东巡抚，湖广、两广、两江总督。焕采，嘉庆庚辰进士，仕至江苏布政使，署理江苏巡抚。楙采，嘉庆甲戌进士，历仕至安徽、浙江巡抚。而矞采与焕采为同怀兄弟。

同治九年闰十月十七日，盗发新建故安徽巡抚程楙采之墓于县治古木冈，将骸骨焚弃。给事中夏献馨奏请饬江西大吏严究，旋于十二月初五日奉旨，著刘坤一饬地方官迅速获盗严办，不知以后有无办法。今则东陵盗发，大猾操纵。椎埋之祸，何可胜道？

宗室寿耆子年侍郎为原任礼部侍郎松森子，自应试，名不出第三。己卯中式一名举人，复试一等二名。癸未中式进士，名第二。殿试，一甲二名。朝考，一等二名。是亦不多见者。

崇绮，同治乙丑状元，官到吏部尚书，道光间文华殿大学士赛尚阿之子，穆宗毅皇后之父。清代旗籍进士，向不占一甲。是科传胪时，朝命欲更人，读卷大臣宝鋆等皆顺旨，独吏部尚书朱凤标以为不可更。咸丰三年，上谕赛尚阿劳师糜饷，酿成粤祸，殊属辜恩，逮问拟斩。时崇绮官工部主事，一并革职。同治纪元乃遇赦，于是又亲见其子大魁天下。是亦天道人事不可知者矣。崇绮又为郑王端肃之婿，好学，有声誉。

湘乡曾氏，凡二世得谥五：一文正；二忠襄；三靖毅，名桢干，殉难金陵；四愍烈，名国华，殉难安徽；五惠敏，文正长子纪泽。兄弟立专祠凡四：文正、忠襄、愍烈皆入祀京师昭忠贤良祠。在金陵者，文正、忠襄、靖毅也。而愍烈，祀安庆。封爵二：文正，毅勇侯；忠襄，威毅伯。入词馆者二世。国家异数，恩荣应有尽有。三湘二百年来，可谓阀阅第一。

沈文肃有七子。长玮庆，光绪己卯赏给举人；次莹庆，沅州知府；三璘庆，戊子、巳丑两中副贡，四川马边同知；四瑜庆，乙酉举人，仕至贵州巡抚；五璿庆，光禄寺署正；六瑶庆，赏主事；七琬庆，官浙江知府：皆林夫人一人所出。

奉新许文敏振祎，仕至东河总督。其兄振礽，道光庚子进士，詹事府中允、左右春坊。二难皆竞爽有声。

闽王可庄太守仁堪，以状元主试江南，督学山西，一麾又来江南，守镇江、苏州。居官清廉，有惠政，学术人品皆称优异。其祖庆云，道光己丑翰林，仕至工部尚书、两广总督，谥“文勤”。父传璨，官刑部主事。弟仁东，丙子举人，官知府、太守。固闽中世家子，而晚近书法尤称得欧、虞正轨。

容纯甫，名闳，粤人，生于澳门葡萄牙殖民地。自幼入西塾，后游美国，归国后，为人掌书记，任海关翻译。又自创立公司，因游两湖、皖、浙等处。时洪、杨正倡兵，遂至吴中。道出金陵，谒干王洪仁玕，以印绶相迫，容献七事计策，惜不能用。又以洪等以宗教为徒具浅陋形式，遂去而走谒曾文正。初见时，在安庆，甚相契。南汇张孟彪有赠容纯甫诗，已而曾命其购办外国机器。高昌庙，其始基也。又派学生出洋，亦其滥觞也。迨文正逝世，乃与李文忠相遇，旋受吴子登之毁。因美国有华工之禁，吴告，一御史上奏，请即解散留学，于是归国。时张文襄亦慕其名，献策不纳。至戊戌年，与康、梁晤，遂预政变之列。党祸既兴，乃私逃出京，由上海赴香港。居二年，往美国。其后，又至台湾一行，仍往美国终老，自是不复归。著有《西学东渐》一卷。

左文襄公与其兄宗植,同中道光壬辰乡举。兄名第一,官新化训导,改内阁中书。著《慎庵诗文集》。公生于嘉庆壬申十月初七日寅时,乙未会试,挑取誊录。是科房荐出吾乡温明叔宫保门。公兄弟膺乡荐,出鄞县胡太史鉴门。光绪间,文襄巡抚浙中。至宁波大阅,即诣胡氏师宅,展遗像设祭,并存问胡裔而周恤之。

公元配周夫人,湘潭周衡在系舆先生女,能文,著有《饰性斋诗集》。生四子,长孝威,咸丰已未举人,刲股疗母疾,以孝旌。次孝宽,三孝勋,四孝同,仕江苏按察使。女子四,长适安化陶文毅子陶桄。孙十人。

文毅既没,公以婚姻故,为经纪其家务。陶桄年稚于左氏女殆十余龄。公督之勤学,又为其求田问舍,终岁不少休。乡里间有谤言,以为文襄将不利于孺子也。公弗顾,积二十余年。一日,邀其亲族,肆筵设席,持簿计大册,号于众曰:"历年以来,为部署若干。今已赢积若干,请视此。但我欲出而谋功业,安事敦敦为他人谋?"于是,人乃大叹服。公之正直无私如此。

文襄晚年,功高骄侈,不自知恧,颇不理于人口。其出也必以八人舁之舆,前必用四巨人作戈什,黄马褂红顶花翎,拱卫极盛。其人皆提督、总兵、副将之未及时者,皆服从威仪,不敢肆性。尤兀傲,动辄骂座,或妄自矜诩。与曾文正龃龉一生。所著《盾鼻余沈》一卷,尤多非已出。

铁岭杨氏,自杲楼先生读书种德,子孙兴盛,勋业名誉,冠垂竹帛,盖有繇矣。杲楼名书绩,汉军旗籍,嘉庆癸亥举人,仕云南恩安县,晚年居杭州,小隐湖滨,工书善画。第三子能格,字简侯,以名翰林仕至江苏布政使。简侯子儒,字子通,同治丁卯举人,官四品京堂,出使俄国,以事死节。子通有兄柡,同治甲子举人,官户部员外郎。霁,同治乙丑探花,仕至平阳府知府。自简侯以下,皆工书能文。

子通出使俄国，以争伊犁之界，不辱命，仰药殉国。史有传。公精书翰，隶仿《郑固》《孔宙》诸碑。今其遗迹，甚见重于日本人。

阳湖盛旭人廉访开，即邮传部尚书盛宣怀之父，相传为老僧转世。廉访封翁尝与僧旭开友善。一日午梦，见旭开来，不通问，径入室，久不出。正拟问其人，家中人报廉访生。封翁惊醒，以为奇，故以僧名名之。

刘汝璆太守笏堂，湘中奇士也。家贫，父拾炭自给，而性独好琴，又喜食苋。太守既官，为《琴苋图》，又为《慈苋图》，遍征题咏，以寄孺慕。太守以军功显，德清俞荫甫太史作长歌以赠之。太守工书法，坚绝不屈，与何子贞异趣。先大夫尝求得小联十四字，今宝藏之。

癸卯同年湖州赵邦彦，字遂盦，又字芰裳，为赵忠节公景贤之族犹子。其祖炳麟，名光第，为道光癸卯乡魁，仕至常镇道。著有《退思斋诗存》。事迹载入郡志。祖孙周甲同膺癸卯乡荐。世居湖州月湖浦。今寄居吴郡。

吴棠，尝为清河县令，有故人运榇归，舟泊袁浦。吴赙三百金送舟中。将命者误送邻舟，盖又一旅榇北归者。主人感谢。将命者白于吴，惊曰："误矣！"自往吊之，兼问究竟。知为原任福州将军某灵柩路过，乏资斧，正在筹措间，故有感惠。吴曰："聊以是为赠。"见苍头扶弱女子出谢，且曰："不知图报何时耳。"明日，挂帆去吴。又别酬故人舟，叹息而已。同治中叶，吴以事被议。慈禧后见牒中名，骤忆袁浦之赙，急擢漕河总督。吴受宠若惊，特旨召见。后乃历历言之。吴始悟前见之弱女子，即今之垂帘听政者。昔日将命之误，即成今日之恩遇。事虽偶然，莫非前定？故身后之谥曰"勤惠"，殆有故耶？

吴棠，盱眙人，道光乙未举人，由荐升江苏巡抚、两广、闽浙、四川总督，敕建专祠，赐祭葬，恩遇极隆。晚年在吾郡马府街广厦，一如四川督署制。今其子孙或居之。

原任两江总督新宁刘坤一，谥“忠诚”。由诸生从戎，历膺节钺，其任江督凡五次。光绪五年，由粤督调补。七年，告终养。十六年，复补。二十年，赏双眼翎，陛见。二十二年，复回任。嗣后，又往还二次。终于任。仪凤门外江干立碑曰：“恩隆五至相。”传公在任，忽来新宁教谕牒文云：该廪生历仕封圻，何以至今尚未出学？责令贡成均，归案办理。于是一笑，厚馈司训寝其事。庚子北乱，公与鄂张文襄筹东南之安。当时中外沸议，以为识时务之俊杰，毋乃非是？自后，朝廷悔祸，贤奸已白。拳匪之患，仅属畿辅，东南安谧，归功江督。“忠诚”之谥，其以是夫！

善化瞿鸿禨，谥“文慎”，辛未进士，历官至协办大学士。光绪乙亥主试河南以后，迭掌文衡，福建、河南、浙江、四川、江苏等省均使视学。其在浙时，特奏：取新生入学，于复试之前提复一次。奏准，列案各省颁行。提复之试，取卷可入选者，较进学额倍名数牌列名次，提入面试，然后分别去取之。应试诸生患得患失。希名列胶庠者，无不多此一次磨难。至有屡遭提试，屡摈不录者，亦有诡遇幸获者。选题极难，刻晷极速，监试极严。稍不慎即违功令被黜。此事行之近三十年。科举废，遂增考场一段苦话。“文慎”之谥，可谓慎而近于刻耶？

瞿于国变后隐沪滨。张勋复辟之举，力趣之出。三思反复，赵趄莫定。湘人士多知之。卒以慎故，不及。一旬，事败遂止。相传文慎面貌酷类穆宗，慈禧听政，召见军机，见公未尝不伤感。因是屡膺使命，视学外出云。

张忠武国梁降于劳文毅。文毅意不决，朱伯韩先生愿以全家保之。历仕至江南提督、钦差大臣。其后战死丹阳，遂为不朽人物。一念之转，亦自成之。朱伯韩以候补道调浙江，王壮敏之奏也。伯韩著有《怡志堂诗集》。有诗题曰:“黄少兰司马自江南来,席间话张殿臣镇军战事。我亦旷举类敬仲,乡曲百口解谤伤。笑言太白吾岂敢?但冀渠作郭汾阳。”

朱先生名琦,别字濂甫,广西桂林人。道光十五年进士。咸丰十年,浙省城陷,殉难。

朱先生官御史,数上封章言事,与苏廷魁、陈庆镛号“谏垣三直”。洪、杨起事,家居办团练。张忠武降,故为全家保之。

蒋益澧,字芗泉,湘乡人,官至广东巡抚,谥“果敏”。本以行伍起家,平生几不识文字,但酷好学,官至监司。时犹延师在官廨课读,日作制艺一首,五言八韵诗一首。有不是,愿师痛责之。虽官书烦琐,日课不辍。以是卒能援笔,至奏稿皆自拟,与通人无异。咸丰庚申,杭州之役,果敏克城池,厥功尤伟。

鲍忠壮超,勇毅善战,第不多识字,或兵为敌围,则于大旗“鲍”字上提笔加一大圈,间道乞援师,人知其有急矣。身有癣疾,尝谒曾文正,谈事久。时方盛暑,文正遍身亦有癞,手搔肤屑,堕如飘粉。主、客忘形,座间顿生妙景,举茶送客,侍从持帚可扫。忠壮有别称曰“鲍癞狗”。

宋王介甫体有癣皮,屑霏衣袖,又狂傲不逊,诸舅嘲曰:“此行货耳!”尚欲求售。介甫举进士,寄诗舅曰:“世人莫笑老蛇皮,已化龙鳞衣锦归。传道进贤诸舅氏,如今行货正当时。”

仁和李方伯本仁,布政皖省,以千金至吴门聘一姬,美而有德慧。又招一老伶工,教之度曲,僚属多有议之者。洪、杨兵临安庆,城困,移省庐州。方伯誓以身殉,姬欲从殉,方伯曰:“汝归,死可也。”遣人护送去。又以白金置几上,集家众,谕之曰:“我则城亡与亡矣。尔辈愿死则留，否则持金散。”众如命，惟伶工不去，亦不索金。越二日，城陷，方伯战没。老伶掩其尸，遂吞金毙命。姬抵家，诣夫人前请命，亦死。于是议方伯者，至是乃共服其忠。李，字蔼如，工书法。余得其七言联语，为张子冈先生物。

同治九年，浙江学政徐树铭奏请开复已革编修俞樾，遭廷旨交部严加议处，降四级调用。论者谓徐此奏未免颟顸，咎亦应得。俞荫甫当咸丰时，在河南学政因出题试士，多割裂经典语。当时御史曹登庸揭参，降旨褫职，永不叙用。于是俞太史归而闭户著书，晚年重宴琼林，赏还原职。又嘉其著作有功，又亲见其孙陛云殿试一甲第三人及第。太史迁居吴下，筑曲园。杭州西湖亦有俞楼，留其纪念。《春在堂全集》文体悉备，近今比之袁简斋。而《茶香说经》，尤追媲往哲已。

> 同时，徐又奏请召试署秀水县教谕谭廷献、秀水举人赵铭、江西拔贡杨希闵，均照博学鸿词例，特予廷试。奉旨谓其私心自用，意存尝试，谬妄糊涂，大加申斥。徐树铭视学浙中，当时亦有声誉。即此一奏，何莫非抡才挚意，反使有才欲伸转抑。幸谭仲修辈洁身学行，不然，几何不疑为植党营私耶？

同治十一年冬，曾文正创意，特奏请朝廷派学生出洋留学，即奉旨允准。文正乃饬徐雨之大令在上海办招生考试各事，即奏派刑部主事番禺陈兰彬送学生出洋。陈年已七十余，人极豪俊。薛叔耘有送其出洋序文，载《庸庵集》。学生百余人，每年以四次分派出国。学生年岁，大不逾十六，至小十岁。行装资斧，皆优异。各人衣服，用马褂长袍厚底鞋，发辫不去。至外国，人人讥笑者。陈主事侃侃责曰：“谁无国俗？谁俗相同？苟勉强而欲俱化一，则不知尔国之将来。且现居中国内地教会人等，无不先改我国装束。”外人闻言，不敢侮。又诫学生曰：“我等来此，取其所长，非来入外国籍。归国后，何患不悉

其底蕴而自图之?”学生谨受教。出洋费金由粤、江两海关支给。兹记学生可知者如左:

第一次出洋,同治十一年七月初八日,学生三十人:

曾笃恭(粤)、詹天佑(皖)、曹吉福(苏)、何廷梁(粤)、黄锡宝(闽)、石锦堂(鲁)、容尚谦(粤)、邝荣光(粤)、陈巨溶(粤)、陆永泉(粤)、钟俊仁(粤)、邓士聪(粤)、牛尚周(苏)、钱文魁(苏)、钟文耀(粤)、刘家照(粤)、梁敦彦(粤)、张仁康(粤)、潘铭钟(粤)、谭耀勋(粤)、蔡绍基(粤)、蔡锦章(粤)、黄仲良(粤)、黄开甲(粤)、史锦荣(粤)、陈荣贵(粤)、吴仲周(粤)、罗国瑞(粤)。

第二次出洋,同治十二年五月十八日,学生三十人(无过十四岁者):

容尚勤(粤)、苏锐钊(粤)、丁崇吉(浙)、邝咏钟(粤)、陆锡贵(苏)、吴应科(粤)、吴仲贤(粤)、宋文翙(粤)、黄有章(粤)、梁普照(粤)、李恩富(粤)、张祥和(苏,十一岁)、王良登(浙)、温秉忠(粤)、陈佩瑚(粤,十一岁)、王凤阶(浙)、陈乾生(浙)、广安国(粤)、方伯梁(粤)、曾溥(粤)、梁金荣(粤)、李桂攀(粤)、邝景垣(粤)、邓桂廷(粤)、唐元湛(粤)、卓仁志(粤)、梁普时(粤,十一岁)、蔡廷干(粤)、张有恭(粤)、容揆(粤)。

第三次出洋,同治十三年八月初九日,学生三十人(无过十四岁者):

周长龄(苏)、朱宝奎(苏)、徐振鹏(粤)、杨兆南(粤)、邝景扬(粤)、吴敬荣(皖)、唐致尧(粤)、郑廷襄(粤)、官维城(苏,十岁)、黄季良(粤)、邝贤俦(粤)、朱锡寿(苏,十岁)、康赓龄(粤)、祁祖彝(苏)、程大业(皖)、杨昌龄(粤)、唐绍仪(粤)、周万鹏(苏)、林沛泉(粤)、曹嘉爵(粤)、卢祖华(粤)、袁长坤(浙)、梁如浩(粤)、曹嘉祥(粤)、徐之烜(粤)、薛有福(闽)、容耀垣(粤,十岁)、孙广明(浙)、沈嘉树(苏)、曹茂祥(苏,十岁)。

第四次出洋,光绪元年九月十六日,学生三十人(无过十五岁者):

林联辉(粤)、林联盛(粤)、陈金揆(粤)、唐荣俊(粤)、唐荣浩(粤)、朱汝淦(苏)、陈福增(粤)、刘玉麟(粤)、沈寿昌(苏)、吴焕荣(苏)、陈绍昌(粤)、周传谏(苏)、黄祖莲(皖)、黄耀昌(粤)、王仁彬(苏)、周传萼(苏)、邝国治(粤)、陶廷赓(粤)、陆德彰(苏)、邝炳光(粤)、盛文扬、金大廷(苏)、梁丕旭(粤)、梁金鳌(粤)、沈德辉(浙)、吴其藻(粤)、潘斯炽、冯炳钟(粤)、谭耀芳(粤,十岁)。

光绪元年九月,国子监司业汪鸣銮请代奏为汉儒许慎入圣庙从祀。此举于晚近中表彰先哲,可谓得体。比之同治二年御史刘庆之请列祀毛亨于孔庙,尤有卓识。考许洨长著《说文解字》,信古传今,功德至巨。当时亦有赞辞曰:"五经无双许叔重。"是许氏本有功经学者也。部议照准,列位东庑。

按:《说文》学以清代为极盛,可直接二徐。诸家著作,如惠栋、朱筠、钱大昕、王念孙、段玉裁、戴震、孙星衍、严可均、桂馥、江声、阮文达、谢启昆、王筠之类,皆为已前所不及。汪氏请崇祀许慎,亦表彰巨典。不料未及数十年,社屋已更,孔子庙庭夷为平芜。焚坑之祸既烈,读书明道之辈尤改越恒情。可慨之事,岂止是耶?

翁松禅相国同龢，初字声甫，又字叔平，咸丰丙辰一甲一名进士，授职修撰，屡膺文衡，荐升卿贰，旋值纶扉。光绪甲午，倭寇作，公力主战，封事有"宁有死亡，不可低俔。从此示弱，一蹶不振"之言。当时朝伟其议，故第一次上谕，竟决主战，有"饬中外迎头痛击"语。其后和议成，忌者遂由此益甚。洎乎保康有为为人才，变法事败，戊戌祸起，宫廷震怒，谴及论罪，严旨切责，革职回籍，交地方官管束，永不叙用。公归里，庐墓以居。每于月晦入城，向县衙应卯外，一切庆吊馈问，皆不预晋接。日惟以书画自遣而已。卒年七十有二。遗命毋用品官衣冠殓，布袍马褂一袭而已，且自书碑碣，树墓道，文曰："清故削职大臣翁同龢之墓"。国变后，追念旧臣，赐还原官，予谥"文恭"。命陆凤石相国赍旨祭告，然后家中乃绘大学士一品冠服像。此为吾友刘君辑之游焦山，遇陆文端歙歔言之。近日，陈述庐大令赴常熟，见墓碑已为通州张謇改题昔日官爵，文恭自书之碣，则移置翁氏祠中云。

会稽李莼客，渊博宏深，于学各有所造，著《越缦日记》，有三长焉。每读一书，必有若提要者，将书中义理精粗美恶一一详言之，不爽议论。此其一。一为日记中附见诗词文稿甚多，集中不及刻或已刻，而此为初稿，皆可考证。此其又一。日记中数十年朝报邸抄，悉数载入，论事谈故，多有取资。此其三也。惟日记中有凭私臆说，至漫骂人甚不堪者。不问古今人，皆遭其抨击。此则莼客气量褊小，由穷愁而心绪恶劣所致。间尝评论，莼客学问、时文第一，词最佳，诗稍次，小学、考据又次之，骈、散文更次。书法则雅中之俗者。至论人品，不免量狭，有时近于狂刻。且善疑，又其次矣。

越缦自誓曰："平生颇喜骛声气，遂陷类而不自知[①]。自此已后，不标榜，不诙谐，不议论国事，不月旦人伦。有犯一者，即

① "类"字前脱一"匪"字。

削其牍。”纵观日记，盖无一而非夙昔之所为。訾毁朋侪，至不惜过甚其辞。批评古人，尤不留余地。此则文人毒病，先生深染，无可奈何。至其处心纯正不苟，衷礼敦学，力求上达，穷不失志，固一生大概，又不可忽也。

莼客之文，皆由镕经铸史而来，语不虚下。甲子秋闱卷出，徐荫轩桐房中以首艺有“圜丘”二字，不敢荐。卒荐之，不录。其后，至庚午遇李文田，平夙倾慕学识，而后取中，至庚辰成进士。

莼客年事略长，而身体素多病，淹潜郎署，至癸巳甲午间逝世。及身所刊各稿早已行世。余曾得其《和薛桑根五十生日诗》古体一首行楷三纸，又得其致妹丈王寅生建辰书札，与致其如夫人珊姬一书，皆署“丁卯年十二月初八日”，与日记相合。不解此二书何以附桑根函中同寄，而薛得书后，又不转为寄去。至数十年后，箧生脉望，遂散人间，是可异已。

成都胡长木观察延以优贡官绛县。值庚子两宫西幸，途出绛县，官夫妇出迎，备极敬恭。又数日，就道西安，观察随行在，供给内廷。返銮叙功，升江安粮储道。观察工小篆，善词，喜藏书，蕴籍自异时辈。曾一署江苏布政使，以微疾逝。举榇反蜀，先以书籍行，榇舟才发。遽遭江涛，舟覆榇浮水东下几十里。舟中人获救，溺毙女婢而已。榇入水，转底水面，救起无恙，第不能知榇里若何也。夫人传，于是议不归蜀，即葬观察于江宁南乡。岁时传夫人自往乡间，骑款段扫墓，而自筑屋于鸡鸣寺山下居焉。夫人工诗善画，又善治生产。想见在绛时，藾苫遇两宫，临机应变也。

卷四　人事

明相国朱文恪公尝著《明史稿》，有未刊者。其后家中落，稿质千金于庄廷鑨，被窜改为已作，指斥清代处甚多。会有归安知县吴之荣罢官，议以告讦。为起服，竟白其事于将军松魁，移巡抚朱昌祚，牒学政胡尚衡。于是庄惧，重赂之，稍易指斥处。之荣又以重值购得初刻本，上之法司。事闻，下刑部，遣侍郎出为定谳。戮廷鑨尸，并诛其弟廷钺，牵连者甚多。

礼部侍郎李令皙作序，伏诛，并杀其四子。

南浔富人朱佑明，吴之荣与有隙，指其名，证谋反，并杀其五子。

将军松魁削职，幕宾程维藩藩械京师，斩决。

湖州知府谭希闵，莅官半月，以隐匿，绞。

湖州推官李焕，绞。

卖书、买书者，悉斩决。

归安茅元锡、吴之镛、吴之铭，以校书杀。

江楚名士列名书中者，皆杀。

刻工，同弃市。

海宁查继左、仁和陆圻初，起狱时即自首，谓庄慕名，得免死。幸免者七十余人。

朱昌祚、胡尚衡，幸免死。

吴之荣由是起用，并籍佑明之产与之，仕至右佥都御史。

石门吕光轮，字东庄，号晚村，为仪宾吕熯之孙。顺治间补邑诸生，旋又弃去，以贩书为谋利，并惑于明末遗臣起义之举为有气节，著书立说，时见谤毁。康熙十七年，当道或震其名，欲举鸿博，辞不应。子公忠成进士，又不愿自顾头巾。两浙、三吴之士均与之交游。以贩书故，不免弃谊重利，至有绝交者。身后仇家罗织其所著，致文字成狱，罹发，发冢戮尸之惨。

晚村三子，长大火，次辟恶，三降娄。大火即公忠，被湘人曾静牵连。其所著，岳钟琪付奏，因成谳。近人传说其裔因先世避祸，遁赴辽东，隐于卖裘，易姓曰李，不知是否？

晚村之学，亦主性理，与张杨园友善。杨园尝主其家，教其子以“检束”二字。晚村极敬之。

晚村性情执拗，而学问能言不能行。观其家书可知。有时为家中琐屑事必有一定拘执，不可更变。有时训诲讲学，语既多，亦有与人不同处，否则严厉责备，不少假借。书法瘦挺，学米而能散能整，颇可观。有时“主敬”念起，虽与子手书寻常一纸，必以端楷。余尝得海宁管庭芬手录东庄《卖艺文》一篇，遒丽文质，自是能手。

东台徐述夔家世，为一乡冠。雍正间，举孝廉，以文辞触忌，罚停会试三科。述夔怏怏不自得。自幼负才名，欲以状元自期。至是负气，名其楼曰“易朱堂”，曰“维止”。《题紫牡丹》诗曰：“夺朱非正色，异种也称王。”夏日风翻书卷，曰：“清风不识字，何必乱翻书。”又题明代万历间酒杯曰：“覆杯又见明天子，且把壶儿搁半边。”闻鼠啮曰：“毁我冠裳皆鼠辈，捣尔巢穴是明朝。”入厕诗曰：“厚亡看扑满，秽积算行清。”诸诗皆刊，并不忌讳。当时，亦何曾有指摘者？不意至其孙食田、食书，为有邻蔡姓于国丧中私自薙发，告其罪，实恶蔡氏曾侵占徐氏坟地，因与有隙。蔡惧获谴，竟活埋其子以消罪证。但蔡、徐竟成大仇。刘墉督学，蔡乃摭拾徐氏悖迹，上其事。刘上奏，着本省官吏察核逆情。有《一柱楼诗》、“维止堂”额，证据不可掩。述夔父子虽已死，乃婴戮尸之惨。食田辈者，皆论辟。当时因文字与徐有关系者，多按名治罪。此事已隔二百余年，乡邦谈故事，尚欲为之昭雪。特刊《一柱楼诗》以鸣冤。

康熙五十二年癸巳二月初十日，戴名世伏法京师。当时学者称为“宋潜虚先生”，以宋为戴所自出。其所著《南山集》，系门人尤云鹗所刻，不虑文字遭祸如此！考南山，字田有，又字独夫、药身、忧庵，乙酉应顺天中式乡试，己丑成进士名第一，殿试一甲名第二。年五十七，又二年获罪。狱具于辛卯冬。又二年论死。南山之生，在顺治十年，年六十一。士论虽惜，不免咎有攸自也。

《南山集》多采桐城方孝标所著《钝斋文集》及《滇黔纪闻》，颇不满意于史官，又择言不谨，妄著议论，故戾于法。孝标以翰林失职，本不足惜。康熙间，武进赵申乔据实题参。安溪李文贞疏解，得免极刑，改论死而已。是案牵累三百余人。文贞预毁名册，悉为保全。

礼部主事方于宣在流寇孙可望处献身，授职翰林院编修，即为可望撰《国史》，尊张献忠为太祖高皇帝，作《本纪》，指崇祯为桀、纣，又奏请天星应异帝座明于井度劝进上表，为定天子卤簿。一切无耻，靡不尽有。可望败，于宣又投降洪承畴，且知祸不免，驰书钱中丞邦芑云，乘此时可纠集义旗，擒可望，以报国。钱中丞一笑置之，报以诗。未几，缚至滇，凌迟死。

钱中丞，字开少，丹徒人。云南亡后，屡谋光复不成，祝发大理之鸡足山为僧，名“大错”。著有《鸡山志》一卷。当时守死抗节，为人心所归，故于宣谋之也。反复无常，古今一辙。

杭州西湖三潭映月，于国变后忽有议建浙江先贤祠，崇祀黄宗羲、吕留良、齐周华、杭世骏四人。余杭章箴请撤建议，历数四人皆非反对清室者，浙江先贤甚有其人，不必藉此以为祠祀。陈说不为无据。

梨洲不能称遗老，事实见《章一山文存》。吕留良，顺治十年补诸生，康熙五年又弃去。此十三年间，每试皆冠其曹。子公忠捷南宫。湖南曾静之狱，又其自作之孽，迭受报复者。齐周华，即杭大宗为次风作墓志，所称"圮族之逆子"是也，近于疯魔，诚不必论。大宗起家鸿博，以京朝满、汉官职不平等建言褫职，直言敢谏，可谓名臣，不能以之作当时谋反清室证据。近时清议，依稀附会，罔知昔日时事、学问、身世。偶有所见，即以为今日先河之导，且欲崇祀，谥作先贤，亦近倒行逆施。章箴驳议，应撤与否，不可知已。

齐召南宗伯有从兄曰巨山，与吕留良善。吕狱兴，巨山往讼冤，遂罹入刑部狱，囚四年，赦归，出家为道士。著书曰《地舆楼》，隐对晚村之《天盖庐》。宗伯屡劝，不能听。无何，出其所著，献中丞熊学鹏，语或狂悖。熊据入奏，语涉宗伯，有旨切责，遂革职。巨山置大辟。

巨山，即周华。余于近时亦遇有天台人齐姓者，谓是召南宗伯之裔，并力辨昔年巨山之狱，谓与事实不符，而于宗伯多有訾议，大致谓其事清为非是。此亦今日深入人心之论也。

谢济世，文字之狱幸不死。常熟蒋文恪溥亦奏其所著为"离经畔道"，夫亦过矣。谢，字梅庄，全州人，雍正间官御史，参田文镜，获谴戍军。有人呈其所著《大学注》，以为毁谤程、朱，讥刺朝政，下狱论死。门人恸哭送之。忽有旨宣赦。乾隆时起用，仕至四川盐驿道。文恪又参之，纯庙降谕曰："朝廷何苦屡以言语文字罪人？"置不问。

竹垞翁以崇祯二年八月二十一日生，为明尚书朱国祚谥“文恪”之曾孙，十七岁已婚冯孺人。孺人才十五，二十岁生子，居家授徒，已乃出游。三十六岁遇王渔洋，投诗修觐，自是出入京都三四次。四十五岁时，辑《词综》。明年，即请曹次岳写《竹垞图》。康熙十七年五十岁，乃应户部侍郎严沆、吏科给事中李宗孔之荐，召试博学鸿词，特取一等，授翰林检讨，充史官修《明史》，分纂《文皇帝纪》《文苑传》。又撰嘉靖诸臣传。五十三岁，充江南乡试考官。吾乡胡殿撰任舆发解出其门。五十五岁，赐居禁垣景山之北黄瓦门东南。明年正月，以辑《瀛洲道古录》，常以楷书手自随录四方经进书，忌者请学士牛钮列白简，吏议落职，旨降一级。于是自禁垣徙出宣武门外海波寺古藤书屋，《经义考》亦在是时手辑。六十二岁仍补原官。六十四岁挈眷出京。六十八岁筑曝书亭。七十一岁，子昆田卒。七十五岁，先生已见曾孙。七十六岁，《明诗综》一百卷竣雕工。七十八岁，乃葬先人三世七棺。雍正二年八十一岁，十月十三日卒，先生甫自扬州归不二三月也。明年，葬于百花庄文恪公墓南五里。泽州陈廷敬撰墓铭。

竹垞里南荷花池上，于康熙十一年竹垞翁有自题《竹垞壁诗》。

因始以为号，孙退谷承泽书额、曹倦圃岳作图、郑谷口簠署卷。

嘉庆元年，阮文达按试嘉兴，重建曝书亭，立石柱四，期久存古迹。又有伊太守汤安字小尹，求访竹垞老人之后，授馆谷，为成家室。道光间，亭再圮。吕延庆字筠庄重修整之。道光庚戌，吾邑乡先达知嘉兴县事朱述之先生绪曾复修之。洪、杨后，幸未毁。同治之初，泰兴吴和甫侍郎存义督浙学时，又葺新之，访朱氏之后已为酒家佣，且为谋生计。至今王江泾里人犹能道故事。相传朱氏祠中，尚有竹垞翁塑像，好事者以重值购之去。

仙圃绘《竹垞图》，老人自题词调寄《百字令》，阮文达至禾，索观之。因再填《百字令》书于后，一时和者极多。伊太守又著《竹垞小志》五卷，仁和胡书农先生又作《重建曝书亭记》。是图今犹在禾中。

乾隆时，江南有号“三山僧”，皆能诗。一曰乳山名古岩，一曰焦山名巨超，一曰摄山名慧超。其地相距在江宁、丹徒之间。三山既相近，三僧亦同时唱和、研究诗学。近见《借庵诗抄》，即巨超所著。王木斋明经曰：“无意求工，天然大雅。诗格在近人寄禅之上。”细读诸体，确信斯言。盖寄禅为湘僧，苦吟学杜，而又处乱世，已是亡国之音矣。岂若巨超优游升平，贤士大夫如赵瓯北、洪北江、王梦楼、吴谷人、阮文达、曾宾谷、袁简斋辈，皆相与往还。益信世运之迁变，关系重矣。

清代南巡，惟圣祖与高宗两世。是时天下承平，百废俱举，故有此盛典。世宗微时，相传杂处民间，久历世务。即位后，未出都门一步。嘉、道以后，天下多事。仁宗曾一幸木兰。文宗之幸热河，德宗之幸西安，非得已矣。康熙与乾隆时，已有区别。

康熙二十三年南巡，道出山东曲阜，谒孔子庙，行祭奠礼，以周公后东野沛然袭五经博士。

康熙二十七年南巡，阅河，遂至会稽，蠲江南赋二千二百余万。

康熙三十八年南巡，阅河，登泰山，遂至苏州、杭州。

康熙四十二年南巡，阅河，又至苏、杭，遂至江宁。

康熙四十四年南巡，至杭州、江宁。

康熙四十六年南巡，至苏州。

康熙五十年东巡，巡视北通州河堤。

每次出发，以春二三月，至秋返驾。

乾隆十三年东巡，诣曲阜，谒孔子庙，登泰山。

乾隆十六年南巡。

乾隆二十二年南巡，至苏州、杭州。

乾隆二十三年南巡。

乾隆三十年南巡，至苏、杭。

乾隆三十六年东巡。

清代皇帝即位，初次释奠先师，必临雝行礼。皇帝黎明至斋宫，届时由戟门中门入趋庙廷。礼部鸣赞，在殿内嘶声赞曰：“君不拜臣！”庭下丹墀又一赞礼曰：“孔子，万世帝王师！”三跪九叩，然后乐作。皇帝就位，上香，行三跪九叩礼，仍由戟门退。相传康、乾南巡，过曲阜阙里谒庙，皆行此礼。

宫庭制度极壮丽。余于光绪丁未入京谒选，仅至内阁太和殿前观瞻而已。近见宫院摄影极清晰，用记平素所欲知者及不详者，备掌故参考。

文渊阁，在东华门内，别具一院。后为试箭亭，前为文华门。由甬道入，正中为文华殿。左为本仁殿，右为集义殿。入，后为主敬殿。第三院为文渊阁，复道重檐，绿瓦雕栏，在试箭亭前可见阁后全部。余等由史部引入内阁，曾徘徊于其间。

武英殿，在西华门内，与文华殿正隔，宫院一左一右。比邻者为咸安宫，后为内务府。凡御刻书版及铜字，皆储于殿中。

乾清门内大殿，极闳丽，即乾清宫与太和殿同前后石陛，尤精妙。宝座上有额曰“正大光明”，系康、雍时御书。一说为方观承微时所书进呈者。座背皆刻铭语，多集《尚书》嘉言。

坤宁宫、宁寿宫，陛用石栏，用甃砌制，似简矣。窗扉用粗木方格，不雕饰，糊纸而已。宫中尘垢杂物殆遍，似久无居人。

养心殿，在乾清门内之右月华门内，殿制如民间客厅式。前有阔廊，殿分前后，两边有房，器具精良，陈列妥贴，殊无帝王家习气。德宗常年起居于是。隔殿为前后，即用书厨曲折相通。上有横额画长幅大松，题字曰：“臣陈世凤谨制。”

瀛台，在南海，德宗晚年养疴在是。四面皆水，其北有桥。台趾临水，亦一壮丽小殿，久不修饰，遂成废屋。是间往来，极不交通。游幸避暑，偶一驾临，不谓三十四年之朝局遽于是。上宾水，南相对者为避月楼，满目荒凉，只增叹息。

翊坤宫，在养心殿之后，隆裕后常住所。制度本不简，特德宗在位，无事奢华。宫殿僻陋，器皿陈设，尚有不如民间者。

永康宫，在慈宁宫前，可由隆宗门西入宫。之右有永巷，两面宫墙矗立，中如狭巷，有光一线。内有倚墙小厦，如闱场考舍，苦冷孤僻，似其中非无居人者。窗棂破纸零落，半开半废。窗格形式若杂置将就者。屋里有小土坑，破竹几上，列针线遗物。庭中草长，蓬蒿满目，不谓宫院中乃有此地狱，所谓冷宫是也。凡宫嫔有罪，即移置永巷中。

穆宗病笃，召御前大臣授机密遗诏。于御床取匣出，匣加封玺，命赍上太和殿午门，鸣钟鼓，集百官，内奉慈宁宫旨，启匣宣诏。言讫，上已弥留，内大臣尊旨，出交匣。高阳李相国鸿藻，行走宏德殿、毓庆宫者也。匆遽间，已传龙驭上宾，高阳奉匣，徘徊乾清宫丹陛间。倏有内监自慈宁趋而过者，问曰："匣中为何？当奉太后旨。"索匣去。日将晡，慈宁诏升殿，读大行遗旨，立醇亲王子载湉入嗣大统。百官齐集呼万岁，实则内监奉匣奏之西后，擅易德宗而矫改遗诏。穆后绝粒之殉，吴可读之尸谏，非得已也。德宗既立，其后又有瀛台之变。朝局幻化，不可究诘。其后，高阳赐谥"文正"。德宗大婚典礼，命高阳总裁之。论者谓其恩遇较重，盖有繇已。

德宗既立，仍由太后听政。毅皇后废处别宫，即绝粒殉节。醇亲王奏请择贤嗣大统，不许。吾乡御史潘敦俨于元旦朝班中，揭参朝局紊乱。毅后崩，无恤典。天下臣民，莫不含哀。语涉太后，严旨，几弃市，旋革职归。亦中兴谏垣一段故事也。潘敦俨为吾乡原任云贵总督潘忠毅公铎子。

德宗失欢于慈宁宫，自幼已然。时有特旨，厉行呵责。观于翁文恭公笔记，上书房讲书，上不悦时，颜色不可近。偶有问，不肯言。文恭请命，亦不霁色。此即宫庭或有慈训绳责也。慈禧礼节甚严。上每日问安视膳，往往跪帘外，不呼起。李连英太监承懿旨，蔑如也。

德宗病，诏各省督抚进医。苏抚以曹隐洲进。曹请脉曰："两目红肿，面色发青，饮食有时或断，谓可调摄复元，非不治之症。"相传一日，曹趋内庭，徘徊螭陛间数石刻龙纹，忽见东角门启，有衣冠数辈前行，后一人，面如削清瘦，服紫绫袍，缓步将出。前者呵问何人擅入此。曹伏地叩头曰："御医曹某，待命请脉。"曰："速去！"衣紫人曰："御医耶？胡来，恐不能治我疾。"曹知是今上，摄衣逡巡出。明日，又传入宫，乃请脉。

德宗居瀛台时，甚苦。殿周四面皆水，芦苇萧疏，秋日更寂寞。殿右室破帘半卷，壁间尘挂满，纸窗片片，风吹作怪响。木床已朽，几列木碗，床下溺器一事，油灯豆垢腻，不如三家村物。老监面目可憎，时对上无敬容。德宗居此，几被废。

德宗于光绪三十四年十月二十一日崩。孝钦皇太后先宣诏，立醇王孙溥仪，即以其父载沣摄政，尊皇后曰皇太后，尊皇太后曰太皇太后。军国大事白太皇太后，垂帘听政如旧。大臣某启奏曰："无是例，如中外何？"后由是不怿，越日遽崩慈宁宫。

丁卯之秋，盗发东陵。传说各异，事实所在，有闻必记。客有自号醒时者，与宝瑞臣侍郎熙之公子志庚、志清、志林、志光等，皆有同学友谊，特往访侍郎。时侍郎正为东陵劫后办理一切事宜，由陵地归也。因叩其详，较为确征。特邮书告其沪上诸友，甚翔实。宝宅今居大北平大甜水井。据侍郎云，政变后，宣统即命毓彭驻东陵为守护专员。毓彭，即礼部尚书溥良之子，近支宗室，其人迂谨不更事。东陵既劫，惧而宵遁，私归其家，并不上闻。

侍郎亦宗室也，支已远。奉命偕载泽、溥圻、载润等八人驰往察勘，重殓遗骸。时因大雨后，积水犹深，未能入陵寝门。此次掘陵，皆椎埋之。老于其事者，施之伎俩。凡由隧道进行之处，皆毁裂之，可直径以入，无迷惑之虞。谣喙传曰“以火药轰之”，实非也。

孝钦后之陵，盗发甚惨。梓宫并未大损，用刀斧启之，后尸未变，出而陈于椁外。惟见肉已腐尽，周体如腊，短缩若小儿尸。殓服捋搼破损，几不能蔽体。身外殉葬珠玉宝玩，皆已盗尽。虽纤微小物，无一存者，又似不止被劫一次者。

后梓宫下有金井，井旁巨绳数盘，不知何用？曾记当造陵时，后亲临穴上，即投以珍珠手串，以示息壤。珠串共计一百八粒，大如芡实。今留巨绳，或是取珠井中所用。

侍郎又曰：“孝钦后大殓之时，曾侍左右，殉葬珍物有七百余事，珠玉占其半。陀罗经被黄绫刻丝绣彩，中杂经文，以明珠结成字，长六尺，宽亦四尺，覆衾上。珠履一双，亦杂缀宝玉。既舁尸殓入梓宫，内监四人手各持升，满贮珠米，倾洒填空，而后掩盖。今皆窃去，无遗粒。”

纯庙之陵，发掘之迹，亦如菩陀峪，特帝骸尚未出梓宫，检点肋骨与趾骨，似各失其一，不得已用粳米面补完之。特骨外有薄皮膜。色极黑，所有殉葬诸品物，皆荡然无遗。

纯庙陵附葬三妃陵，亦被发。中有一妃尸，容貌如生，发肤如生，两目瞳若有光。殓服绣金蟒，高低绣花履，皆灿烂如新。妃尸耳左右各三孔，珍珠为环，其宝已割去，环金附耳孔，坚固若铸，不可脱。有已曲屈如钩者，然附着如故。想见盗亦垂涎而无计取此。殆年久，已与尸化合也。

当陵变噩耗传天津，宣统闻报，即哀毁辟踊，素服设奠。晚间，率眷属席地而眠，状至可叹。即传饬毓彭问究竟，竟不敢言，匍匐叩头，无一语。于是即召载洵、载涛来，属议重殓改葬事。谈及耗费，洵、涛亦无语。且渠等虽遭国变，仍富有资产，岂若宣统之穷困？其后竟托故，不再见载涛，并云不敢去。宣统不得已，向索金备用，亦不答。于是痛哭，戟指大骂，乃摒挡借贷三千余金，由前内务府大臣增寿师傅陈弢庵、朱艾卿各助千金，亦有遗老在各地献金若干，齐集万金，遣使护陵，重安地宫。

宝侍郎之言如此。是目击者较为真确。且侍郎为满洲人之最有学识者，况其子皆卒业各大学，比之一般宗室不同。此言由醒时君书记，与报章传说不合。今亦附录，可备参考。

东陵宝物盗出以后，始发见于京、津之间，价值两万万以上。先被单问疆发陵，继又为内政部接收。东陵委员会松儒谋携去脏物不少。

郝省吾，马兰峪人，著有笔记云：普陀峪陵飨殿明柱上雕盘龙，纯用赤金涂抹。于戊辰年夏五月十七日开发掘路，由飨殿后明楼下丹墀地砖开成丈余深坑。坑之北有洞，内通隧道，达寝宫。

改葬之日，贝子溥侗、侍郎宝熙、耆龄、陈毅手持伞，携黄紬包袱，内贮黄绸绣花被褥暨殓服等，并有藏香、冥钱、燃烛、御夹棉衣，由洞口垫铺绒毯，鱼贯而入，匍匐进行，阴气袭人。历破玻璃壁，进第二重石门，始达石室内，横约三丈，纵亦二丈有奇。遍地堆弃丝绵、灯草及霉烂之被褥、冠冕、霞帔、丝条等物，秽污难闻。

外椁已欹邪石床之下，椁盖倒置右偏。后尸弃出，陈于西隅梓宫盖上，头北脚南，作俯卧状。上身仅着中衣，色彩已失真，不易辨。绫袜一只，脱弃在旁。尸体缩小若孩，身长不满三尺，短发披散，肉皮贴骨作棕青色。惨状不可言。

洞口外放珠履一双，珠已无存。又余陀罗经被丝绣之藏经字，尚隐约可辨，复有毁坏之册宝，仅余两块，尚有文曰“徽猷普被，直超有宋之宣仁；祐冒无垠，远迈炎刘之明德。”当时即有旗妇十余人入内盛殓，并有不可着手者，即将衣服盖尸体上，纳之梓宫。

孝钦陵内得珠极多，以四十余人运出盗物，历五日而尽。内有全绿玉西瓜四个，又有寝鞋满嵌钻石。

东陵在北平遵化县，戊辰六月间有盗匪马某率众三四百人，由研头山窜遵化。原有守陵从兵及王大臣等，最近张学良派其副官长傅鑫守陵。今奉军退出关外，马匪破陵之外宫，已获宝藏。已而单问疆击退马匪，夺其所获。单遂驻陵内。有土豪万某通于单，计决掘内陵。于是地宫亦破，时在七月初四日。

乾隆陵曰“裕陵”，自陵门前掘下，宽五六尺。

咸丰陵曰“定陵”，前掘一孔，深尺许，宽三尺，陵下有水，似掘而中止者。

同治陵曰“惠陵”，门上厚砖掘去数方，明楼角地砖亦全掘。

惠妃陵，自陵前石碑下发掘，至寝门止，未进。

普祥峪定东陵，咸丰孝贞后，门上砖掘去数方，殿中柱上金漆均剥削尽。

普陀峪定东陵即孝钦后陵，门前掘入宽约五尺，陵地空门下巨石翻起，似用火药炸毁。入隧道盗窃后，将砖石堵口。隆恩殿四壁赤金及殿柱上镀金蟠龙，悉数拆去。

干将、莫邪古剑，在裕陵内。乾隆帝尸颜色如生，外皮著骨无肉。相传口中琀珠甚巨，匪敲牙掘出。帝尸狼藉不堪。

顺治孝陵、顺治母后孝东陵、昭西陵、康熙景陵，以上均完好未掘，惟飨殿等拆毁矣。

是役也，得宝器之值在二千万金以上。南方特派查东陵专员刘人瑞归而报告，东陵被发。西陵在义州之戒备因是亦特严，但不久又闻发掘者。

椎埋之祸，自古为酷，而于帝王家陵寝尤甚也。有清入关，凡前代陵寝无不加意保护。乃国是甫变，赤眉之辱，杨琏之事，即已迭见。人事浇漓，政俗反复，可为长太息已。冬青之议，义士之风，益令人想像不置也。

清代养老大典，一举于康熙六十年正月，赐宴内廷。京内外大小官员，下至士庶年六十以年者，皆预会，名曰“千叟宴”。设筵于乾清宫丹墀，到者六十五岁以上凡三百四十人，诸皇子皇孙周行视膳。上御乾清宫，赐酒馔，赋诗纪事。

乾隆五十年，又举行旷典，与宴者视前加倍。年九十以年者，召至御前侍食加餐，赐礼，杖朝而出。各有赏赉，亦名“千叟宴”。想见升平人瑞，与民同乐之盛况。

清代享寿一百四十岁者，见于纪载仅二人。毛西河《会稽徐秀才伯调墓志》中载，萧炼师长年善吐纳术，《信志堂集》云已有一百四十岁。《随园诗话》载乾隆时，有湖南汤老人一百四十岁，赐额曰“古稀再度”。此特据当时云云，不详其何时去世也。

《江西广信府志》卷九之七《志寿考》，自明代迄同治间，百岁之人七十又五，百有一岁者二十七人，百有二者十八人，百有三者七人，百有四者二人，百有五者一人，百有六者二人，百有七者一人；五世同堂八十五人，六世同堂二人，七世同居十人，八世同居二人。而尤以上饶、广丰、铅山为最多。其地山川雄厚，人民朴实，故人亦多寿。大抵自八十至于九十余者，尤不可胜纪已。

莆田郭钟岳著《天下老人传》。钟岳行年九十又二，始补县学生，九十九岁已亥恩科赐举人，明年百岁赐进士，又五年赐官司业，入京与千叟宴。高宗赐诗，有“诚云天下老”之句。

潜山有余氏，名文章，举乡饮大宾，五世同居，家中男、妇三百余人合爨，亲见七代。一乡称善士。乾隆五十五年赐额曰“五世同居”，五十七年又赐额曰“七叶衍祥”。其子孙皆列庠序，曾孙余受之，中式光绪癸巳亚元。

莼客《孟学斋笔记》载，同治乙丑年，自天津泛海南归，在轮舶中见有粤东五老人，皆以耆寿膺恩荣。一李金和，年九十五，赐编修；二黄锡爵，九十九，赐编修；三李寿棠，年九十三；四李文星，年九十三；五苏建仁，九十，皆赐检讨。翰苑爵秩，悉属清贵。同时一省中，共有五人,亦人瑞之征。

叙州庆符杨绍震,字宸庭,光绪戊子举人。其祖文浩寿八十余;曾祖遂岐寿八十八;高祖昕寿九十六;太高祖兆龄寿九十二,妣严寿一百二;七世祖环寿八十八,妣严寿八十六。累代高耋,亦甚稀有。

光绪戊子科贵池附生林淦应乡试,生于乾隆己酉五十五年,至是足一百岁,三场完毕,由苏、皖巡抚呈请江督转咨礼部,奏给赏举人,一体会试。莫谓"读书垂老,遂无阐幽处"。

近有一老人,相传二百五十又六岁,重庆开县人,姓李名青云,于今年四月间逝世。去岁有河南老人一百十一岁,姓李名芳孝,今尚在。余之亲友中人,目睹大寿者:王汇川祖母九十三岁,邻妪骆九十四,朱氏妪九十二,端木叔蕃先生母氏九十四,胡翔冬祖父九十一、祖母九十,伍兰荪母九十四,今在。马相伯先生九十五,龚艾堂先生九十二,仍健在。

甲戌五月朔日识。

癸丑至丁卯先后十四年,余均在第四师范学校课生徒,就中同辈自仇述庵校长以次,多系朋好契合。尤奇者,家庭多有老亲,年皆逾八旬或九十,亦佳话也。可纪如此。

仇述庵母毛太恭人,寿八十五。

刘辑之母夏太孺人,八十二。

杨缉庵母刘太宜人,八十二。

黄镜清祖母某太孺人,八十七。

夏殷盘父晓峰先生,八十三。

严聘卿母某太孺人,八十一。

陆凤笙母某太孺人,八十三。

胡翔东祖父某府君,九十一。

胡翔东祖母刘安人,九十。

谭静渊母彭太宜人,八十二。

余雨东父子才先生，八十四。

余雨东母李太孺人，八十四。

吾亦有母刘宜人，八十七，今健在。

甲戌夏六月识。

洪秀全起事金田村时，广东巡抚郑祖琛不能制，两广总督徐广缙更老悖多病。清廷起用林文忠驰入粤会剿。洪惧文忠，拟降。文忠卒于广宁途中。洪秀全为文遥祭曰："呜呼！日望公来，公不来耶？公来，我辈尚得复为良民。公不来，我辈不得复为良民矣。天乎，天乎！公竟不来乎？尚飨！"文辞不烦，情致恳挚，固叹文忠之得人心，亦见当时尸位封疆，误事不浅。

洪氏入金陵，天王府门前联语曰："虎贲三千，直扫幽燕之地；龙威九五，重开尧舜之天。"又曰："独手擎天，重整大明新气象；丹心报国，扫除外族旧衣冠。"又曰："马上得之，马上治之，造亿万年太平天国于弓刀锋镝之余，斯诚健者；东面而征，西面而征，救廿一省无罪良民于水火倒悬之会，是曰仁人"。不知为何人所撰。

洪、杨之役，抵抗者甚多。固由承平日久，人不思乱。浙诸暨县包村有包立身，就乡之山曲，立寨以御敌，远近依附者日众。立身拒寨口，辄以少胜多。敌由富阳来大兵攻寨，相持八九月。立身杀敌十余万，时在清同治元年壬戌三月间。夏秋以后，天旱水涸，粮绝援断，村乃陷。立身率众喋血以殉，计死男女人民、官绅一万四千七十七人。巡抚蒋益澧旌表村址，立大墓四五，村前立昭忠祠。

立身，村农，素不知兵，而躯干伟硕，面貌异群众，衣冠多用白布。每出应敌，手不持器，大呼而过。敌人丧胆，或曰："有剑术神异!”村中筑有望仙台。其妹曰美英,亦善骑射,毙敌无数。村破,自戕以殉。

广西巡抚邹鸣鹤,咸丰三年在江宁省城被乱兵戕杀于大功坊。曾文正复城,为奏请旌恤。吾乡御史朱镇奏,谓其破城时,逃匿民居,被乱兵戕害,与殉难不同,应察访属实。当即奉旨撤销恤典,嗣又经都察院奏,编修朱福基呈,称该抚实为殉难。又降旨饬丁日昌、马新贻查明。奏称遍访在城绅耆,该抚协同防守,事有条理,及城破,誓以身殉,且骂贼不屈,仍请优恤予谥,而申斥朱御史以不称言职,回原衙门。嗟呼!邹鸣鹤以革职大员,私往来于省城冠盖之地,究何为乎?癸丑二月,江宁事亟,因而逗留未归,遽遭戕害。薢茩黄巾事,与沔阳制府类而不类,谓其死于陷城之难则可,谓其殁于王事则不可。朱御史之奏,为朝廷惜名器,为大臣存体统,亦即为殉节忠烈辨是非耳。乃中外诸臣纷纷为之乞命,不亦异乎?朱御史复有参曾文正之奏,谓其官军复城,残毁地方,无异贼至。其时湘中兵士掠江南子女、金帛,连舸上驶,亦实有其事。城中为搜杀余敌,火民居,焚劫大索,至今尚有遗迹。不然,《梨花雪》之传奇,胡为乎作欤?

同治丁卯六月初一日,诏求直言。都察院代奏知州杨廷熙请废京师同文馆,事涉倭仁、张盛藻,拟议撤销。廷旨切责,几连累阁臣。当时设馆,备习天算。科学发轫,为风气所自开。即以太仆寺卿徐继畬为提调,而选翰林及部员之科甲出身者年三十以下入馆行走。大学士倭仁即疏请罢,朝议不为是。然当时廷臣赞同设馆之议者甚少,因馆中聘用西人,又格于宗教,大臣领馆或提调馆事,势必降尊听教,故为清议所不许。而廷杨廷熙俨然应诏陈词,质直言之。在当时确不免有迂拘之见。李莼客笔记亦以为咸丰之末,设总理各国事务衙门谓非体制,当于理藩院兼辖之。今兹同文之设,直使中华儒臣为丑夷之学子。学术不明,礼义尽丧,莫此为甚。其言亦未必有当。夫自道光间,英夷肇祸,继以东南兵事,而条约已订,交涉之事已烦。门户既开，客卿斯用，封疆多故。人不知务，俊杰在位，能无恫怵？此亦因时制宜所有之事。降至甲午、庚子之役，可谓积之久而发之骤者，可慨叹欤？同文馆之设，颇闻当时谣喙甚深。小则谓外人借是以传教，其甚者至谓辇毂之下，乃容外人深谋远计。一旦有警，谁尸其咎？倭阁之奏，非偶然矣。

同治九年五月间，天津教案甚巨。初因民间幼孩被迷失，牵嫌疑于天主教堂，因而法国领事官丰大业，在总督署开枪，并向天津县知县刘杰示威。群情忿激，殴毙丰大业，焚教堂。直隶总督崇厚即奏请诏曾文正办理其事。文正赴津，奏曰："天津有仁慈堂，查出男女一百五十余口，均系民家送养堂中，非被拐者。至挖眼、剖心，亦无实据。天主教劝人为善，圣祖仁皇帝时已许其传道。今仁慈堂等每年所费不赀，而反受残酷之谤，宜洋人之愤愤不平。将天津府张光藻、知县刘杰革职，交刑部治罪，发往黑龙江充军。又将滋事之冯瘸子、小椎子数十犯分别正法。"一时舆论，皆谓文正此举，风德见衰。盖其时东南大难初平，军兴多年，地方元气未复。老成荩画，已偏于息事休养。至所奏引用圣祖事，而犹以之袒护外人。措辞因可动听，亦非由衷之言。且教堂中收藏男女一百余人，究竟是否留养？果也，又何不善其后，势必待案情牵连而后发觉乎？外人之不利中国，自古已然。事隔数十年，畿辅有拳匪之乱，赣省有戕官之变，皆此杀机之预酿者。

天津人民杀死法兰西领事。当时朝有密旨，恐和议不成，询各直省督抚，主战主和，令陈意见。马新贻力主战决，陈不可和数事。法人知之。已而张文祥行刺，暗中云有使之者。郑小山尚书来讯此案，拟根究，而碍有嫌疑。歙县汪仲伊与郑尚书言之。载《荷香馆琐言》。

或谓马氏身后恤典，既优且渥，未尝不有暗寓旌表荩臣之意，且曾文正召见时，犹论到马新贻事，甚为咨嗟。一若许曾主和，又不能訾马之主战，但马即因之得祸也。惟后人夸张之勇，语多狂悖，且近不识时事矣。

近人有为张文祥作传夸誉，比之任侠中人，又拟之为革命先导。否则，街议村谈，竟谓马氏好色招妒。种种不修边幅事，全无根据。总之，张之行刺，实盗杀之类。从容间，至能刺达官大府而无疑惧，一时闻见，惊为奇异耳。

同治八年己巳三月间，太监安德海私自出京，坐大船，称钦差办织龙袍，桅标龙凤旗，随从男女数十人。地方有司皆疑而不敢言。该阉行至山东德州境，知州赵新侦知其伪，密启上峰巡抚丁宝桢，檄赵曰："能诱获治其罪为上策。"一日，船至泰安，赵伪为迎迓，即时加缧绁，阉犹大骂。飞请中丞奏其状，候旨正法。以板钉安尸，陈列城门示众。文诚此举，实有特识。时曾文正闻其事曰："近患目翳，斗知此事，不觉翳为之脱。"称快之至。

安伏诛后，尚有随从陈玉祥、李平安、李得喜、郝长瑞、李顺、计得寿六人，皆有旨绞决。尚有假充前锋官黄石魁、田儿及镳丁韩宝清、戴登云、何林芝、高振邦、刘凤喜，亦一并正法。其余人等，均发往黑龙江给披甲人为奴。尚有太监王添福为安阉在京经管家务，情罪相同，着即处绞。

沈文肃夫人林氏，为文忠女，贤而多才。文肃知广信府事，边钱会贼犯境，夫人致遵义总宾饶廷选乞援，血书一通，议论英决忠雅之文，令人起敬。饶为文忠旧部。书至，援师来，广信解围。余在儿时，闻慈帏言之。已乃读吴友如绘图，见血书全文，益感慨当时人心未漓，政俗尚是。乞援书附后：

将军漳江战绩，啧啧人口。里曲妇孺，莫不知海内有饶公矣。此将军以援师得名于天下者也。此间，太守闻吉安失守之信，预备城守，偕廉侍郎往河口筹饷招募，但为势已迫，招募恐无及。纵仓卒得募而反，驱市人而战之，尤所难也。顷来探报，知昨日贵溪失守，人心皇皇，吏民铺户迁徙一空，署中童仆纷纷告去。死守之义，不足以责此辈，只得听之。氏则倚剑与井，为命而已。太守明早归郡，夫妇二人荷国厚恩，不得藉手以报，徒死负咎。将军闻之，能无心恻乎？将军以浙军驻玉山，固浙防也。广信为玉山屏蔽，贼得广信垂胜，以抵玉山。孙、吴不能为谋，贲、育不能为守。衢岩一带，恐不可问。全广信即以保玉山，不待智者辨之。浙大吏不能以越境咎将军也。先宫保文忠公奉诏出师，中道赍志，至今以为心痛。今得死此，为厉杀贼。在天之灵，实式凭之。乡间士民，不喻其心。以舆来迎，赴封禁山避贼。指剑与井示之，皆泣而去。太守明晨得饷归，后当再专牍奉迓。得拔队确音，当执爨以犒前部。敢对使几拜，为七邑生灵请命。昔睢阳婴城，许远亦以不朽。太守忠肝铁石，固将军所不齐与同传者也。否则，贺兰之师，千秋同恨。惟将军择利而行之。刺血陈书，愿闻明命。

又闻文肃督两江时，夫人已逝。文肃入节署，先以仪仗迎夫人主升堂，并挥涕道昔年广信之围，皆阃内之功。一时传为佳话。

程氏烈女，浙江某茂才之女也。寄居吴门姊氏家，时年才十四。咸丰庚申，苏城被难，避地桃花坞。寇至，昼夜自卫，恐被污。自书二十八字于壁，曰："但看自己门前雪，莫管人家瓦上霜。此身可杀不可辱，一抔黄土久亦香。"旋为乱兵掠去，以刀削其鼻，并断右手四指，投北寺河死。见《可怜集》《春草吟庐随笔》。

嘉定徐荨曾先生，为金陵烈女黄婉梨作《梨花雪传奇》十六出，镂版行世已久。黄烈女遭洪、杨难后，遂被湘人掳掠，恐婴辱身之祸，谋自决，题绝命诗十余首，投缳死。余辑《碧光集·绝命诗辞》，曾借抄于丁闇公已。又为陶巽人借去，至今不再见。余乃载入《里乘备识》。

孝烈女彭咏春，父爵麒任景州牧。母殁，柩停开福寺。寺有塔，女泣拜母柩，坠塔以殉。元和蒋廷皋采臣为作《坠塔行》。

项城贾烈妇阎氏，守节事姑。里有无赖，觊觎其家产，勾结其族人，将谋嫁阎氏，不从。无赖夜劫之，邻人救护，鸣之官。官不察，至谓守志非人情。阎愤入京，控之民政部。肃王善耆发省复勘，谳定，袒无赖与族人。烈妇哭曰："不死，无以明志！"即以刀刺腹殉烈。血飞官袖，惨不忍睹，冤乃白。有愤时子者，撰《古歌》一篇以旌之。

闽有烈女杜翠兰，字马鲲南。家贫，读书无资。烈女请于父，售钗钏助之。未几，成婚年余矣。鲲南以肄业学校，相聚才两月。无何，鲲南病瘵殁，烈妇饮卤汁遽殉。事闻当道，以"摩笄心苦"四字旌其门。

吴下有烈妇朱氏，吴江同里人，平望周鹤文妻。夫以肝病卒于戚某氏家。烈妇载尸归，大事略备，吞鸦片以殉，年仅二十九。

施婉贞，亦吴下人，年二十，适金湾吴瀚章。又四年夫逝，世姑强之嫁，不从。以三世四丧未举，且无嗣，不敢遽死。又四年，乃立族子为后。姑复谋夺其志。婉贞作绝命诗，投绵绦自缢。诗曰："君去修文上玉楼，吾今苟活总堪羞。太湖万顷涟漪水，不抵霜闺血泪流。"

抚州烈妇某氏，随夫卖纸，客宜昌。道出浔江，夫失足堕水死。妇呼救不获苏，绕江岸号泣一昼夜。明日，尸浮起，就逆旅中殓殡。毕，烈妇投缳殉。逆旅主人瘗双槥于江滨。

上海杨树浦效积里有侨居李氏，丹徒人，一母三女梅英、凤英、秀英，均在纱厂以女工度日。事母尽孝，古朴知礼，通文义，誓不嫁。粗布衣服。父某，光绪已卯举人，故后遗薄金，储于知己韩松藩，每月支六千五百文以奉母。一日，母病，弥留矣。三女哭曰："吾辈有誓也，其谓之何？"无异辞。母逝，饰终礼毕，三女同缢，遗言曰："孝服不可脱，请将我等四棺合葬。"闻者惨伤，而莫不钦迟。

此亦见之某报业。余因感孝女之殉，正难能可传，特其中必有受郁抑而愿厌世者。既有死机，视之如归矣。近又见王濡为李氏三女作传，知其父为杨树浦集成纺织厂副主任李映芝，故后友谊赙金数千，藉息度日。逮母故需用，韩戚持不与，因相约同殉孝。事在甲寅年五月十八日，梅英五十岁，凤英年四十，秀英三十七。王濡往吊，知其事特详。

罗田有叶孝子，名良驷。父端珍，有孝行，朴学躬耕，以养母。推产让兄，自处奇困。廿年勤力，教子孙。至鬻产，宾礼贤士不稍怠。乡人私谥“孝毅”。良驷无改父道，同治乙丑以养亲负米赴霍山，染疫而殁。妻李氏年仅十八，抚孤守志，事堂上翁姑，一如其夫。三十年后，子启寿举光绪甲午乡闱，乃如例，均旌孝旌节。

光绪甲午，日本灭我高丽，与我军战。朝议遽和，与台湾地，偿兵费，魏绛之策也。宣统元年十月二十六日，日本相伊籐奉命为韩国总监，行至满洲，将与俄国度支大臣可科阿夫会于哈尔滨铁道旁人群中。突有高丽义士安重根隐出，以手枪狙击伊氏，伤其要，立毙。安氏大呼“韩国万岁！”就囚，判死刑。妻某氏传语狱中曰：“汝其死于芳洁，无玷名门。”同谋有禹连俊、曹道先、柳东夏，亦死烈。安氏母寄居上海，于丁卯夏六月疾卒。韩人以为义士之母，殡葬备礼，诔吊极一时之盛。

司幄衔颐和园八品苑副永麟，于宣统元年秋七月以死建言上书摄政王，痛陈大吏亲贵之尸位行贿，民生之颠连凋敝。天下将乱，人心已失，内政外交，亟图改易。危言正论，针砭齐下。位卑言高，干咎是惧。书上，绝粒十四日殉节。御史赵炳麟奏，请旨褒嘉奉优。谕议恤。明年，屋社不幸而言中。

辛亥鼎革，有疆圻殉节者二。一为山西巡抚嘉善陆申甫钟琦，一为江西巡抚项城冯星岩汝骙。陆公于光绪丁未秋在京师沈少谱椿主政，饯席间晤之。是时，公新授江苏布政使。席间谂余为浙音，因叹己本浙人，而不善乡谈。相与琐屑，倾襟道故。未几，升晋抚，遽殉辛亥之难。光绪丙午冬，余以龚艾堂丈之约，赴皖江中学校授课。时皖南道即冯公，监理校事，每与音接。丁未之夏，冯升浙抚。余以薄宦需次参见，时或谈及皖学事。已而调赣抚。辛亥事变，遂殉于九江。二公风采，恂恂儒者。余于《冷缘集》中别有传记。

黄忠浩，字泽生，黔阳人，长沙校经堂高材生。晚清之季，竞尚经世学术。于是研穷覃思，颇有心得。归黔，试优行，贡成均，主讲沅州书院。谭继洵巡抚湖北，张文襄督两湖，皆器重之，俾领武靖营。书生从戎矣。广西柳州兵变，赵尔巽命率兵擒悍目。陆臣发就歼。捷闻，诏授狼山镇总兵。调右江总兵。迁奉天都统，仍为广西垦荒兴矿。所至有声誉。宣统三年，铁路国有之议起。湖南巡抚余诚格檄，使统领巡防十营。受任三日耳，武昌事起。长沙兵变，乱军斩关入，协之降，忠浩曰："我有死耳，不能从!"乱兵以刃刺其股，血流赤地。又拥之上小吴门城楼，卒不屈，殉节。一卒摔之死，弃骸城下。

论曰：士各有志，岂勉强为之哉！辛亥之役，清廷以不振败事，能不为浮动者无几。此可引为殷鉴，何以劝"谋国宜忠，执政宜慎"? 旌别淑慝，当知所从事矣。藉曰黄忠浩辈满奴耳不满奴，而忠浩若者，吾亦未尝数数觏耶！

宗室溥良，字玉岑，官至礼部尚书。辛亥国变，公于壬子元旦，正衣冠，北向拜，以锥剚腹，血殷地。家人救苏。自是移居易州，依祖宗陵寝数年。日惟酣饮，求一死。庚申冬，忽归京。岁除，祭祀礼毕，合家聚饮。公乃出酒，遍酬之。家中人泣莫能仰，盖知其以鸩殉也。次日元旦，毒发，公与次子毓盛皆暴卒。殉烈公为和亲王裔，由进士入词林，曾视学江苏。子四：长毓隆，官内阁学士；毓盛，度支部郎中；毓厚，毓年。

庚辰之榜，跻九列者，惟溥玉岑尚书与梁节庵师傅。梁以种树崇陵，自甘陪葬。魁榜首者为吾乡黄慎之先生，国变后，居上海，以疾殁。李莼客部郎慈铭，则以学问著称。郭春榆侍郎曾炘谓庚辰榜最黯淡，亦不尽然。是科总裁，翁文恭实主之。

又传溥尚书近且隐，名厕掾史，写景庙实录。岑玉坡即尚书也。

今实录黄绫本，有数十卷小楷精工者，皆其手迹。

临川李梅庵方伯瑞清，以庶吉士散馆，援例为道员，需次来江南。书画敏妙，人品峻洁，居官尤廉惠。国是既变，束发去上海，署名"清道人"。临出危城，郑方叔为借八蜡庙僧袍衣之，蛰居上海，卖书画为生活。未几卒，年五十三。朱益藩侍郎为呈请乞谥，柳逸如自京寄示奏稿。不佞窃以为，道士遗逸之流，自有其不朽在。好名之徒，必欲有此一举，未始不足为末流劝。要未审，道士自讼曰："只欠一死，终负国家！"区区之心，谁与为白？呜呼！亦可以知其志矣。

按：公以庚申八月初一日逝世，蛰居上海九年矣。亦为私事来江宁二次，余修年家子礼，谒公于南郊胡翔冬家之自怡斋，纵谈感喟，犹话起手持木印部署，城中财政诸般困难，以从容出之，彻夜无眠。天黎明，犹集汉碑字作长短联语，以先成者为佳，胜即面求书画少许。座中并有衡阳曾农髯先生，明日稍侍周旋。余录视近作小诗数首，曰："极抑塞，而不能掩其豪气，此英雄诗。佩服，佩服！"又曰："自是伤心人语，令人读之，往复低回。"别后，遂不复见。风卷残云，岁序殷流，而人事之奇幻亦不可测。究九京有知，感喟尤无穷也。

金坛冯中丞梦华，晚年寄居上海，以振济灾民为事。亦自鬻书，所得皆助振。丁卯七月初六日微疾逝，年八十又五。相传公前世为宝华山老尼也。尼有修行，一日赴某寺念普佛，忽于途中遇显者高轩过，前导拥护甚盛。尼忽动念曰："此前世修来也。"于是尼怛化。而中丞之母太夫人分娩时，梦见老尼手持金莲，欣然自外来。中丞既生，他日过某庵，见尼像，宛然梦中所见，知中丞生有自矣。故名之曰“梦华”。

中丞工诗、古文辞，著有《蒿庵类稿》。书法短曲抟结、奇古拙涩，不甚可辨，但无一不由《书谱》。出居金陵最久，少游薛桑根之门，年逾四十以一甲第三人及第。

中丞于余亦有文字之契合。余于冷摊曾得公同治壬申年上薛桑根先生书一通。其时，公寓吾郡，处境甚窘，犹未中乙亥副车也。匆匆五十余年，手札宛然如新。即丐陶翰卿先生送中丞重览，并求书一联。公一见，咨叹良久，既集陶句为赠联，又作五律一章附札后归还。

联语曰：“相知何必旧，过足非所钦。”跋语曰：“东培山民于冷摊得余同治壬申年上薛桑根师手书，曰：‘此希文，做秀才时齑粥之境也。’介陶君翰卿视余。余曰：‘此卢生犹未入邯郸梦，今已黄粱熟多时也。’同有欷歔。因集陶诗为联赠山民，以志墨缘。己未日长至蒿厂老人并识，时年七十又七。”

岑春萱不理于庆王奕匡。[①] 庆六十生日，岑赠红呢幛一幅、蜡炬一事，命差弁送入王府。庆尚不介意，群小白眼矣。岑又傲慢不驯礼，致失两宫宠。鼎革后，益无聊，在杭州清涟寺旁建屋数楹，未尝一日居。以占及名人墓道，涉讼甚剧。晚又小住金陵三山门内登隆巷汤氏宅。有知者往晤之，纵谈时事，敲几大骂，甚不平也。在闽时，曾以书招莆田江侍御出肩闽事。侍御责备而复之，岑无如何。原书如左：

云阶先生阁下：承尊函录示今政府慰劳电文，谆劝出山。已于复命，议招抚黄濂，书略布下情矣。前书仓卒，未尽所怀。敬

① “岑春萱”，通行为“岑春煊”；“奕匡”，通行为“奕劻”。

再为执事陈之。春霖今年五十八岁，老母年七十又七矣。昆弟三人，季弟早世，仲弟出继叔后。身实独子，妻又云亡。旁无婢妾，子妇虽多，皆不得力。菽水之奉，必躬亲之。前所以久溷朝列者，念以榜末进士，荷先帝拔置词林，得备谏职。冀或补阙拾遗，少报万一耳。及不得其言而去，则已呈请养亲，矢不复出。留别都中，知己诗中有“他时圣王如垂问，为道之推已隐绵”二语，盖不自觉真情之流露也。武昌举事以来，请授福建宣慰使，不受。闽都督府征为顾问员，不赴。蓄发道装，从事农圃。树艺蔬果，亲自灌溉。寻常报纸，并不寓目。暇则临水登山，以荡涤心志。朋友有乞序跋者，姓名之上必书“梅阳山人”四字冠之，隐寓“不出山”之意。特以老母在堂，未能遗世，否则早毕婚嫁，从向子平游矣。忽而信使遥临，委以解散土匪，谊关桑梓。责无可辞，勉效驰驱。岂求闻达，不谓荐之今政府。乃以纳粮之众为春霖功，无论民之纳粮慑于兵威。功不可冒。即使直实无妄，而藉是为邀功之地、进身之阶，不几尽举其生平而弃之哉？且政府来电曰，‘直声素著，乡望尤孚’。一土匪耳，春霖出抚而众主剿，则声直而望未孚也。投袂解纷，片言弭乱。三十六乡虽已解散，而黄濂潜复啸聚，则纷解而乱未弭也。曰忠信笃敬，素裕平时则见信于乡人，而不见谅于士大夫，即反身有不诚也。曰勉事抚循，以成克终之美，则匪方解散，众复请办。欲抚循之，无可抚循也。至云资我矜式，则齐宣王之所以待孟子。置醴拥篲，则楚王之所以待穆生、魏文侯之所以待段干木者。春霖自问：可比何人乎？政府电令执事为就近劝驾。执事引‘四海皆兄弟’之义，责春霖不出为过。春霖不出，执事则既出矣。出未二月而引疾以退，其果疾乎？抑亦以众口谣诼而事之，掣肘者多乎？方今民国新立，有志之士弹冠相庆、抵掌而谈，皆窃窃然谓：得假尺寸，太平可立致。老朽迂腐，如春霖辈只当伏处山林，避贤者路。虽使无益于时，无闻于后，犹庶几全廉退之节。若以友朋之怂恿，轻身而出，是何异以无盐、嫫母涂脂傅粉，驾七香车，与西施、王嫱并逐于粉华靡丽之场，不足炫耀，适以取路人之嗤笑也？拟稿未就，闻执事已辞职回沪养病，不敢再有烦渎。既思来而不往谓之非礼，而政府之电，实寄执事。不求执事转达，嫌于无因至前。区区之心，望执事俯念神交，善为辞焉。岁寒，惟服食珍。卫江春霖拜启。

甲子秋，松江有内哄之战。娄县经师人师张孝廉锡恭，学者称为“闻远先生”，遽死于其难。先生自国变以来，避地小昆山祠屋中，足迹未尝入城市。著书极博，精通《三礼》，刘翰怡为刊《丧礼刍议》。前应张文襄幕、礼部礼学馆聘，修礼制，亦近今之大儒也。兵祸既作，友人封衡甫布衣招先生之张泽镇避难，居一小学校，局促不安，遽婴微疾以卒。无子，校长某君为殡殓之。

张先生，光绪己丑以第三人举于乡，为学务朴，不事浮薄。余随侍，居枫泾镇。其地为江、浙交界，半属松江。娄县境已习闻有张先生，并知落落寡合。谈八股时文家，多不与相近。国是既更，有自泖滨来者，余未尝不问张先生。或有知者，以为是迂阔不近人情者，否则曰“硬作遗老，著述不通达时务”。今已居乡鄙，不知其尚在否？噫嘻，此所谓天坑，不料世道人心，狂悖如此！未几，又知遭乱竟死，著述殆不可问。

王静[1]先生国维，海宁人，诸生，绩学闻于时。以与上虞罗叔蕴振玉友善，从行客北平，佐其考订金石图书。旋娶罗女为子妇。无何，子婴病卒，遗孤孙。家事萧条。先生年五十二。一日，藉游颐和园，遽投水死，时在戊辰年五月五日。家人获尸，衣中有遗书致其家

① 此缺一“安”字。

人王贞明收书，曰："五十之年，只欠一死。经此世变，义无再辱。我死后，当草草棺殓，即藁葬于清华义茔地。汝等不能南归，亦可暂移至城内居住。汝兄亦不必奔丧，因道路不通，渠又不曾出门故也。书籍可托陈、吴二先生处分。穷人自有料理，必不至于不能南归。我虽无财产分文遗汝等，然苟谨慎勤俭，亦不至饿死也。五月初二日父字。"

先生平生著述极富，别为记述于后。闻自国变后，即郁郁不自得。生不逢辰，以为此生便休耳。故违悖时俗，蓄发自全。其出而卖文学，舍也以贫，故其蹈水而死也。以受友欺凌，故先生纯粹学人，乃与乡愿贼德之流相周旋，几何不为其所害？附识于后，为先生白焉。

况蕙风先生为近代四大词家之一，著述极富，绩学侘傺，病没上海，萧条几无以成殓。归安上疆村人朱侍郎为经纪其身后，且葬之湖州道场山。平生论词，有知己之感。论者谓侍郎之词，独宗梦窗，海内已无异辞。观其挽况联曰："持论倘同途，词客有灵，宗派老来宗白石；相依在吾土，道场无恙，死生独往为青山。"可知侍郎亦皈依白石，特于梦窗未尝不心赏。此联不啻现身说法。

谭鑫培亦韩家潭儿也，京师号曰"小叫天"。余客京师中和园，数数见之。余不解时下歌曲，而听叫天则聋瞽亦异常度。国变后，闻其未尝休业，竟遭粤中武人之忌，愤死于丁巳年阴历三月十七日。余吊以诗，有身世之感。

谭有至性，不可及。晚近士夫读万卷书，不解"性情"二字，相差远矣。谭与友合创中和剧馆。友垂死托孤，谭为经纪身后，并时恤家属，督责孤儿，冀其成立。尝以事，不果自出场。而至中和，惟叫天悦耳者，皆引领望之。叫天不来，索然寡兴。门前冷落渐不支。妾某在旁，谏之曰："朋友死矣，言不在耳，奈何奈何？"叫天蹶然起，即命驾，兴致倍增。中和场内外，垂耳闭目以俟者，已密如林箐。清歌一曲，四座寂然。剧资数倍，人以是益服其高义。

丁巳二月，有武人某入京，迫谭登场。谭鄙视之，不屑应命，叹曰："此何时！"欲遁而罗者密伺之，勉强为之。归而病，不几日，传叫天逝。海内伤心，人莫不藉文字为之传。余有诗曰："记闻声叫大罗天，凄绝贞元旧管弦。苑北空余风水听，江南都说李龟年。"

俞伟臣，上虞西乡人，年二十二。父廪膳生，寄居上海。伟臣入哈同仓圣明知大学读书。平日，信孔子学说，著有《六朝政策近鉴》。于孔教已废，径独赴城中孔庙，抱神牌投海尽。遗书一通，亦迂亦笃，盖有志之士。书曰：

上虞声报朱云楼先生及本县教育当道、本县未晤未逢而曾游泮之诸大贤儒长者公鉴：窃闻之，'鸟之将死，其鸣也哀；人之将死，其言也善'。伟之此生自度必最后之日也，故效鹧鹕之哀鸣而善其言。纵如伍胥之不幸，而为无道者所荼毒，吾亦愿也。虽然，吾于此将如一部"廿四史"，不知自何言始也。吾所发吾药石之言。处此乱世，亦不能达诸座右也。以伟臣之英年，缘何出此投海自尽之下策？即投海，亦何缘而负至圣孔子之神位？盖有深故焉。欲明乎此，请王寄老公布吾书札可矣。总之，钦歆纂经，儒理闇昧。黔首为蒙，历代沿袭。大道纷歧，世风日下。斯文复见厄于今日，乱源必长于后世。上不上，下不下，父不父，子不子，男不守于外，女不贞于家。老无以终，幼无以长。尔虞我诈，互相竞杀。兵戎连年，哀鸿遍地。邦本危殆，外侮频加。几如五代十六国之恶象，何也？皆经书不考据，孔教不振奋。人心无所，则风习莫之正耳。伏望诸公秉杀身成仁之精神，毋若风烛草霜之残年。团结父老，力争力竞，务达恢复。春秋丁祭，实践信仰自由而后已。此殆积德业于后世子孙也。伟纵物化，冥冥中自当英灵相助耳。别矣，诸公毋吝毋懦不宣。负孔子神位入海者俞伟臣绝笔吁求。

黄崖山在山东肥城县西北六十里。仪真人张石琴积中避乱北行，隐居是山。初藉训蒙，已乃讲学，祀孔子，率弟子设奠，悉遵古制，甚至不用本朝冠服。肥城人士渐有非议之者。

时山东巡抚阎敬铭知其人，遣使入山，劝改习气，免招物议。积中不听，阎犹为之谅。蜚语日甚，阎乃自往劝之。积中出语近不逊，驯致聚生徒结寨为抵抗计。于是阎知有被利用者，饬县清寨，竟敢与官兵战。积中知不免，遂阖户自焚山中，同日殉者号称千余人。积中为石埭周太谷星垣弟子，仪真李晴峰龙川亦同事之。黄崖事起，龙川遁免，奉积中命，以道自任也。潜归里，仍以讲学著称。然因肥城事，行止略异，久则被人知，辄远游，数月不见。里中颇多从游者。凡一切学说、语录、《太谷经》等，非及门不得见。

《小三吾亭随笔》载，道光初，有游士周星垣者客扬州，讲性命之学，聚生徒至数千人。仪真贡生张积中亦其弟子。《五经》《四子》书皆别有注疏，且语甚秘，世莫得闻。积中兄积功，官山东历城县，后以知州殉难临清。积中清高，不屑作官。湖广总督周文忠公特疏荐之，朝命发往江南，交陆建瀛录用，而雷侍郎以諴、黄制府宗汉，皆相罗致。积中独挈妻孥遁黄崖。其地跨常清、肥城之交，东毗泰山之支峰，西直达孝里铺。孔道由铺至黄崖仅十余里。山势险固，人迹罕到。积中于山巅垒石为寨，若坚城，谓所知曰“寇至从我”。士大夫游历山东者，震其名誉，往往依之。齐鲁诸生争执贽焉，而奸徒小人鬻盐劫掠。至有不法行为者，或亦著籍，称弟子。有司闻见，则目山中为逋逃薮。阎文介巡抚遽兴兵剿之，如大敌。然使人招积中山中，报曰：“必欲出，有死耳！积中亦丈夫也。仗剑而死则可，桎梏而死则不可！”已而官军克寨。其中死者一千六七百人。同治五年十月六日事也。积中既以叛逆死，著书遭禁毁。于是世多怨积中。缙绅间尚有崇信之者，但以黄崖事讳莫如深云。

黄崖事起，李晴峰预孑身走还泰州，仍以讲学名。每日必至北门城外储文懿公石坊前之茶寮，以两案连接，李南坐，弟子环侍肃穆，无敢弛礼。有时娓娓，坐客途人为之驻足。

晴川老仆治庖甚精，终身依之。暇亦列讲席，久能识字读书作文。晴川逝世，老仆挽之曰："徐甲发肤非已有，刘安鸡犬尚人间。"

李佑[①]贤著《焚桃源乐府》，咏其事，词曰："有客结庐山之巅，自称学佛兼学仙。道统直接千秋传，三教源流都汇此，到此长生尽难免。军士言诛逆叛，安能一一良莠判？民言入桃源，初意思避乱，谁知避乱翻蒙难。有何罪不可逭？不争不斗不抗违，竟同叛逆一例看。旁观侧目呼奇冤，千秋谁断此疑案！"

李晴峰传其术于黄彝年，亦泰州人，光绪己卯举人，以知县仕山东。黄亦讲学里门。国是既更，风气骤变。以江北地偏，往来招致皆不便，遂迁吴下某巷，设讲席。久之，阊门铁道间，皆知城中有黄公馆。行李投止，车马孔达，不问路，不论值。至则阍人一一部署安顿。声气充沛有如此。

某日，袁世凯遣材官来礼聘公。馆主人服旧衣冠出见，答辞婉谢，言语在可解不可解之间。材官知其意，亦不勉强。公馆如旅舍，来者莫之拒。官盖杂踏，大江南北，归从如市。下至奴仆舆台，叩首堂下，称北面受业。

余有内亲某氏戚，与毛实君学使庆蕃附葭莩谊。学使寄居吴下，托黄门赁舍邻。公馆书来，索女仆能针黹者。有李妪，口呐如騃，合

① 李佑，当为"李佐"。

肥人，特工缝纫，介绍去。于是李妈就道，金阊人皆笑之矣。越半载，李归，持果饵馈旧主，言论滔滔，杂有文话。余讶前后李妈如两人。而人情世故，礼节周旋，若夙所习谙。怪而问之，曰："我入毛公馆，主人厚我。我常侍主人出入黄公馆，听讲道。我尤蒙黄老爷怜，命与主人同列班。我叩头谢，以故由毛公馆而黄公馆，增长阅历，比较不同，且我能道其详。"余属内亲，留李妈小住，将询泰州教近情。一夕，灯下呼妪来，琐屑问之，对曰："黄老爷，有道之士也。议论切实，听之有益。惜我不识字，亦不甚明晰。只知老爷劝人为善，不然何以常有不相识之人登门，情愿来受教？老爷出一言，人不敢违；责一人，言必极深刻，至令人哭怨不得。弟子有极穷者，命于众曰：'尔应馈若有余，尚须给某人。'其人唯唯。又有某女儿，径作主曰：'尔女当嫁某。'其人唯唯，退而辱詈之，然亦无如何。

有入门来者大骂，不堪耐。其人叩头，老爷渐息怒。又有某先生恭敬求训。白眼半视之，默无语，慑之便受教。"

又曰："黄虽讲道，毕竟有不可解者。毛主人居官清正，革命后不出，每日坐斋头读书。一日早膳后，闻将赴听讲，口中喃喃若'与谁何'语。忽闻呻吟疾痛声，家人趋视，见主人以刀刎喉间，血涔涔满衣襟。问其故，曰：'吾将死于道。今不死，必又受责。'——黄之教欤？主人之迂欤？不可知。若此者二次。事后知主人时被辱詈，愤而出此。"

又曰："公馆中每日来饭者常十数席，止宿之人亦数十辈。灶下养举爨如逢庆贺事。——阍人稽出入内室，会计司银钱。平日敬送干脩者尤多。黄出一言，比之皇帝圣旨，不敢违。""尤有甚奇事。遇斋日，馆中上下内外诸人齐集厅事致祭，恒在夜半，禁人窥视。焚檀烧绿蜡烛。黄老妖黑衣披发自后堂出，跪拜俯伏，如诉如泣。庭下有众，皆叩头。不知所祭何神，满屋气象极愁惨。我不敢问。或又谓此即教中仪式。——不知究竟也。"

论曰：余闻李妪言，皆其中所有事，非毁谤之类也。黄崖初旨，何至于此？所谓变本而加之厉耳。自苏州有黄门，或曰泰州教。一时好奇之士夤缘而得入，以觇其异。或寒无所庇，借以为荫者比比也。黄彝年左右之，未始于人群无益，久则树之风声，帜影招摇，多予人以疑虑，况实有如李妪所言者？

余杭杨乃武谋杀豆腐店主葛品莲，而与葛妻毕氏通。事情确凿。杨多文有誉，虽控京曹未昭白，亦奇狱也。

乃武有文无行，居乡以讼师名。家有一廛，赁之葛品莲开豆腐店。品莲妻毕具姿色，誉之曰"豆腐西施"，曰"白菜"。杨注意久。余杭令刘锡彤有纨绔子曰刘仁赉，与乃武缔交，狎邪中人耳。思渔毕色，议杀品莲而夺之。毕谓杨曰："仁赉，纨绔子，我弗许。子亦有文而无行，奈何？否则今科领乡魁，我与若偕事。不然，老娘固白菜豆腐，非蔵味也。"杨翘拇指曰："以是为盟。"即赴杭州试。秋闱榜发获隽，遂以砒礵置食中，饫品莲而杀之。

毕号于人曰，其夫以暴病亡。族党中知其事，为品莲雪仇，鸣于县。验尸有毒。县令、子仁赉惧，坐罪于乃武。于是乃武居囚，值改岁，换狱室春联曰："斯文扫地，乃武归天。"

乃武左证以买砒，乃武以买砒为毒鼠。杭州太守时为吾乡陈伯敏鲁，知乃武谳定：乃武为奸夫，毕为谋弑亲夫。于是乃武夤缘京中座主，控之于三法司。钦命浙江学使者胡瑞澜重审，不能定。而乃武又控京，请提毕与品莲柩入辇下，思平反，而计全之。

乃武欲易尸。抵京启柩，非品莲，赫然一富家翁。当日，县官刘锡彤固验明识封，至是皆诧极，舌久伸，无一语。乃武大言曰："何苦诬一书生而置之死地，不惜用计太深耶！"益鸣冤，振振不能平。刑部侍郎为杭人夏同善子松伶才，反谳判乃武非主谋，毕弑夫无左证。革乃武举人，而尽处分浙巡抚杨昌浚以下各承审官，参革有差。

乃武归，卖文报馆，携毕与俱矣。时先三世父紫函府君以同知需次省垣，曾预审一次，未定谳辞，未具文书，漏登白简。嘉兴知府许瑶光，匆遽未及上详，不入参案。杭州太守陈伯翁由此挂冠归里，门不出。

《孽海花》小说为赛金花作也。一女子有关系治乱得失，正史不能传，稗乘宜纪之。庚子一役，藉非赛与瓦有相识之雅，未易保全京师也。恐共管之祸，不待辛亥革命后矣。得赛一语，抵得折充尊俎。且朝廷自甲午而后，时髦名士谬托风气，虚假奸伪，上下蒙蔽，元气已伤。作者亦一一唾白之。庚子变作，亡国之祸已种。直至辛亥，厉阶尤甚。或论：是书未完，究亦凿矣。

赛出洪宅，仍操旧业。徐娘已老，风致不减。在国变后又四五年乃卒①。久居天津者习知之。平昔偶谈旧事，感慨独深，以为亡国有恨，商女岂不知？不然《后庭曲》无唱者。又曰：辛亥事变，出国门者二人：一为平日误国庸懦，至此遂束手行遁耳；一为吾辈富贵自在，换一面具再事从容。天下事不可知不可为，奈之何？闻者伟之。

庚子拳匪之祸，德国人瓦特西统联军入京，居宫院中。当时留京文武官僚趋承意旨，以为不能不稍事周旋，冀息兵祸。其实寡廉鲜耻辈，亦无所不至。瓦特西一日欲仿科举例，考试人才，借金台书院扃试。文题以《不教民战》八股文一篇，诗题《飞旆入秦中》。应试人数异常拥挤，都人士皆欣欣色喜。

案：瓦入京，大索金帛。知者以计愚之，故有此举。独不解应试诸人，尚何欣喜之有？闻庚子五月下旬，拳祸陡起，京师猝不及防。有从梨园观剧团扇轻衫奔出城外者，有行路匆促间即未归家随众奔避不知去所者，有人家逃出门户洞开掳劫仓皇不顾者。种种苦况，何曾习忘？洋兵进城，即属重见天日。宴安久，故人心漓，振古如斯矣。

---

① 此误，赛金花实卒于1936年。

江南有荐绅某，于丁巳五月作《感时诗》曰："桐宫终不返，孺子莫垂涎。"其时正值袁世凯欲称帝。此诗不知别有寄托，抑竟思入风云变化耶？藏弆之楼既空，美新之意忽动。曾知其驰书于金陵，门下故旧倩作劝进文，似望北斗重依京华。而其党羽已大言：将来若必有国史总裁之畀任，或仍有主考学台之希望。今观此诗，措辞既悍，造语尤薄。血气既衰，心地亦不洁清。读书万卷，乃有此口调。

袁将为帝。此间有某族人欲劝进，持金诱人作文。某族人固不明事理者也，曾入余室琐琐言之。余谢以疾作，严拒之。后闻有某著作家，为之代拟，攫薄值，已而又悔，所谓"廉耻关头不得过去"也。余于是，得闻江南荐绅驰书，倩人拟劝进。事先属吾友某君，并正色谏其勿堕气节，谢绝不与通。至著作家之事，亦由某族人之戚，不肯为人拭涕，知其事而言之耳。此事已等陈迹，诸人亦归地下。余亦何必存此笑柄？以见人心之漓，由纲纪之堕，况近日江河，更不可挽回耶！

卷五　艺事

山阴之会四十一人，在晋穆帝永和九年三月三日。右军游山阴，与太原孙统承公、孙绰兴公、广汉王彬之道生、陈郡谢安安石、高平郄昙重熙、太原王蕴叔仁、释支遁道林，暨右军子凝之、徽之、操之等，修祓禊之礼。右军作序，书以蚕茧纸鼠须笔，姿态劲健，绝代更无。凡三百二十四字，有重者皆构别体。他日更书，无有及者。

考右军作诗序，晋人谓之《临河序》，唐人称《兰亭诗序》，或曰《兰亭记》，欧阳永叔谓之《修禊序》，蔡君谟谓之《曲水序》，苏子瞻曰《兰亭文》，黄山谷曰《禊饮序》。近代清高宗题曰《禊帖》。右军书时，年三十三。

东阳何士英官两淮盐运使，于扬州僧舍枯井中得《兰亭》定武真石刻，出土时已裂为二。士英狂喜，挂冠归时，在明宣德四年。自明迄今，石又分碎为五，子孙各执一石。聚石于祠而拓之，缺一不能也。今所称东阳本，即定武本。余友杨竹簃曾客东阳县幕，请县官致意何氏拓石一二纸。最近石裂为七矣，字迹甚肥，浑灏之气不减，但模糊处甚多，裂缝处字尤不可完见。相传宋高宗驻跸扬州，金兵掩至，匆遽间弃石寺井。何之所得即此。见杨士奇《东里集》。

东晋妇人能书。卫夫人茂漪外，似无人知名。不知逸少夫人郄氏亦善书，名璿，字子房，郄鉴女。献之书法多传母教。特名为右军所掩，故世希传。

毕良史，字少董。平生好骨董，家有死轩，奔走秦会之门下。廖莹中失身秋壑，向冰之为韩侂胄家经纪，胡身之亦曾客贾门，文休承为分宜鉴定书画，皆良史类也。嗟乎！权门势落，讥讽周至。负盛名者，不徒无益，而害几及焉。君子处世，贵自审耳。

良史，蔡州人，闭户著《春秋正辞》《论语探古》。宋哲夫、李愿良执经师事之。时思陵方披古物，以良史能辨真伪，超补文学，权知东明县。

吾丘衍住杭州生花坊，家有小楼，上下列受业弟子。先生不下楼，高弟子更翻下楼授书。报客至，辄有童仆止，不使登，必楼上有命，乃使登楼。每有客来，先生起，临梯睨之。客或仰见楼上，必大声曰："此楼不易登！"先生应声曰："此客不易得！"相与笑言，称莫逆。否则，谢不见。楼上有室，东壁皆秦汉碑，下一几列汉唐官私印。先生眇左目，跛右足，时年才二十余。见夏溥序其《学古编》语。

朱宗伯，字兰隅，又字元价，万历乙未状元，出使朝鲜，尽却其所赠。鲜人乞书，以貂蓡为报。润尽斥，以买法书、名画、金石、古玩，收藏遂甲于白下。书法真、行师赵文敏，今惟存栖霞佛像洞口题字。小则蝇头，大则劈窠，咄嗟立办。与文征仲日可万字，运笔若飞。旧宅在仓巷西街，晚乃移居乾河沿小桃园。今其子孙不可考矣。

元价夙工画，屡见著录。余之所见，赝品为多。

与董文敏同时者书画负盛名，晋江有张二水瑞图、关中有米友石万钟、临邑有邢子愿侗，时称"邢、张、米、董"，又有"南董北米"之名。至清初，董书传北方，二水画东渡日本，于是邢、米二家稍逊矣。至于今，则董、张犹存，以余所见真迹可知。《明史》董文敏传，谓米书擅名四十年，书迹遍天下，但已不可见。邢书更鲜传耳，自是名家。

思翁谓泼墨画始于唐时王洽。见《太平广记》引《画断》，曰：唐王墨名洽，善泼墨，故名。多游江湖，欲画，必于醉后障图纸，兴酣为之。先泼以墨，或拂或干，脚蹙手涂，随其形象，应物肖意，倏若造化。图成，云雾淡荡，风雨扫之，不见墨迹。是亦画家之绝技。今之作，恐毛皮耳。

相传华亭晚年，文翰极酬应之忙，倩人代者为赵文度左，每画就，文敏见佳与己合，则自署名款。今之传作，于何考得真赝，好藏弆家不可不知。

嘉兴项子长笃寿，嘉靖壬戌进士，性好收藏，家有万卷楼。季弟子京善治生产以致富，能鉴别金石书画，家有天籁阁，而又自设质库，估海内珍异十九多归之。顾吝于出纳。得物或稍贵，多出资辄忧形于色，甚至罢饭。子长过而问焉，曰："吾弟近得若何可赏心者？"子京出所获，故浮其价，请予之。子长又故作叹赏，如数给金去，免其忧。友爱宽容，不可及。子京子六人，无一达者。子长子德桢，万历丙戌进士，梦原，已未进士；孙鼎铉，万历辛丑进士，声国，崇祯甲戌进士。

天籁阁收藏，至明季鼎革后散失。子京为人风雅而近刻。有兄子长，益相形见绌。载《曝书亭集》。

项子京家藏有《千金帖》，一为唐武后《万岁通天帖》，一为宋太宗《淳化阁帖》。最初拓本，一为唐宋名人画纨扇箑面，朱竹垞曾题诗，有"记得《千金》纨扇册"是也。

明季有画家曰吴岱观，名山涛，钱塘人，崇祯己卯举人，官陕西知县。工诗书，晚又工画。已见著录。近时又有无锡画家曰吴观岱，与明人同姓，名而略有别，工画山水人物，极有风致，特不善题，书法亦不长。

马瑶草，工画，字亦有佳致。张瓜田先生《画征录》曾论及之，以为马士英画有逸趣。金陵人士传其画，又恶其人，悉改为妓女冯玉瑛，不知有无此妓也。瑶草既自绝于胜国，复获罪于清朝。大节既隳，万事瓦解，何足挂齿？嗟乎！晚近论画，岂第在笔墨形迹间哉！

禹之鼎鸿胪，尝为王渔洋画《放鹰》《荷锄》《雪溪诗思》《天女散花》诸像，皆为山人踵事而增华。《天女散花图》，余见之，山人趺坐，天女于空中散花瓣飞舞。康、雍、乾、嘉名流，皆题遍。后为伧父某所获，卖与日本人，值数百金。

郑梁，字禹梅，亦字寒村，慈溪人。康熙戊戌进士，官高州知州。著有《寒村诗文集》。与朱竹垞友善，平时赠诗唱和甚洽。郑氏裔孙简香名勋者，为建二老堂，又画《二老重逢图》，取竹垞诗"别久重逢转倾倒"意，并刻图于研石。吾友刘蕴华曾得之。质余考索，因取《曝书集》证之。石研天然式，周近二尺余。蕴华拓以示余，非赝质也。

马思赞，字寒中，号南楼，海宁人，好金石书画。王复斋《钟鼎款识》，朱竹垞题跋称为"宗人寒中，嗜古成癖，因而畀之"云云，颇疑寒中马氏何得朱竹垞称为"宗人"？已而考得寒中本朱氏子，以继马姓，故竹垞犹谓之"宗人"，据其本生也。

郑板桥未达时，所作书画扬州市上殆无知己。逮通籍后且罢官，再来鬻书画，声价日高，盐贾富家儿群相征逐。板桥叹曰："笔墨间亦关势利增名誉耶？"因取白乐天"二十年前旧板桥"诗，镌印示意。近人以此七字为板桥自撰句，误矣。白乐天《板桥诗》曰："梁苑城西三十里，一渠春水柳千条。若为此路今重过，二十年前旧板桥。曾与美人桥上别，更无消息到今朝。"

案：板桥，兴化人。其居宅前有板桥，故藉以作外号。吾郡亦有板桥镇。唐人小说有《板桥三娘子》。今在河南汴梁之西。乐天诗云"梁苑城西"，或其地欤？

板桥官潍县归，即以书画自给，终老淮扬间。天真烂漫，文翰隽才，又足以振其风雅。作书画，印章极多，或自镌，或为名人刊赠，可汇纪所见。

板桥道人　十年县令　雪浪斋　所南翁后　爽鸠氏之官　心血为炉　镕铸古今　然藜阁　所好在六经　畏人嫌我真　恨不得填满了普饥债直心道场　思贻父母令名　潍夷长　无数青山拜草庐　和心有所不尽鄙陋　乾隆东封书画史　扬州兴化人　燮何力之有焉　樗散　鹧鸪　以天得古老画师　敢征兰乎　七品官耳　康熙秀才雍正举人乾隆进士　郑大　橄榄轩

刘石庵相国有爱姬王氏，能学相国书。王惕甫尝见为相国题《甲秀堂法帖》签子，可以乱真。近今所见相国真迹，笔墨间似有一二可疑处，或刚柔不相济，或气势不一致，视之不觉，察之可知。大抵即爱姬之手迹。至于晚年之作，所见尤多。

金寿门先生尝为帅兰皋荐举鸿词，不应试，性好狭邪游，用仆须有才艺。一仆善凿砚，主人赐酒数斗，乃下手。砚成，先生自题隶书，仆浮白观之，拊手称善。一仆善矾绢作乌丝，游灯市择高品者买归，以绢画乌丝栏，请主人作隶。主仆周旋斋中，宛如朋侪。时人称难能。晚居扬州终老。

扬州阮文达家庙，在旧城小牛录巷，庙后有文选楼，今尚有遗址。当时文达好收藏夏鼎商彝，皆储文选楼。一日火灾，楼中藏弆悉遭回禄。火光中第见五色斑烂，陆离异状，未几都烬。文达督视，叹曰：“天道恶盈，吾其受谴！”繇是余器散置僧舍，不复孜孜与骨董家较量矣。

大氐好古之士，风雅有余，而学识实有所蔽。曾见知名收藏家，能子孙永宝，或长所有乎？且古物皆不祥。焦山之鼎，入人室多罹怏。自寄存山水间，即安然历久，无变化。吁！人情嗜好，可不谨欤！

真州尤贡甫，别字水村，曾于冷肆得东坡石铫，容水升许，以铜为提，镂慈菇叶一瓣，瓣中篆“元祐”二字。盖即周种所赠物。未几，有人买去，入献内府。水村绘铫形，作册叶，传播文艺，题跋殆遍。余常得石拓本，殆即今所传东坡壶近是。

闽中自伊秋水太守后，凡有书家，皆其流派，犹之近时湘中自何贞翁后，草、隶皆可观，楷书自黄觐虞后，俨然家欧而户虞。浙禾中自张叔未后，天真烂漫，骨肉凝重。凡沈蒙叔、沈子培诸名流，皆有余韵。丹徒自梦楼太守得笪江上法，能扁锋下有天趣。郭兰池、张夕庵之流，其卓卓者。云间则思翁风被，俨然二百年弈弈有生气。滇中自南园谏草流传，人以书重，书以人重，三尺之童都能知之。远而论之，晋之二王、唐之颜柳，帝王师承，愈不堕真传。岂若近人之好奇，人人北魏，家家两汉，描点渲染，造作假伪。山鸮舞镜，自比威凤。犹唾弃一切崇尚临碑，不屑观帖。噫嘻，危乎！学术之变，夫非心术之表著乎？古人作书，何尝不自临摹来，久则神而明之，存乎其人。思翁之原出于鲁公，而化刚而柔之。鲁公之原出于汉隶，《鲁峻》《夏承》诸碑，又能以隋唐虞、褚之秀洁瘦劲者丰肥之，挺拔之，处处有古人，处处有我法。乃曰“临碑不屑观帖”，是何言欤？尤而效之，穷极怪状，不可名言。吾亦云何？

童铨，字佛庵，杭郡人。家贫，喜藏前辈名人小象，多至数十。性复好古，藏书亦多。此与番禺叶南雪先生衍兰同嗜。叶先生著有《清代学者象传》一书，久直枢垣，熟于掌故，复工绘事，竭三十年之精力，蒐集一代名人遗像，各附小传，都百七十人。今其孙誉虎先生已为印行，极难能，亦极可贵。余生平亦有此志，收致古人画像及时下名流遗像，苟为可得，皆存之简册，或有石刻，则表而张之斋壁，亦不厌其烦。尤有不可得者，则经营摹写之。因而于写像法稍稍有门径，特家贫不能罗致，所欲庶几比于童佛庵。有愿莫偿，其谓之何？

山阴沈韵生先生翰，世仕湖南，故生长湘中，与苍厓和尚友善。工诗书，而画尤擅长。山水宗麓台，而善以古法变之。常客游上海，无知者。返湘，依画为生活。国变后，湘人某革命家夙慕其技，具数千金，丐画十二大幅，要索三事。先生老病且贫，视重金蔑如，以布扎肘，出谢不能作，苦苦求免，乃罢。未几，归道山。日本人有评之者曰："先生之风，山高水长。今而后知先生。"

湘中莫不知有沈先生。以余所闻，毁誉参半矣，甚有辱詈不能堪者。沈先生画山水，凝重不苟，用笔有力，虽劣纸，未尝有懈可击。吾评近时湘人画，不能薄先生。且今之湘人画，比比皆是也。

愿有目者共赏之。

江宁近有十布衣，诗、词、书、画，皆可传。

陈忠倚，字藿圃，工李邕书，亦工诗，藏弆甚精。

施瑞年，字葆生，工画，书法香光。诗亦学宋人，题画之作尤淡雅。著有《仁让堂集》。

徐承恩，字沛斋，工书法。尝自临赵子昂《道德经》小楷，付石刻，名流题识极多。

孙正礿，字云伯，工吟咏，诗词皆不妄作。晚居凤皇台下，有《水南草堂吟啸不辍词稿》，已刊。

程均，字彬士，别字默默道人。善画，山水尤精，二十年无一日懈。题诗小识，尤轶时史。

毕龄，字髫生，善画山水，布置妥当，秋意尤妙。晚益淡泊。

刘历生，聪颖过人。居邻施葆生窥于旁，即善用笔，所画人物、仙山、楼阁尤工致。元宵制灯，春日制风筝，独出心裁，人皆叹赏。

吴锡崟，性情古直。直母九十余，事之孝，人称"吴孝子"。贫甚，卖画自给。所作雅近胡公寿。人以其孝,尤羡其所画。

唐鳌,字绍章,工画山水扇箑,布景尤幽雅。近见所作,益佳妙。

赵业培,字书畬,工画山水花鸟,下笔不肯荒率,满纸烟云,自视尚欿然。年八十余,健步如飞。

吴县顾鹤逸麟士,又字西津,别号一峰亭长,为顾紫珊观察之孙,所称曰“怡园主人”是也。园擅花木亭榭之胜,为明吴匏庵宗伯之宅。观察好蓄书画金石,四方知名之士多集于怡园。吴清卿、胡山桥、吴秋农、吴俊卿辈,皆有诗酒文宴之雅。鹤送精画山水,善仿古人手迹。晚年闭户作画,甚矜贵。与吴江陆廉夫恢、袁雪江称“吴门三俊”。

今旧都国子监石鼓,当时涂金于字,以示矜贵。乾隆时又新制十鼓,以滇中白石为之,文镌鼓面,纯用小篆笔法,若无原鼓字,亦可玩。旧鼓字在鼓腰。近闻东西洋人以中国视为希世之珍,俱思私盗,苦质重,不易措手耳。

竖石曰“碑”,横石曰“帖”,方者为“碑”,圆者为“碣”。阴字刻陷者曰“款”,阳文突起者曰“识”。夏器有“款”无“识”,商器有“识”无“款”。碑项圆孔曰“穿”,近穿侧理下垂曰“晕”,亦曰“带”。南碑浅刻,北碑深刻。字里谓之“沟道”,字边谓之“字口”。造佛像之匠曰“博士”,刻画金石曰“锲”。

《会典》:五品以上用碑,五品以下用碣,庶人只用圹铭。明代功臣皆有神道碑,位卑职小墓或有表书碑而已。

《同州圣教》,近人莫不认为褚登善书。吴徵誉尝辨之,以为褚之没在显庆三年。此书为龙朔三年,是登善没后五年,况碑下未列书者名姓。或后人以笔画近褚,相沿称之,或疑为集褚书等于《圣教》之类,亦非是。

《金石文字记》亦云云,引王山史言,以为是后人补书。碑后十一字，书法亦微不类，必是褚没后刻石玩书法，确非登善不为功。

王兰泉《萃编》[1]曰："盖没而犹刻耳。"

《万岁通天帖》一卷，唐武后时王方庆献其先世墨迹二十八人。后爱玩，曰："此卿家世守。朕夺之，不仁。"即命善书者以白麻纸双钩书之，精妙入神。又命方庆正书，标二十八人官世。别下诏，设九宾于武成殿，命凤阁舍人崔融作序，自为《宝章集》。群臣毕会，共加赏鉴，然后付还墨迹于方庆，命其世世宝藏勿替。荣宠有典，亦翰墨之绝代佳话。

此帖后有宋高宗加小玺，岳珂、张雨、王鏊、文徵明四人有跋，向藏嘉兴项氏天籁阁。乙酉之乱，为朱竹垞之祖姑适项国声者所有。项氏贫，又转鬻他人。

考王方庆为羲之十代再从孙，帖中有方庆十一代祖导、十代祖洽、九代祖珣、八代祖昙、七代祖僧绰、六代祖仲宝、五代祖骞、高祖规、曾祖褒，并九代三从伯祖献之已下二十八人。明代董文敏亦加跋。

万历间，金坛王氏刊《郁冈墨妙》第八卷，即摹《万岁通天》王氏数人，一为羲之，二为荟，三献之，四慈，五志，后题"万岁通天二年四月三日，银青光禄大夫行凤阁侍郎同凤阁鸾台平章事上柱国琅琊县开国男臣王方庆进"。

雪浪石，东坡得之定州中山后圃，石质黑而有白脉，笼络如麻丝。东坡得石，又贮以石盆，因名其斋，作诗作铭。李端叔、滕希靖等皆和之。东坡去惠州，此石遂废置。元符中，张芸叟重茸安盆，且欲作诗

① 《萃编》，即《金石萃编》。

寄东坡，闻已卒阳羡，乃作哀辞曰："石与人俱贬，人亡石徒存。却怜坚重质，不灭浪花痕。满觞中山酒，重添丈八盆。公兮不归北，万里一招魂。"见芸叟《画墁集》。

光绪之季，有观察某由闽中得雪浪石，携至郡中，将献端忠愍。事未谐，忠愍去位，石置骨董肆中。邑人刘清溪以贱值获之，移置门东新宅。刘没后，丹徒有于某治圃石，又归京江于氏，因名其园曰"雪浪"，遍征题咏。

甘肃敦皇县鸣沙山有三界寺，其右有石室，名莫高窟，又名千佛洞，大小千余处。相传为宋代、西夏构兵，藏书于此。光绪之季，道士扫除积沙，于复壁破处，见一室内藏唐时及五代人手写经卷，亦有刻本佛经。丁未冬，英人史泰恩、法人伯希和游历至其地，购所藏十巨簏归国。后译成书曰《石室遗书》《鸣沙石室佚书》。我内地官员从未预闻其事。余所见者为唐太宗《温泉铭》《化度寺邕禅师铭》、柳公权书《金刚经》小楷，皆极精致。

鸣沙物佚，当道第为贼去关门之计，封禁山窟，从不自加搜检。土人或私相窃盗，竟置之法。闻有某县官私移黄金香炉与金佛各一，镕得金数十两。未几，疽发背死。群相赀议，以为招致谴报。自后决不敢取一物。维彼外人获利无算，天不加谴，何耶？又闻今日外人藉游历为名，私相盗发，更不一而足。

高房山《春云晓霭图》载于《消夏录》。乾隆间，苏州王月轩以四百金得于平湖高氏。有表工张姓者，以白金五两买侧纸半张，裁为两幅，以十金属瞿云屏临放。又以十金属郑雪樵临摹，其款即用清水浸透实，贴于漆几，候其干，再浸再贴。日二三十次，凡三月而止。复以白芨煎水蒙于画上，滋其光润。墨痕已入肌里，笔意宛似原画。用绫装裱，边有《烟客江村画记》，以八百金售于毕涧飞。又装第二幅，携至江西，为中丞陈某所得，价五百金。真本仍在吴门，无人过问。鉴藏家之眼力如此！

此幅近为临川李布政梅庵先生所得，以千金购之。梅庵持以视梁文忠鼎芬，文忠题其室曰“晓霱堂”。迨布政归道山，又质之于吾乡蒋苏龛，边加李、蒋诸跋，一时名重海上。近见已付石印。余见其濛泷满纸，气象自非凡近所能到，但不知是否吴门旧物，抑即表工作伪之流传？不可辨已。附识于此，以待考据。

《西园雅集图》，李伯时学小李将军画人物、园林，是在王晋卿家故事：提笔书者苏东坡，坐观者王晋卿，拟几凝望者蔡天启，提椅视者李端叔，执卷为苏子由，持蕉箑为黄鲁直，幅巾横卷画者为李伯时，抚肩立者晁无咎，跪而观者张文潜，按膝俯视为郑靖老，坐桧下静听者秦少游，摘阮者为陈碧虚，题石者米元章，袖手观者王仲至，坐竹林说经者圆通大师，缔听者刘巨济。自东坡而下，凡十六人。董思翁有《记》。

赵文毅用贤，字汝师，以劾江陵夺情事受廷杖。许文穆镌兕觥以赠之，为之铭曰：“文羊一角，其理沉黝。不惜剖心，宁辞碎首。黄流在中，为君子寿。”文毅以授门人黄端伯，黄授门人陈潜夫，皆殉难。至清代，传至张氏、何氏、章氏。朱竹垞尝于何氏斋头见之，为赋《兕觥歌》。后又入曲阜颜衡斋家。翁覃溪为作辨，考核藏弆时代暨各题跋。文毅五世孙王槐，字者庭，又求覃溪为诗文，请于颜氏而得之。一时名流多有作，曰《归觥集》。至今，觥仍宝藏赵氏家祠。

项元汴《历代名瓷图谱》，共收八十三器，一一有图，勒成十册。光绪中叶，出于怡王邸，为英人卜士礼所得，携之外国，毁于火。初出邸时，有画者李澄渊临写别册，今归定兴郭昌葆。美人士福开森又借郭本印成一册精本，殆莫与比，定值每部三百金。

仿南唐澄心堂纸，饬纸工在江西铅山与福建崇安相界之分水关，选匠督造。采新发嫩竹精制，纸帘按书叶尺寸为之。又砑花，每叶上下边中嵌“觯斋”二字。所谓桃花纸近是。

书上下壳用定织细丝绸，色黄。题金印签，外又用黄绸作夹书册，长一尺二三寸，阔七八寸，厚一寸余。每叶衬纸从其同。

瓷器精印如原物，古色斑斓，精美无伦。每器考证，先识项氏原跋，余则附刊续跋。文字全用细楷书，闽人邵某手笔也。每文皆华、英字合璧，文句分圈，亦精细。书首摹子京小像。福开森又得子京著书，澄泥研作雁形印于前。“觯斋”藏印皆极鲜艳。书式之美，可谓无比。

癸酉夏，南郊雨花台麓新出土明《西天善世禅师班的达公塔铭》石碣，为杭州灵隐寺住持沙门释来复撰文，日本释中巽书，金陵施士原刻字，立于洪武十六年癸亥九月二十一日。字四分方，小楷极精。石一尺八寸建方。禅师讳萨哈棱释哩，别称班的达，姓刹帝利氏，生与释迦同国。元至正甲辰来中国，洪武二年西游五台，七年至金陵蒋山，寓崇禧新寺，十四年夏五月初有足疾，廿四日怛化，十六年葬于天禧寺之后冈。著有《示众语》三卷、《新译八支性戒本》一卷，传于世。

此碣出土，因机器局拓地建筑。先发现铜塔一座，凡三层，上储大小珍珠，中满积清水，下层则似骨灰。除珠为工役分去，余悉无存。石碣与塔，均存古物保存所。

郑叔问得晋太康九年砖，有鹤形，因自号曰“大鹤”。题《浣溪纱》词于拓本之右，跋曰：“横山崩冢，出晋太康九年砖，背有独鹤画像甚奇。因琢为大鹤山房画研。”词曰：‘江左风流数晋贤，高名谁与此山传？落花零落太康年。　　化鹤应归华表月，印鸿犹戏墨池天。莫嘲画墁画云烟。”词后又跋曰：“昔阮文达题东晋大兴三年八月砖曰，此砖在右军写《兰亭》三十年前，为右军书所从出。”此太康又在大兴前三十年，为晋初叶也。横山在今吴地，相传陆机、张翰墓均在此。此砖不知为何人冢内物。

阮文达与张叔未于道光癸卯相晤于文选楼，其时不相见已四十余年。于是叔未年七十有六，眉长寸许。文达即命画师画二人像，题曰《眉寿图》。二老对坐于长几，几置周齐侯罍，文达旧藏物。叔未持汉砖，为文达寿，并列图中。今为汉阳万氏所藏。

昔有人持成邸所藏西陂本《华山碑》，题跋甚多，求质于吾乡宗湘文观察，钱七百千。观察秘获异宝，不轻示人。光绪间，观察弟某持付京中同文书馆石印，装订精良，遍赠友好。今见单行本者即是也。后有观察字印。甲午而后，观察喆嗣子戴太守客鄂幕。一日，张督孝达猝问今西陂本何在。太守对，在渠家，因事不果与阅。而张督亦善忘，不再问矣。鄂督易端方，好古如命，太守入幕，为谋献地，竟致之。端氏狂喜，三本皆为一人所有，因以"宝华"名其庵。

《金陵古迹诗书画册》十一叶，残一叶，为郡贤胡玉昆先生元润所作，册六寸方，广叶纸四寸，左右开，半诗半画。册前后面用小团花夔龙回文。旧锦册耑题签曰《金陵古迹》，下署"瑯琊凝其氏敛福"行楷。开册书"金陵古迹"四字下，署"乾隆十四年冬石笋里叶承"，有印曰"子敬"。画纸不署款详，于诗页最后为《石头城》，题曰"癸丑十月上旬栗园氏玉记"。其阙叶或为《钟山》。余得后，临摹数四，烟云缥缈，神采在可望不可即之间。益信先生画有师承，允推逸品。原在恩施樊氏，闻得之长安市上，值四百金。此册余亦不能有，聊志眼福而已。

翁覃溪自得《施注苏诗》后，又于斋中祀苏像。值坡翁生日，必集名流觞咏。积二十年，题咏成二厚册，而所得坡翁像亦不一。

明朱兰隅之蕃临李伯时《坡公笠屐像》，后又得一本，阳羡蜀山书院有石刻。

《元赵松雪手写白描像》，明嘉靖丙寅，吴门尤叔野茂先家藏。右颊有黑痣数点，世传丰颐多须者非也。

《宋石门画坡公像》,自题“八十一翁,万历辛丑孟春日写”。

长州李枢所藏写本。

明人南海朱完摹刻小金山本。

《琼州石拓像》,在浮粟泉上,旁题云:“公五十六岁象。公自惠谪琼,惠人写于白云居。乾隆时,琼守贾棠得之,摹上石。”

宋伯时有画《金山像》。

山阴朱兰圃复摹朱兰隅所临像,并载题于苏诗后。

安邑宋芝山葆淳属刘虚白又摹一轴。

桂未谷先生尝画《说文统系图》,已刻石传世。图中据案而坐者许洨长,坐于左者江式,立于右者李少温,又其右为大徐鼎臣、小徐楚金暨道士张有,执卷伛偻而前请者为吾丘衍。又自题其书室曰“十二篆师精舍”。

光绪十二年,诏图中兴名臣像,并绘攻克各城池战状,命储紫光阁。阁为前明时建,迨清高宗又恢拓之。因绘历时功臣像,亲洒宸翰,为之赞序。此次又加平定洪、杨功臣遗像,并作手卷册叶。每人身段约四寸。当时李文忠奉醇亲王谕,绘功臣像三十余,致函两江总督曾忠襄设局金陵,延揽吴下名画家吴嘉猷、周慕乔专绘各像,共四十八人、战图十四幅,一并进呈。善化彭鸿年觅得吴君所画副本,每人为作小传,付之石印。

余又见名功臣衣冠像,约身躯六七寸,每册一叶一人,亦吴友如所画。据云,此亦进呈之物,因选择作副本者。吾友刘蕴华曾得十数人,神采奕奕,殊可贵。

偶遇冷肆,见《印谱》二册,中有先外大父刘葵衫府君印,曰“葵衫手肃”,曰“老葵”,曰“刘沛之印”。又有先三世父太守章,刊者为松庵,不知谁何,告家慈曰:“此必华松庵也。”其人能书能画,尤善金石刻。杭人与外祖为莫逆交，多病早卒。考华名复，字无疾，“松庵”其斋名，为钱叔盖高足，浙派中取法汉印，其真传也。与皖派之流为徐三庚辈者迥异。冷肆主人侩气重，不予获，后遂无所见。

余性好书画金石特奇穷，较古人之著名者尤甚，往往有所见或有所得，亦可自诩。曾于雇佣工所见，有汪悔翁与杨西华两先生行书墨迹，主人居奇，百计不能得。又于缝衣匠店中见旧拓《校官碑》，字迹极明晰，托计思得，店主至徙居远避而后已。鞋底工作家见度板列《廉石居藏书记》，主人愿售，乃得。又有卖果老妪，手持汲古阁五次刓板大徐《说文》六本，知为某庵女道士物来求售，予值购之。又于地摊得初印本《皇朝礼器图说》残本一册，直四十文。每叶中有旧宣衬纸及奏本纸，知其为乾隆时物。此纸宜书宜画，最心赏。戊午之冬，在小书店遇友人，略谈，见有建安残石拓本，为扬州汪砚山所藏，有二跋甚精。凡此之类，所得皆非意想所及。

余于庚申辛酉年间，见金冬心画佛像一区，坐竹林下，六尺纸幅，笔情古逸，的是得意之作。题识名字，一行在纸右边，三五小贩集资得之，价三百金。有黠者曰：“当于扬州市上见价。”即持去，请扬州老侩作伪。遽裁金款，改题为唐吴道子所作，重加表背，甚精致，托言旧家藏弆，不肯出示。号召既大，一般好事者莫不欲一见吴道子真迹，以为赏心。时有桐城人黄世清居留秦淮销夏，见之，必欲得，予八百金，持付去。小贩色喜，群相分润。一时酒馔征逐，以为吴道子赐给不薄。明年，黄北上，矜诩目力，旧都人士争相问鼎。有当道施某予七千金购去，至是乃知扬州老侩为有助于黄世清不浅。小贩知之，又懊丧焉。余于近年犹能见冬心裁款纸于某氏废簏中。

古书桼文，竹木简而已，曰“匚”，曰“册”，曰“牍”，曰“简”，以刀以锥，以竹调桼，各适其用，藉以存记而已。若欲垂之久远，则钟鼎铸字石刻也。

秦以后犹用简用卷，纸与毛锥继兴，粉绿丹黄与墨杂用。上蔡小篆，而后继之以分隶，字形始尚分行布白。于是聿者不得随意作书，书者必有一定格式。

文字简者，以片纸书之，积片多则成本，积本厚则分部。所书既可存，于是乎令人可读。读书之名其由是仿。

文字烦冗者，亦有用布或帛书之，书者可衔接，长至数尺或径丈不等，展收自如，亦便观览。一卷未尽，继之二卷三四十卷皆可，故名曰“卷”。与纸本书为两事，亦两用也，而藉文字以存记事理则一。汉唐以来皆如之。所谓“分部别签”“卷轴缥缃”，皆以是名。不若今之书册，又纳之以卷数也。

隋文帝开皇十三年十二月八日，“敕废像遗经，悉令雕撰”，刻版印书。此其最初。后唐明宗长兴三年，冯道、李愚请令判国子监田敏校正“九经”，刻版印卖。朝命允之。此为书籍改抄写，改简册，改卷轴之始。

从此，镂板墨印，朝夕数十纸，十数日数十册书本成，而便于翻阅，便于汇聚，便于多著多流传。

于是易楮书字，订册成书，犹纳卷数标于书目，分卷为册，分册为部，以函为别，以类为聚，归综于卷，为别书之多寡，以记书之秩序。存卷名，即所以著书也。于是有曰卷一卷二至数十数百卷者，有曰上中下卷、前后卷者，亦有书仅一册而不计卷者，皆是也。多卷之书，其中或按文字之分别，或循所著之前后，而次第之。卷分上、中、下者，何不径作三卷？此又不同。文字冗长，不可不有以分之，分之又嫌其隔断，故虽分卷而如不分。此固变通之善例。不计卷者，必甚简易，无可分别之类也。凡此，又著籍之古今合辙，多寡之变通也。

惟卷名可浩繁，书册不宜多。每有十卷书即分作十册者，二十卷即二十册者。此大不便。全函之书，往往被借阅，取一半或二三册以去，久假不归，两面书皆不全，散佚之开端也。此又为书估贪婪作之俑。以书分作多册，博购者之炫目，而施其伎俩。吾友石君彂素喜藏书。每得书，必重装订，将分者合为一，多者并为少。每书必制夹板，每板必加题识，必自斧削，自裁订针线，刀锥寒暑不废。余亦同情，每书必重订，必加佳笺题署书签。生平嗜好，既笃于是。此中况味甘苦，备尝之矣。

考宋初镂版经籍，必在胄监。治平以前，禁民间私镌，故无别刊书版。

淳化中，以《史记》、前后《汉书》付有司摹印，是为史籍之初刊。淳熙十三年，秘书郎莫叔光奏请诸路索书广刊。自是私家镂版之善本，首推岳珂家塾刻本。今所传相台本《九经三传》是也。

活本之兴，始自宋庆历中布衣毕昇。其法：用漆泥刻字，薄如钱。每字为一印，火烧令坚，置铁盘，如版式排比，集字印之。

古今人著书，有同名而实非抄袭者，亦奇事。

《中说》，文中子著。元敖剌亦著《中说》。

《路史》，宋罗泌著。明徐渭亦著《路史》。

《日知录》，顾炎武著。汪坦著亦曰《日知录》。

《空同子》，李梦阳著。苏伯衡亦著《空同子》。

《铁网珊瑚》，明朱存理著。都穆亦著《铁网珊瑚》。

《珍珠船》，明陈继儒著。胡侍曾著《珍珠船》。

《濂洛风雅》，元金履祥著。清初张伯行亦著《濂洛风雅》九卷。

《先正事略》，钱星湖著。李元度亦著《先正事略》。

《鄢陵苏源生文集》，有《钱星湖事略》云："自节录名臣事状为《先正事略》，尤珍秘焉。"其书似未刊。

古无丛书。有之，始于唐陆龟蒙《笠泽丛书》。宋温陵曾慥集《穆天子传》以下二百五十种为《类说》，是即丛刻书籍之滥觞。

明张天如有足本《太平御览》，分授二女作嫁奁，各得五百卷。乾隆中，为朱氏滋兰堂分者合得，但计仅有三百六十六卷。嘉庆间，黄氏士礼居从周氏水月亭购之，后又折价卖于汪氏艺芸精舍。同治丁卯，俞荫甫太史又从汪氏后人介绍，卖于皕宋楼，又佚去十五卷。——皆是庆元刻本。

宋景德二年，敕王钦若、杨亿诸臣编撰《册府元龟》，分三十一部目，类一千一百有余，成书一千卷。当月，真宗亦取太宗读《御览》故事，每日读四五册，群臣以为劳，曰："开卷有益。"此书亦抄撮历时君臣文武政事汇编之。真宗自定名，且自精断之。

明成祖永乐元年，敕儒臣胡广、解缙、王洪纂《永乐大典》，以姚广孝监其事。六年之冬乃告成，计二万二千百七十七卷，凡例、目录六十六卷，共万二千册，御制有序，广孝有序，纂修缮写几三千人。缁流羽士亦多预者。书成，选能文者二百人充试吏部，拔尤三十人授以官，其余亦有选官。初名《文献大成》，后乃改之。孝宗尝读是书。嘉靖四十一年，禁中失火救出，即诏阁臣徐阶照式模抄一部。当时书手一百八十人，每人日抄三纸，一纸三十行，一行二十八字，至隆庆改元始抄毕。至清代，乃知正本尚在乾清宫中，副本储于皇史宬，又移至翰林院。是书取十三经、廿一史、诸子百家，无不类而列之，皆直取全文，不稍改删。

此书每册高二尺，广一尺二寸，字皆不小，用粗黄布过书脑包裹。今永乐年间原写本存文渊阁。嘉靖间选书手重录副本，贮皇史宬。清世宗时移正本于乾清宫。嘉庆时，乾清宫灾，是为正本毁。今惟副本，又移之翰林院。

相传《永乐大典》成，有存南京之原本。明中叶，南京原本毁，北都藏本亦少二千四百二十二卷，为是书最初之缺佚。故朱竹茶垞谓不得《大典》一读，定是李闯衬马蹄也。

藏之翰林院者，咸丰庚申时为英国人窃购送出欧西，余存不过九千多本。光绪乙亥以后不及五千册，丙子仅三千余册，癸巳以后余六百余册，庚子以后仅三百册，辛亥以后今归教育部仅存六十册。

《图书集成》，康熙间令儒臣搜罗百家，未成。雍正时，复诏虞山蒋文肃督率史馆诸臣编校之。阅三年始厘定，请御制序文弁其首。以内府铜字联缀成版，初印六十余部。张文端得赐二部，并令织造送至桐城原籍。是书为编有六，为典三十有二，为部六千一百有九，为卷一万，为册五千，为函五百十套，目录二套。详载《澄怀园语》。

光绪间上谕付石印。吾郡钟山书院有全部，照原书不缩。近又有小字印本，原书九叶缩成一叶，其值数百金。

康熙十七年，以博学鸿词人才预修《明史》，特命叶方蔼、张玉书总其事，又以汤斌、徐乾学、王洪绪、陈廷敬、张英先后为总裁官，玉书任《志》书，廷敬任《本纪》，洪绪任《列传》。康熙五十三年，洪绪列传稿成，余均未就。雍正元年，复命张廷玉为总裁，至乾隆初始进呈全书。盖阅六十年蒇事。前乎此，修史未有如此之日久而功深也。

考之记载，史迁作《史记》，二十余年脱稿，李延寿作《南北史》凡十七年，欧阳修、宋子京修《唐书》亦历十七年，温公成《资治通鉴》十九年。此外，元修《宋》《辽》《金史》不过三年，明初修《元史》才一年，班氏著《汉书》，自永平始受诏，积二十余年，至建初中乃成，其中《人表》《天文志》未完就，固已卒。和帝诏其妹昭就东观阅书踵成之，殆亦历久述作，不同草率将就也。

《四库全书》始于乾隆三十七年正月初四日上谕修书，着京内外搜集藏书。三十八年，以王际华、裘曰修为总裁定名，四十七年七月书成上表。

各省进呈书籍，以浙江鲍士恭、范懋柱、汪启淑，淮上马裕四家为数至五六七百种，各赐《图书集成》一部。进呈百种以上者，赐内府初印之《佩文韵府》一部，并发还各书，御题诗于端。

> 《全书》底本抄稿多被盗窃。此事皆翰林院中人所为。据云，先将衣服作一包，命仆负去，中则夹带有书，久则知者习为故常。殆彼此皆有盗窃行为，故目睹不为怪。以予所见，某太史家有抄本，皆在翰院时窃出。

乾隆三十九年，金侍郎简请广《四库全书》中善本，因仿宋人活字板，以木镌单个字二十五万余，高宗赐名曰“聚珍版”。庚子后，尚储藏于武英殿东阁坑下。

天禄琳琅图书，乾隆时命儒臣纂大内所藏宋元椠及影宋写本经史子集各书目录，敕与《西清古鉴》同刊。民间无传本，或抄撮，亦罕见。

《续目》在嘉庆间敕编。光绪间，王先谦合前后两抄本，刊于家。江标又得两编旧抄，刊于长沙试院。

光绪十年，德宗谕直上书房翰林查琳琅各书奏上，曰：已毁于咸丰时圆明园之火。又饬内庭查各宫殿旧藏，乃开昭仁殿廊下检点之，慈宁宫之藏，皆《正》《续》两编所未载。景阳殿内有精厨，多存四王、吴、恽柘林父子得天覃溪、石庵、南园、煦斋各书画；有未装裱者，厨嵌殿壁屉内。黏签题宋元明某窑某器。其中器犹是也，而非原物矣。于是诸臣遂不敢再启。

殿槅后有大架，储明朝人诗文集，有《四库》所未收者，于是奉指饬编目录。

殿后别架又见宋元精椠，道光时书目《三编》写定进呈本，具奏请旨者。

诸臣又检翰林院清秘堂、宝善堂所储各书，合计大内三次目，编为《增四编》。

江标视学湖南，陛辞召见，德宗犹问及此事，因谕今上海石印《图书集成》。江奏能，将《永乐大典》谕之石印，尤为士林光宠。上曰曾命检查，奏无此书，因太息。德宗廑心载籍，恒御览至夜深。庭签三响，宫中犹有灯火，内侍屏息不敢退。

同治十年，浙江巡抚杨昌浚奏开浙江书局，以总校属仁和谭廷献、会稽李慈铭，皆称积学能文。分校诸名士，多东城讲舍、鸳湖、紫阳高才生，如仁和陆元鼎、陈豪、张预，定海黄以周，桐庐袁昶，皆一时豪于文而富于著作者。余人在书局者，如许郊、王麟书、王彦起、李宗庚、徐惟锟、许诵禾、潘鸿、沈彤元、董慎言、戴穗生、施补华、王诒寿、汪鸣皋、高骖麟，皆与是役，精刊书籍，较之江南书局为该博。

《清史》以赵尔巽为总纂，一时名流皆各分一门，以事撰述，旋以俸不数给，遂止。赵亦辞职闻矣。今略记全书草订条例。

本纪十二：

太祖、太宗、世祖、圣祖、世宗、高宗、仁宗、宣宗、文宗、穆宗、德宗、宣统。

表九：

诸王、公主、外戚、诸臣封爵、藩部、宰辅、大学士枢府、部院大臣、疆臣、交聘。

志十九：

天文、灾异、时宪、地理、国语、民族、礼、乐、舆服、选举、职官、食货、河渠、兵、交通、刑法、艺文、邦交、外交。

传十九：

后妃、诸王、臣工、循吏、儒林、文苑、畴人、忠义、孝友、遗臣、隐逸、艺术、列女、卓行、货殖、土司、客卿、属国、叛臣。

附列修纂各人：

金兆蕃、邓邦述、吴廷燮、吴士鉴、骆成昌、刘师培、何保麟、王大钧、袁嘉谷、陈敬第、吴广沛、顾瑗、陈延铧、王式通、李家驹、柯劭忞、韩朴存、袁金铠、秦树声、傅增湇、胡嗣芬、吴怀清、吴璆、罗敦(惇)曧、唐恩溥、张尔田、田应璜、李岳瑞、张云书、万本端、郭曾炘、杨晋、章钰、袁克文、徐鸿宝、李景濂、吴昌绶、刘树屏、姚永朴、朱希祖、朱孔璋、张仲炘、夏孙桐、王崇烈、李哲明、缪荃孙、张启后、何震彝。

苏州洞庭山包山寺藏经楼，藏有元版仿宋聚珍藏经一部，计万本。近闻该寺劣僧与上海某书作议卖，其中皆有外国人构通，今已为地方人知悉，当不至坐视其诲盗而不为之计。

四明明代丰氏曾造海外书二本，名为《古画世学》。其一称朝鲜本，谓箕子传之。其一称倭国本，徐市著。市为秦时博士，因避秦“焚坑”入海。二书为河南布政使丰庆所得，实则人翁自造耳。甬人记载，多能道作伪之繇。

考丰氏万卷楼藏书，实自宋元祐即有启其先者，盖丰清敏以来世有达者。丰氏世居月湖大卿桥，传至丰坊即人翁，能扩而有誉。至晚年忽婴心疾，家藏多散失。其时同郡范钦因得其书，建天一阁于月湖之西。丰氏藏弆，虽易姓，七百年来相得益彰矣。

丰坊，晚更名道生，字人翁，又字存礼，举乡试第一，成嘉靖二年进士。从其父熙争大礼下狱，廷杖后，出为南京礼部考功主事，谪通州同知。博文工书，性狂诞。思效张桂片言取贵显，诣阙上书，不报，悒悒而卒。其自著曰《河图石本》《鲁诗石本》，别有《十三经训诂》，语多穿凿，《子贡诗传》亦其作伪。

明鄞人兵部侍郎范钦建天一阁，藏书于其家园之西。自明以来，子孙遵守藏书规例，一禁子孙不得无故登阁，一禁异姓人不得无故登阁。于是黄太冲始破例，为异姓第一人上阁，参阅藏弆。其后，有徐建庵、万季野、冯南耕、陈汝宁、全谢山先后继入。而谢山见阁架有二厨,尘封久,商之范裔启视,皆成灰迹,不知所藏矣。谢山为之清理,订目录一通,又作《记》。范裔持《宋拓西岳华山碑》未裁割精本为赠。

光绪间,钱恂又续阮文达,为编书目。昔日所有,今已散佚。近年阁墙倾圮,子孙又不善维持。郡人士思为建新阁,重加整饬之。募金集资作启,将大司马遗像及贤裔范懋柱遗像影印启耑,不知蒇功何日。二三十年间,阁中偷盗损失,殆不可计算。余详近人余姚陈登原所著《天一阁藏书考》。

阁在郡城湖西范氏旧宅之西。余幼时游月湖,有父老指墙隅一阁曰:"此天一阁范家。"光绪间,先大夫治郡中河渠,范裔来请浚阁前池水。每日饬工十余人入内,别有司门户之启闭者。先大夫仅视工,逡巡阁外。先师黄安舒夫子已三世与范为中表,曾祖妣即懋柱女,亦格于例,未尝登阁云。

毛子晋,生于明季天启、崇祯时,家富有田千亩,质库若干处。子晋性好书,至鬻产刻书,建汲古阁于隐湖七星桥载德堂之西。又有双莲阁在问渔庄。汲古阁后有楼九间,中藏书版。楼下两廊及前后栖手民。阁中招揽四方贤士、知名绩学辈任校雠,以十三人任经部,十七人任史部。又延缁流在双莲阁暨曹渡口一阁,任二氏经典之校刊。

汲古阁外有绿君亭,亭后种竹,枝荫凌霄,人行其中,如入山林。子晋则日与诸名士燕集其中,商榷古今。又别有一庵曰"一滴",为其清修处,中有联曰:"三千余年上下古,八十一家文字奇。"为王渔洋手书。见钱梅溪《履园丛话》。

又毛凤苞有《重镌十三经十七史缘起》,略谓:天启丁卯,入南闱,梦登明远楼,见一龙口吐双珠,有光现字两楹间,有牌金书"十三经十七史"六字,寤后亦无异。其后,在家又梦见。先后凡三次。告母，母曰："此使尔能以经史教子耳。"遂于崇祯戊申年起，每岁订正经、史各一部，寿之梨枣。迄今庚辰年，十三部版槧新插架。甲申春仲，史亦成帙。资斧或乏，弃田三百亩充之。经史各版储藏湖南载德堂岩畔茆庵草舍中，几遭兵燹，其后又补葺完整，仍复旧观。顺治丙申年丙申月丙申日丙申时，题于七星桥西之汲古阁。

又考顺治十三年为丙申，今阁已废为田，俗名"楼子基湖"。南即常熟昆澄湖之南。相传子晋家实由胠箧致富，藉非刻书，早已无述。此亦刻薄之议。凡事莫不有盛衰。此理之常耳。

宋刻《说文》小字本三十卷中，改许慎为"许氏"，以避孝宗讳。凡八处，当为孝宗以后槧本。

东坡《和陶诗》为宋刻，今在文华殿内阁库中。见吴县曹元忠《笺经室所见宋元书跋》。

《绥寇纪略》原稿名《鹿樵纪闻》，后经熸毁，传本殊少。庞树柏曾假友人处抄之，共三卷，并有梅村自序一篇。

阮文达既得卢抱经手校《十三经注疏》本，遂依此作底稿。此稿曾在曲阜衍圣公府，已乃归之文选楼。

"建业文房之宝"是南唐印，"龙图阁御书记"是宋祥符二年铸，"奎章阁宝"是虞集篆文，"明文渊阁银印"是宣德年铸。

山阴祁氏澹生堂藏书，有印文曰"澹生堂中储经籍，主人手校无朝夕。读之欣然忘饮食，典衣市书恒不给。后生但念阿翁癖，子孙守之益不失。"

考澹生书为吕晚村所得，因题诗示其子孙曰："岂是父书渠不惜，只缘参透达摩禅。"其意以为祁氏信佛典，故不能有。孰知吕氏得书近于巧取，又何曾理人口耶？

青莆王述庵藏书小楷木印云:“二万卷书可贵,一千通经已备购,且藏剧劳勩。愿后人勤讲肄,敷文章,习典故,兼游艺,时整齐,勿废置。如不材敢卖弃,是非人,犬豕类,屏出族,加鞭棰。述庵传戒。”

明归震川夫人王氏好书,于所藏有印文曰:“世美堂琅琊王氏珍藏。”此为闺秀女史好书之希见者。

赵文敏书卷末有印文曰:“吾家业书率勤,置书以遗子孙。其志何如?后人不读,将至于鬻,颓其家声,不如禽犊。若归他姓,当念斯言。取非其有,毋宁舍旃。”余曾见之,亦见《杨用修集》。

遗经堂主人藏书,有楷书印文曰:“昔司马温公藏书甚富,所读之书,终身如新。今人读书,恒随手抛置,甚非古人遗意也。夫佳书难得易失,稍一残缺,修补无从。每见一书或有损坏,辄为愤惋,如对残废之人。数年蒐罗略备,卷帙斩然,所遗我子孙者至厚也。后人观之,宜加珍护。即借吾书,亦望谅愚意也。遗经堂主人记。”

钱叔宝藏书记有印文曰:“百计寻书志亦迂,爱护不异随侯珠。有假不返遭神诛,子孙不宝真其愚。”

海宁陈简庄藏书白文印曰:“得此书,废辛苦,后之人其鉴诸。”

聊城杨氏海源阁藏书,今闻为盗攫去甚多。目前,地方人士力为维持,或可稍事保存。杨氏藏书印记极多。兹就所知者纪之。

东郡杨氏海源阁藏　世德雀环　杨绍和鉴定　杨氏海源阁鉴藏印　子子孙孙洁白　杨绍和印　东郡杨绍和字彦合藏书之印　秘阁校理　以增之印　杨绍和曾敬观天禄琳琅秘笈　宋存书室　彦合珍藏　东郡杨绍和彦合珍藏　日讲起居注　陶南居士　东郡杨氏宋书室珍藏　墨花飞雨　彦合读书　东郡杨氏鉴金石书画印　彦合珍存　东郡宋存书室珍藏　杨端勤公仲子　海源阁藏书　杨彦合读书　古东郡四经四史斋　杨绍和读过　杨氏伯子　杨彦合读书印

《清诗汇选》，大成平湖葛烺，字炳然，编纂计六百八十八册，二千二百卷。德清傅云龙作跋。据慈溪柴萼《梵天庐笔记》云："此稿极大极厚，尚未付刊。是当今不可少之著述也。"

谢三宾曾得元赵孟頫、明王弇州、钱牧翁所藏之宋本前后《汉书》。桂未谷考知为文襄购进内府者，且有王、钱跋语。见《天禄琳琅》卷二中。

《娄东四先生集》为谢三宾刻版。三宾时知嘉定县，为争蘼芜君事，开罪虞山，但不藉风雅，亦无以自见，于是推重李流芳长蘅、娄子柔坚、程孟阳嘉燧、唐时升四人，为之刻集。比之今日士夫盗不自讳，专以排斥异已，为其鸡鸣而起之孳孳，又三宾不若远甚。

万季野先生有伯兄祖绳之子曰："管村，康熙间聘入史馆，纂修《明史》。因忤贵人，出为五河令，罢官论罪。其子西郭狂走数千里，裹金论赎，乃得归乡里……因编纂《明鉴举要》，凡五十卷……应征士潜斋参补、校阅之。"其后，万九沙先生子承天付书于杭堇浦，乃为之跋。原书为抄本，朱笔应征士手校也。季野用墨笔。黄笔所批，则九沙也。见萧穆《敬甫类稿》。

萧敬甫，桐城人，道、咸时入曾文正幕府。

季野修《明史》原稿，闻今藏闽县前知镇江府王仁堪可庄家。相传在京师得之。

南昌谢启昆中丞《小学考》五十卷，晚年所著，未及刊。中丞殁，其子仕归德知府，乃刻版，藏于广陵。道光二十八年，版毁于火。咸丰元年秋，孙质直获初印本，又重刊于秦中。光绪戊子秋，浙江书局又刊。其原版秦中刻本不易得矣。今通行本，皆书局刊者。

此书荟萃古今小学、《说文》学，提其要，挈其纲，或著其精湛处。虽未见全书，已不啻如见矣，亦小学著录之完备典籍也。余尝有志，思著《续考》，惜以尘俗牵率，未能集事。

邵武徐干，字小勿，博学工书。咸丰间，以优贡朝考，用知县。潘文勤尝属其书鲍氏《观古阁泉说》刻之，吴清卿中丞亦为书《古泉丛话》，称为“泉苑二妙”。徐先生做上虞嵊令，有政声，喜古籍，刊《徐氏丛书》，中多秘笈，以亏帑故，书版输入官。晚年又刻丛书《二集》，未竟而卒。其刻《花间集》之前一宵，犹炳烛见顾薄敬臣，索其所笺《陈检讨词》，将为之刊。于是薄又代校《花间集》，而为之跋。

先生著有《琉球中山备乘》二十卷，曾赴琉球学教习。先大夫宦游四明，与先生交莫逆时，正榷闽税，并求其书二楹联，字体峻洁，雅峭可爱，今存于家。

湖州陆刚甫观察心源皕宋楼之书，原始于道光之季，上海郁万枝松年得吴门汪阆源艺芸书舍所收士礼居及周仲涟锡瓒水月亭、吴县袁又恺廷梼五研楼、元和顾抱冲之逵小读书堆之藏，又购书于仪真盐商家。

陆氏之藏，可溯其源，不仅此也。有自明季刘子威佥事厞载阁、钱叔宝处士父子悬罄室、杨五川副使七桧山房、越汝师少宰二世脉望馆四家之书，全归于钱氏之绛云楼。又传为述古、汲古，为延令、传是，再传为怡府、明善明氏六研，汇为黄氏士礼居，为汪氏艺云书舍。又有聊城杨氏海源、常熟瞿氏铁琴铜剑、上海郁氏宜稼，流为仁和朱氏结一庐、湘潭袁氏卧雪庐、吴县潘氏滂喜斋、常熟翁氏宝瓠斋。

同治元年，宜稼之书散佚初，多为丰顺丁日昌持静斋之豪夺，其余又为婺源洪氏购去，而莫子偲又有假而不归者。一切精帙，俱归于皕宋楼。

乙巳丙午之交，日本岛田彦真游湖州，向刚甫子纯伯树藩乞书，始号价曰五十万金，已又索三十五万金，卒退值曰二十五万银元。时在丙午正月十八日。二月，彦真归国，谋之田中青山。田中曰：“能任之者，独有岩奇氏。”丁未三月，遂订议十万元。越六月，陆氏书舶载，尽归于岩奇氏静嘉堂文库。

陆氏又有十万卷楼、守先阁、仪顾堂，凡得书十五万卷，就月河街居，分楼上为书室皕宋楼、十万卷楼。皕宋储宋元旧本，十万储明代以后秘刻、名人手校手抄及近人著述，别于潜园中建守先阁，藏寻常刻本。

刚甫于光绪二十年殁，年六十一。自著书九百四十余种，大半多出其门客手助之。《仪顾堂题跋》，即其客李宗莲所代著。

岛田彦真弱冠时校书中秘，著有《古文旧书考》三辑，又有《群书点勘》十六巨册，仿卢氏抱经楼而特校精博，为近今日本人目录学第一。

日本国人收藏，以我国唐人卷子为贵重，四部书亦仅知经、史二种。自宜都杨星吾守敬东游购访旧籍，举国始注重宋元版片，但作伪亦百出矣。自岛田得陆氏书归，于是文库静嘉堂有中国旧藏，且有渊源可证。稍知目录者，以及书贩、董骨、贾人，无不辇金来华，甚至与地方恶人勾结，盗窃狼狈。持静斋、天一阁、海源阁皆被累，讼案累累，我国之丧失不可挽回矣。论者谓皕宋实开门而揖之也。

杭州丁氏八千卷楼，在光绪十四年筑成储书，楼下曰“嘉惠堂”五楹，堂后室五楹，额曰“其书满家室”，有楼曰“后八千卷楼”。又开一室于西右，曰“善本书室”，亦有楼曰“小八千卷楼”三楹，中藏宋元椠本，有精本二百种，余则明刊精本、旧抄佳本及名人著述稿本、校雠秘册，合计不下二千余种。

丁氏在清初时迁自越中，五传至掌六隐君，慕宋丁颉藏书八千卷故事，遂筑楼于梅东里，乞梁山舟学士题额。其子洛耆观察能读父书，尝客齐鲁燕赵间，遇有奇书秘笈，辄载以归，久则储度益多。

至松生太守丙，以杭郡遭洪、杨难后，西湖文澜阁之书散佚。复城后，于是收拾整理，告之官府，遂获奖励。而家中储蓄亦日有名于东南，至光绪间刊藏书目录。

甲午以后，松生太守以官事致累，于是削家产，藏书多归于官家。其时，江南图书馆开创于江宁。总督端方聘江阴某公、丹徒某君执其事，一时群籍充栋者。或移花而接木，今亦有可考，有不能言者。盍麓藏弃者，是耶，非耶？

毛子晋有一孙，性嗜饮茗，购得洞庭山碧罗春茶，因取虞山玉蟹泉水为烹，又苦无绝妙薪料，因顾《四唐人集》版刻，击赏曰："以为燀茶，其味当倍。"遂按日劈版，煮茗自豪。见《天禄琳琅》及《汲古阁刻版存亡考》。

海盐张宗楠，字含厂。据云早岁时取道山左，宿曹县，梦见新城王文简，抠衣再拜，蔼然可亲，若引掖后进者。于是为纂《带经堂诗话》三十卷。含厂，生康熙时，卒于乾隆三十年。此时此事与吴门顾侠君纂《元人诗选》，见有古衣冠人入梦来谢，髣髴文字因缘，契结甚深也。

宋椠《施顾注苏诗》，每半页九行，行十六字，吴兴施元之德初、吴郡顾禧景繁注，嘉泰二年壬戌淮东仓曹锓木，明锡山安国泰民藏木。国初归宋牧仲，乾隆中归翁覃溪，嗣归吴荷屋，又归潘仕成，又归江陵邓氏。卷中苏斋题记最多。乾、嘉、道、咸名流跋识，至邵位西、曾文正止。各册附页多满。闵贞、华秋岳、朱野云绘《东坡三小像》，皆妙。又有《覃溪四十岁小像》《东坡生日消寒图》。初索价八百金。闻翁松禅相国藏有宋椠，首尾完具，为希世秘笈，实胜此本云。

覃溪阁学既得《施顾注苏诗》宋椠本，又得苏书《嵩阳帖》，遂名其斋曰"宝苏"，阁学又自加考订，手绘苏像，重加装池。每年以文忠生日，必聚集都下名流、门生故旧来斋中致祭，即留名题记，或作诗文序跋，积二十年，成二厚册，附订于原诗之后。阁学归道山，《苏集》为吴门黄佞宋所得，继又归之汪朗源士钟已，又归于湖州陆氏皕宋楼。陆氏不能有，又卖于日本人岛田彦真，而以苏诗别售于长沙袁伯葵思亮，值千金。袁氏赍书归湘中藏弆，颇自矜许。近年忽遭邻火，藏书楼被灾。仆人收拾余烬，苏集已付劫灰，惟仅余覃溪二十年集名人题咏真迹，横截半册，人名署处悉在左下，尚可稽视。伯葵犹珍重，携之上海，将付石印以存其真。李梅庵方伯客胡翔东家，联床夜话，津津道之。

阳湖孙渊如寓金陵久，旧王府有五松园，中有平津馆、冶城山馆，收藏之富，一时称盛。先生逝世，其子不知珍惜。一日有老伧过其门，曰："君家楼上所藏书籍为鼠粮，亦何益？请启楼视之。"果然，破碎满地。即时命担惜字纸者入楼，将一切藏书，无论已残、未毁者，概收拾去，嘱付丙丁，并别给饮酒资，由是风去楼空。邻有黠翁，私从担字纸者约，许以每担五千文，尽有孙氏遗书，转售皆得重值卖。碑帖人袁汉先目击其事，言之。

曾文正欲访文宗、文汇两阁遗书，以莫子偲友芝求之。莫至兴化，忽感时病，卒于旅邸。时兴化县令为桐城甘绍盘，经纪其身后。至今莫氏裔犹寄居扬州。

又闻上海宜稼堂书籍，莫氏以计取之，为丰顺丁日昌持敬斋藏弆。莫氏曾得唐本木部《说文》，今已归于端忠慜，而其号称《陶渊明集》巾箱本，实由明版转刊。

某太史艺风楼家藏最盛时，即在吾郡颜料坊汪氏绛云楼旧宅前，今为夏晦民所居。楼在宅东三楹，楼前略有花木点缀。辛亥以后，艺风书籍悉数移上海。未几，遂将宅居转售他人矣。太史自鼎革后，寂居寡欢，而年事已近七十。有子并不能守书，迨其身后悉数卖出，奇想天开，以重金雇直隶名工织毡氍，思欲贩之欧西人，以谋重利。计定，如法炮制，在上海立工厂，织工数十人，毡氍织成，形色甚多，陈列厂中。欧西人视若无睹焉。或稍稍购一二事去，而未尝再来。不下年余，亏累数万金。艺风所藏，扫地殆尽。太史有知，能无悔乎！

缪小山作《书目答问》，原稿别有名，便塾中师、弟翻检。张文襄欲有此书，以为启发之资。缪乃献稿，重加删削，改为今名。孰知不啻为书估作《册府元龟》也，一时居奇。参考用者，无不借重。而《秀才便知》之类，遂高阁矣。

京师内城隆福等寺，每逢会期，必有书肆临时设摊，谓之"赶庙"，散佚满地，往往不全居多。朱少卿豫堂日使其子弟物色之，积数十年，蓄书十万卷，皆由不全而至于全。又周书昌亦然，遇有不全者，买之。见李南涧《琉璃厂书肆记》。

> 吾友马石楼奇穷，奇好书，有朱、周二先生风。每遇晓市，必黎明起，或状元境、夫子庙地摊破肆，必徘徊不肯即去，时有善本为所获。虽不全居多，却不少矣。家中庋架狼籍尘叠，不曰"汗流"，竟至"充栋"。余益友惟此一人。

扬州小东门有卖书人刘翁、汤伯和与平山堂打碑手方髯，皆为士大夫所知名，一时有"三绝"之称。见况夔先生《选巷丛谈》。汤伯和，余曾见之。其人鄙吝，骄俗不可耐。目录极精，书刻原流，版本先后，洒洒如数家珍，绩学之士不及也。吾乡有卖碑帖人袁汉先，回子，可合而为四。

卷六　故事

史载僻姓甚稀见，除《北魏书》《辽》《金》《元》诸史。其为汉族，见《史记》有减宣，班《书》有假仓、炔钦、乘宏、发福，见范《书》有充浟、编盲意、铫期、矫慎、礼震，见《三国志》有国渊、栈潜，见《唐书》有畅璀，见《宋史》有别之杰、翼奉、禽庆，见《明史》有公鼐、先自正、聊让、暴昭。

又有不经见之名，史既载录，已予之传，其人亦自不朽。略纪备览：冯家奴（见《金史》）、徐添男（见《明史》）、闾大肥（见《魏书》）、吴太平（见《明史》）、朱买臣（见《汉书》、）卢它入（见《史记》）、卢丑（见《魏书》）、胡长命（同上）、胡小虎（同上）、刘如意（见《汉书》）、梅虫儿（见《南史》）、刘盆子（见《后汉书》）、崔冬日（见《唐书》）、李老僧（见《金史》）、鲁女生（见《后汉书》）、庾黔娄（见《梁书》）、平安（见《明史》）、高月明（见《魏书》）、荀彘（见《史记》）、何况（见《汉书》）、甄婆儿（见《宋史》）、丁外人（见《汉书》）、王龟（见《唐书》）、张阿九（见《唐史》）、吉人（见《明史》）、镜新磨（见《五代史》，姓一作“敬”）、郑小奴（见《明史》）。

《续文献通考》引《姓汇》，老子母洪氏娠十二年，副左而生聃，曰“元禄”，是为伯阳，生而皓首，谓之“老子”，名“耳”，而字“聃”。邑之苦赖即莱也，故又称“老莱子”。

凡书中不言人名姓而有事实者，皆可考，皆见记载，备资稽览。

《论语》达巷党人(见《汉书注》),为项橐。

馈食伍员投水死者(见《李太白集》),为溧阳高山里史氏女子。

毁即墨、举阿大夫者(见《列女传》),为周破胡。

楚庄绝缨,牵美人衣者(见《群谈操余》),其人名蒋雄。

都督阎公之婿,欲作《滕王阁赋》者(见《摭言》),为吴子章。

《赤壁赋》吹洞箫之客,为绵竹道士杨世昌。

孟子弟子乐正子春(见《尚书大传略说》),名卫。

王右军师卫夫人(见《翰墨志》),名铄,字茂猗,廷尉展之女,汝阴太守李矩妻。

告子有二名,一曰"不害",一曰"胜"——《文选》引《墨子》。全谢山以为名"胜","不害"其字,亦可解释。

商山四皓,夏黄公墓今在慈溪南黄墓山,按《史记·留侯世家》纪四皓,《索引》曰:夏黄公姓"崔",名"广平"[①],字"少通",齐人,隐居夏里修道,故号曰夏黄公,一作名"廓"。近人柴小梵萼,慈溪人,著《梵天庐丛录》,载商山四皓黄绮生有一女,绮女与三皓者摈戚夫人,拥太子。女在庐中作二简云:"夙云终隐兹倏飞,许由不见吾将安归?"遂投汉水死。绮公回驾读简汗赧,遂不出。是又若并绮里季为一人,或避居海隅,终遁于此耶?但亦不可考。四皓者东园公,姓"唐",字"宣明",一作姓"园"名"唐";绮里季,姓"吴"名"实";角里先生,河内轵人,太伯之后,姓"周"名"术",字"元道",亦号曰"霸上先生"。

两世名同"之"字,若不避嫌者,胡母辅之子名"谦之",吴隐之子名"瞻之",颜悦之子名"恺之"。三世同名"之"字者,王宴之子名"崐之",崐之子名"陋之",徐逵之子名"湛之",湛之子名"书之"。四世名同"之"字者,王羲之子曰"献之",献之子曰"靖之",靖之子曰"悦之"。

---

① "平"字衍。

五世名同“之”字者，王胡之子“茂之”，茂之子“裕之”，裕子“瓒之”，瓒子“秀之”。六世者则王彪之、临之、纳之、睢之、与之、进之。若后世惟昆弟行有同字者，父子祖孙久不如此。

于宝，今多误读作“干宝”。山东新城《古夫于亭》见《王渔洋集》，今人又或作“夫干”。范雎或作“范睢”，曾参作“曾参”——音如“生”，习焉不察，是非莫辨。考汪辉祖《廿四史姓氏韵编》，于宝入虞韵“于”姓，纠“于”与“干”之误甚明。夫于最先见《左传·昭公十年》齐陈桓子与子周夫于注“于陵县西北有于亭”，不必以鄞有古干里，白下有长干里，而与之讹谬。春秋时以“且”名者，如夏无且、穰且之类。范且，见《武梁祠造像》，证“且”与“雎”同音。《论语》“立则见其参于前也”，与“在舆倚衡”并论，知曾子名“参”，不必读参如“生”。诸如此类，传误甚多，不可不察。

唐人目吏部为“省眼”，礼部为“南省”，舍人、秘监为“宰相病坊”，少监为“给舍病坊”，秘丞、著佐为“御史病坊”，中书舍人为“小凤”，翰林学士为“大凤”，丞相为“老凤”。宋称太府为“忙卿”，司农为“走卿”，光禄寺为“饱卿”，鸿胪寺为“睡卿”。见《麈史》。

称父曰“皇考”，见《李昼墓志》。称姑曰“皇姑”，《符载妻李氏墓志》。又《唐处士包公夫人墓志》称“皇父讳某”，夫人刘墓志称“皇妣陇西李氏”，皆以“皇”训“大”，取“大”义云。然后世易“皇”为“显”，自宋始至今，已无用“皇”者。显考、显妣亦有“皇”义，用之为当。若士庶，则用“先”字较妥。

曹操幼子苍舒病卒，为求邴原殇女合葬，以为成人之礼，实非礼也。今宁波有此风俗，踵事增华。至合葬时，祔主立后，并送入洞房，如生人礼，贺者纷然。鄞陈咏桥征君有诗讥之。考《周礼·地官》“禁嫁殇”注，谓“生时非夫妇，死而葬相从”也。是周初民俗已有此风。曹瞒行之，犹古之遗意欤？

嘉庆时，强克捷子逢泰之妻徐氏，道光朝方振声之妻张氏、陈玉威之妻唐氏，均特旨给予“节烈”之谥。妇人得谥，甚罕有也。

谛闲和尚曰:钵向上击,声通天,故拜佛须击钵。钟向下撞,钟通地下幽冥,故醒地狱。锣声四达,可遍通人群,故遇有急难,则鸣钲。木鱼之制,始于隋末名僧志林,以之节奏,念佛疾徐,亦钳锤之,一法器之所由创也。

释主教曰:方丈,始于唐显庆中。长史王元策游印度,至净明宅,以笏量之,广十笏,因名其室曰“方丈”。

禅杖,亦名“锡杖”。游行僧持之曰“飞锡”,安住僧为“挂锡”。杖头有声,振杖锡锡然,故名。诸佛执持,惟地藏王有之。见《释氏要览》。

招提,实“拓提”之误。梵言“拓斗提奢”,谓“四方僧物”,令去“斗奢”。今则误“拓”为“招”,承讹用之,遂不知解说。今之十方寺院名曰“招提”,沿误已久。见《僧辉记》。

《西域记》云:“曼殊宝利,法王子名。唐言‘妙吉祥’。”

心太平庵,放翁斋名,出《黄庭经》。放翁又以“闲暇无事心太平”诗句,自镌其研。

今之寺僧演水陆仪规,亦道场胜利之一。经忏文为明僧志磐所撰,中有元人之作,大抵供奉水路、陆路神鬼仙佛,旁及历代帝王忠臣义士,亦有毫无根据如《封神传》故事,迹近小说者者。宁波画匠专作图像,青绿重色,庄严工整,颇有宋元人法度。此种画幅,计百余帧,周悬堂室,香花肴果杂陈,供养僧众。或唱经,或诵咒,喃喃终日,钳锤不懈,计将月余,乃大斋。天作无遮,大会付之,虚无缥缈,闲掷金钱以数千计。斋主皆豪富,僧有计,募致之。其犹可笑者,召请鬼神,有辱及孔子事。有曰:“惟愿不迷本性,承佛威光。今日今时来赴法会。”小人无忌惮。风俗礼教之不振,盖有繇已。考佛典,并无水陆道场之举。附会至此,亦宗教之障碍也。

大徐本新附“僧”字,说曰:“浮屠道人也。”亦仅释谊,未详字之繇来。释氏以佛、法、僧为“三宝”。僧为“僧伽”之略,谊又当释为“众僧伽”,亦作“僧佉”,解作“和会”。略言之,曰:僧,凡三人以上之比丘,和合一处而修道者，曰“僧”。佛法列为“三宝”之一，以和会性，皆具有佛性。

故事：“三元”皆张灯。宋太宗淳化元年敕罢中元、下元。今通俗，惟正月上元有赏灯事。中元七月节令，下元十月节令，则各地不同。江、浙尚有中元作盂兰盆会，争奇斗胜，至月晦乃已。下元谓之十月朝，亦有迎神赛会之举，实报赛意耳。皆有张灯。踵事增华，较上元灯节尤甚。

今之治丧，沿用“七七”之制，不见经传，不合丧制，亦可异也。考“七七”之说，始见于《北齐书》与《北史》孙灵晖传。万季野曰“究不知始于何时”。又见于李文公所作《杨垂去佛斋说》，及皇甫持正所作传《韩公神道碑铭》。是吾儒排斥之。言其实，佛说亦无此事。顾宁人至谓是本于《易经》“七日来复”，以为丧期“五五”，斋期“七七”，近于《易》数，亦附会也。又据皋复之“礼以为缘起”，见于全谢山《经史问答》第五卷。鹳浦郑氏居丧无“七七”之礼，但于大故后，每旬日一奠，亦非古礼。考《礼经》，大夫则朔、望二奠，非大夫但朔奠，谓之“殷奠”。今则每日影堂早夜奠，如事生。而于逢七期又别举奠，至有亲友来奠，谓之“换饭”。又延僧道诵经拜忏，糜费甚巨。既不合礼，又非事亲之典。国家以其不外孝子之情，悉听民间自由。于先王之礼、时王之制，皆不合。故海外宗教家得以訾议之，更炫耀其薄丧之制，以为合礼。风俗人心之关系，顾不大欤？

五谷囊始于伯夷叔齐之饿。自后恐魂馁，故作“五谷囊”。孔子问曰：“宁设五谷囊乎？”鲁哀公曰：“吾父食味，含哺而死，不用囊也。”说见《荀子》。

各府县学宫前门，皆题“棂星门”。此典礼名义之大误者。考灵星门，为祀天之门。自宋代始，不知何以移用孔子庙。亦自宋以后，已然以为孔子德配天地耶？《景定建康志》载及之，又不知何以误“灵”为“棂”。棂义训“窗洞”，故字从“木”，非星名，且字体不古，于义何取？传至今日，迂儒附会，以为典礼如此。陈绵庄先生经义亦辨之。

青浦孔氏裔宅，在县城九里，距上海大盈浦之西北岸，称“小里”。孔圣衣冠墓，隋大业二年，圣裔孔植所筑。有庙在墓前，元时里人章弼等所建。庙之西，有庭闻书院，咸丰时知县余龙光所立孔氏子孙之家塾也。书院之南有御书楼，康熙南巡时赐题也。宅之西部，孔氏所居十余户，汉代圣裔孔潜避地来此，由是居之。今所传已是至圣四十七代。明时万历间，郡人于东郊河沿得唐吴道子绘《孔子像碑》，石高六尺，今存书院讲堂。又有郡守勒《圣迹图》三十六石，董文敏书《孝经》，皆可宝。句容亦有孔裔名其居曰“孔夫子巷”，盖亦如青浦之遗泽长也。

庐山以道者庐俗得名。俗，字君孝，本姓匡。父东野王，佐汉定天下，而封俗于鄡阳。兄弟七人皆好道术，故曰“庐山”。一说匡俗，殷周时人，仙游此山，因筑庐，故又号“匡庐”。

虎溪在庐山，晋时慧远住东林寺，送客不过虎溪。一日，陶渊时、陆静修共相送，话不觉过之，因大笑。今溪边有三笑亭。

莲池大师夫妇涅槃塔在云栖。大师俗姓沈，妻汤氏。

新罗国王金宪英之弟，自幼出家，法名“乔觉”，于唐肃宗时游历来中国。溯江上驶，至于皖南九华山，遂卓锡焉。其后因筑化城寺。至贞元十年，寿已九十九，圆寂兹山，即今之号称“地藏王化身”是也。乔觉生日，正计在中国历闰七月晦日，故相传是日为诞降期。又山中有肉身殿，即今之神光岭塔。载《九华山志》。

吴下素有“五通庙”，亦曰“五显”。自巡抚汤文正毁淫祀，遂火其庙，吴民不敢公然祟祀矣。相传汤去任，舟次石湖，有二木偶自水跃出，希惊公舟。当时，即获泗水人，是狡狯思逞耳。公亦不深究，但公自厉禁后，五通遂绝。至今吴越毗连地，乡间、河口、红墙、小庙，尚有崇祀。余在枫泾曾见之。小庙中立猪、羊、牛、马、驴五畜像，或绘图于版片，或俨然五畜假像平列之。曩居甬上，见庙中神塑，皆五位并坐，不知谓何？亦实无所考。惟庙额则标记他名，无“五显”可见，皆此类耳。淫祀最坏风俗，安得贤有司整顿而改易之。

乾隆七年，梅文穆公奏革“天师”之称，降为五品。真人、天师之受封已甚奇，屡遭斥革，又不一次。明洪武时，曾有旨革去“天师”号，称“真人”。隆庆间，主事郭谏臣奏真人荒淫不法，请革号夺印。清代一切因之。最近，天师革履欧服，在上海徜徉，花柳染毒，疡而毙。闻其后尚袭旧名。考天师为汉张道陵之裔称。留侯八世孙以建安十年生天目山，拜江州令，旋至龙虎山司符箓，又以学道于鸣鹤山，造符惑众，号称“五斗米”。贼陵传子衡，衡传子鲁，自号“师君”。其后，天师之名由此仿。至元魏太武皇帝为寇谦之作天师道场，其后遂袭封爵，俨如衍圣公，世袭不替。

科举时，各省有贡院，院中有明远楼。每逢大比，试以三场，每场三日。明远楼例举乐鼓吹，日凡三次。载见《会典则例》。考此例，起创于明初太祖尝亲临贡院试士，登明远楼，见左右矮屋栉比，人声喧扰势汹汹，若有众不安也，大疑惧，谓左右曰：“京师重地，无故聚集多人。肘腋间若有变，吾将安适？”刘基奏曰：“诚然，奈无以黜之。臣有计，使不生患。为制思乡曲，令乐工朝夕歌，佐以箫管鼓吹。群众文思既罢，归心似箭。三场完毕，无一人留者。”太祖称善。

说书，自唐宋以来即有之。剑南诗“赵家庄说蔡中郎”是也。明人柳敬亭以养气定词、审音辨物为揣摩，尝作《三家村》。夫子说《论》《孟》，亦描写尽致。洎纯庙南巡，召王周士说书，赐坐，赏七品官带。至今吴中光裕公所，即有“御前供奉钦赐七品官带”牌额。自后有名者，姜永年、马如飞，又皆脍炙人口间。余等童时，曾见尚有弹词说书，南词唱曲，秉三弦者坐正中，左右各执簧鼓，垂帘静听，娓娓动人，而气象甚凝重。是为昆曲略变。今则降而为摊簧鼓词，流而为花瞽小曲，鄙俗淫靡，不可入耳。

今人饭毕，辄对客加箸于饭碗上，以示敬候未毕食者。徐祯卿《剪野胜闻》载，明太祖与唐肃同食。肃先食完，以箸加上。太祖问此何礼？匆遽间，对不能举实，坐大不敬，谪戍濠州。此事与丧服中赠人贺礼，将名柬上书“从吉”二字，同一陋俗。

今之长袖马褂，名曰“倭龙袋”。相传国初有相国某随驾远征。母夫人忧其文弱，不胜风寒，为制此衣。一日，上见之，相国对以母制。当时名曰“阿娘袋”，后误称也。见史香崖《止园笔谈》。

马褂，马上之外罩者。满制：袍、褂皆前后开气，便马上也。马上之褂，特较常褂为短，故今日之马褂，既不马上用，又视为要服，而制又更变，且似“阿娘袋”。此亦不可究诘者。

关中李因笃天生膺制科。一日，集都下阁学李天馥家，与毛奇龄辨韵学，不合，天生怒拳击之。又辨“衣”、“裘”当表。李公嫌其短，貉裘粗恶，谓之曰：“是当内其毛。”天生怫然曰：“独不闻反裘而负薪乎？”李曰：“然则羊裘如何？”曰：“羊裘贱服恶，负薪所衣即此物。”李又问。毛曰：“裘必表，不在内极是。但羊裘最尊，天子郊祀，诸侯大夫皆用之，名曰‘大裘’。狐、狼、麀鹿皆在其下。羊裘非贱服。”时昆山叶奕苞、钱塘吴志伊皆在座。叶曰：“《礼器》[①]曰：‘君衣狐白裘，锦衣以袭诸侯，青裘玄绡衣以裼士’，不衣狐白，是狐不贱于羊也。”毛曰：“狐、羊贵贱，他不可考。然《礼器》亦有曰：“诸侯在黼裘作黼，文于裘以为饰，纯黑羊裘则谓之大裘。是天子用纯黑羊裘，诸侯用之则谓之非古。此非尊黑羊裘而贱狐？”吴志伊曰：“观黼裘誓省狐裘，祭蜡狐貉之厚以居，则狐用卑亵，自不如羊裘。祀天之尊，且《诗》曰‘羔裘逍遥，狐裘以朝’，则羊裘、狐白虽皆可用为朝服，然狐多羊少，则诗人讥之。此亦贵贱之一验也。”天生乃笑曰：“田文以狐白脱秦患，五羊之皮则秦人薄之。《国策》曰：‘千羊之皮，不如一狐之腋。’若此者，果何贵何贱？”志伊又为辨，天生亦无言。

古人致手札尾后，书“谨空”或书“冲”，今已不用久，遂不解。书“谨空”者，备尊长之批答，官用文书是其遗制。书“冲”者，以纸尾冲

① 注：《礼器》当为《玉藻》。下同。

开，预证以下未留余纸，且以防他人有所添注。明代人尚沿用之。

近今用名刺，以小式白纸为之，仿外国例，实自古已然。古时削竹木书名姓曰“刺”，后乃易以纸，其形不过阔及二指。若遇喜庆事，有易以红色者。厥后，红色用久。至不用白，转沿欧俗，诩为新颖，抑亦陋矣。

重阳即重九。九为阳数之穷，是以称“阳九”，为厄会。道书称“天厄”，谓之阳九。

《续齐谐记》曰：“汝南桓景随学费长房。一日，长房曰：‘九月九日汝家当有灾……宜令家人各作绛囊，盛茱萸以为佩，登高，饮菊花酒。’景如言……夕还，牛羊皆死。”

魏文帝与钟繇书曰：“九月九日……菊花纷然独秀，辅体延年，莫斯之贵。谨奉一束，以助彭祖之术。”仙书又云，菊花延寿，茱萸避邪。假此二物，以消阳九之厄。

五角六张，谓五日遇角星，六日遇张星，作事不利。见《懒真子》。

《考工记》“冬官皆匠也”，后世工官至不识匠事。唐太宗段伦阶官工部尚书，奏有巧匠置傀儡，命之官。明代京师有蒯侍郎胡同，为吴人斫工也。永乐间，召建大内殿阁楼榭，无不中意，仕至工部侍郎，子孙世其业。见《皇明纪略》。

又京师有雷氏，本江南人，善制作，宫殿器具什物诸等图样，或以纸糊以图画，以土木塑型。凡有建设，率先藉意经营，具成状态，改削预备，以是为准。自明代以来，即居京作业，俗因号曰“样子雷”。乾隆时尚有名。凡大内用具，及殿宇陵寝，皆有模样。今则子孙失业，竟将家中存物预备售出。考古与谈艺者，尚资以参究也。

暹逻国王尚火葬。丙寅春间，王薨，至夏初举礼于宫外王家田中。四周绕以蒲垣，殿宇巍峨。中有木台，高数丈，饰金翠炫目。四面有梯，遍植金幢幡银。凉扇台上，四壁绘天使、魔鬼、龙蟒等象。前列巨案，陈列王平日所嗜之肴馔百果，盛以金玉之器。正中悬锦幄，内殡梓宫。殓尸之具为金色巨瓮，左右列金碗，植名花。王之车服礼器皆备列。明日，高僧数百，虔诚诵经。金瓮之下然巨烛香柴，升炮一声，即举火。万众观览，念佛声，呼万岁声，约数小时，火息。翌日，又以王之卤簿迎金骨回宫。费帑金四十八万铢。

小人国在大秦南，载见《括地志》。汉、唐之大秦，即罗马。近居北极之冰区，人多短小。《鲁语》孔子说：僬侥人长三尺，即小人国。

西王母，国名。《穆天子传》郭注："西王母……虎齿蓬发。"穆王十七年西征昆仑丘，西王母来见，宾于昭宫。"是为西荒国主，今亦号称"西膜"，为"西母"转音。谓之"西王母"，读时微有转音耳。一说在今波斯附近。瑶池，或即是弇山、温山、溽水等地。亦名"阿西利王国"。

貕即狮子。貕子之泽，即今之里海。

西来宗教，讥诽中国人喜拜偶像。此忘本语也。欧西各国最多。凡范、铜刻、石塑、模绘图，形神毕肖，刻镂及工，称为美术。国内伟人哲士，神鬼怪诞，见之记载，存之历史者，无不有像，或立之公园中、屋顶上、广场内、会场间。人有过者，脱帽示敬。若宗教中神像瞻礼膜拜，更异平常，有特殊典礼。此不之异，专訾议他人，可乎？况像教东来，始有顶礼。我国本无此习俗。古之尸祝，后之画像，徒具形式，与拜偶像亦不一旨。孔子曰："非其鬼而祭，谄也。"圣人论定之矣。

近闻俄国探险人克里洛夫，称彼曾游历戈壁沙漠地，亲到额拉克图地方，访见元代成吉思汗之墓，所有宝物与埃及相较，当驾而上之。成汗尸盛银棺，内有何物，尚未启视。棺盖有字为证"丁卯十月初十日"。外国报详译之。闻决将汗棺启发，以资搜取。是亦无罪之椎埋。今日方群起仿效，以为考古者所有事，亦可以觇政俗、学术之反复矣。

鞑靼之俗：不纪年，无四时节候，以见青草为一年。其俗：薙发留脑后，发三搭辫之，顶笠，穿铧衣，以出袖海青衣为至礼。

三搭辫者，薙去顶上一湾头发，或留前后。发剪短，散垂分析两旁。发垂绾，两髻悬于左右肩，曰“不狼儿”。或合辫为一，直拖垂衣背。

人死，不问父母子孙，必揭其尸，家中长幼各鞭七下，咒曰：“汝今往矣，不可入吾家。”及荼毗，断手足支体为各段，复以刀搅肠腹。葬时又剖腹，翻涤肠胃。纳水银与盐实尸内，叠马革裹之，乃入棺。虏主死，刳大木，中空纳尸，合而束之以金。

供佛，杀牛马，刺血涂佛唇，为佛欢喜。

以黄金铸佛像，裸形，与妖女合。或啖大蛇，或啖小儿。此已见幽州建镇国寺佛母殿。或有时杀人为祭，僧亦裸形作法。四月八日，留妖僧宿于穹庐，虏主妇焚香跪礼，众妖僧与鞑靼主群雌亦然，抚摩吮咂金佛男形，谓之度佛种。

鞑靼之俗：一官，二吏，三僧，四道，五医，六工，七猎，八民，九儒，十丐。

云南苗种极多。有李寒吻者，往滇之腾冲居留一年，知苗种不一，分别详纪：

缥人：猪婆怒之裔。汉时有金齿骠团。

哈喇：男女皮色如炭。产小儿以竹制兜负背，人事简易。

哈社：居山颠，面貌凶恶，狰狞可怖，与兽无异。

羯些：口尖眼圆。用大竹环由耳尖直穿至颊。红布包头，袒衣半肩。其形甚怪。

蒲人：蒲应作“僰”，《说文》“犍为蛮”是也。百濮之裔。居深山，形貌粗俗，面亦深黑。男女皆勤习事，种植苦荞、棉花、黑豆，皆作　粮。能通汉人语，出与交易。

阿昌：又名“炽昌”，耐寒恶热。杀犬为祭，喜饮酒。

卞瓦：貌极怪恶，性亦猖肆，耕种习勤，恒持刀行劫。

喇鲁：性强悍，居山厓，生捕野兽。或喜食蛇、蜂毒物。

大伯夷:男女喜居水边同浴,妇人紧护两乳。男女居室,男逸而女劳。

小伯夷:如汉俗,能作汉语。家庭无尊卑之分别。

地羊鬼:短发黄睛,狡猾而贪。出没无常,有妖术。与人有仇,能取人心肝脏腑,或下蛊于饮食中,致人死。

妙猡猡:有二种。开地为窟,不知清洁,不知礼节,男女野合,自为配偶。死后焚尸瘗之。又一种性羯扑,男女习耕事。余相同。

羯些子:米、粟生食。性好斗,用利器杀人。善鸣,如犬号。

戛喇:性悍喜斗,居山顶,迁徙无定。

倮倮:滇中各地最多,居下库山谷中。性最凶猛,男女身佩短刀。

木邦:一名“孟邦”。建竹楼而居,重男轻女。其人有幻术,能以木易人之骨。又能置污秽于地,苟触之即变兽,用钱赎之可还人原形。

僰夷:耐热,居于卑湿泾之地。种类不一。有文字,字母一万八百四十余。或即前之蒲人类。

爨蛮:出于蒙山,老不死。历时久,体生尾,喜食人肉,不认子女,行走甚捷,与兽无异。土人又名之“秋狐”。

遮些:喜斗。男女皆佩环,绾发作髻。

野人:性最暴。结绳以纪事,居深山。明时设官驻守监视之,旋被逐。近来种鸦片,与汉人交易。以兵征之即降,兵去如故。

汉将庾胜,从杨仆击南粤。至粤、赣之交,城而戍之,故名“大庾”。其东四十里,胜弟戍之,名“小庾”。其先曰“梅岭”。因秦并六国,越王踰岭往南海,越人梅鋗从。至岭,筑城奉越王居之,因名。见《越绝书》。今岭上有碑立道旁,大书深刻曰“得意不宜再往”。

广州光孝寺，原为报恩寺。光孝寺，宋高宗时易名也。其先，即唐时之风旛堂，六祖慧能所谓“风动幡动乃心动”，即于此论之。其后，天竺三藏于此译讲《楞严》，相国房融笔授。寺中原有笔授轩，以前又为南粤王建德故居。三国时虞翻谪居之，因构宅。此寺之最古者。详《岭南闻见》。

震泽原分吴江县治，有严墓镇。张士诚据苏州，令方士在其地取土封瓮，始发墓，知为汉时庄夫子忌，即严助父，工楚辞者，以避明帝讳，改姓曰“庄”，并见有墓志云。

比肩里在海盐。相传有陆东美夫妇和好，呼为“比肩人”，死后合葬，墓木连理。孙权封其里，故名。

西神山，一曰冠龙山，一曰慧山。即今之无锡惠山。

宝带桥闸五十三，跨太湖之下游。唐刺史王仲舒鬻所束玉带以助工，故名。见《苏州府志》。

吴王阖闾逐东夷于海外，因建夷亭，今讹为“唯亭”，即其址。

彭泽，即彭蠡。秦以后改曰鄱阳郡。“鄱”与“彭”音近可转，以其地近江流，水石抟击声如“彭”、“彭”、“彭”，然后又讹为石钟矣。或似鼓声，亦似钟声。《说文》鄱训地名，江右之南愈岭，即番禺地。番，山名，本义训兽足，古时人兽杂处，因名。“彭”、“鄱”、“番”三字皆地名，而通训定声矣。

甬郡西郊十六里接待亭有义忠王庙，即流俗所演梁山伯祝英台故事。宋李茂诚《庙记》谓：东晋永和壬子三月一日神生，会稽人，姓梁名处仁，字山伯。幼尝读书从师。过钱塘，遇朋好上虞人姓祝名贞字信斋，肄业三年。祝归后，山伯访之。一叟曰：“是祝九娘英台耶？”始知为女子。遽求婚，已许四明廊头马氏。山伯叹曰：“大丈夫生当封侯，死当庙食。区区者何足较？”去为鄮令，有惠政。卒，民共葬郡西九龙墟，时宁康癸酉八月十六日，即东晋孝武帝元年。又明年乙亥春暮，祝适马，乘流波，涌舟几不进。祝经墓地，忽地裂埋璧焉。从者引其裙，风裂若云飞去。马氏言之官，开椁，巨蛇护之。奏之朝，丞相谢安封“义姑冢”,勒石江左。至安帝时,孙恩寇会稽,弃碑于江。神示梦刘裕,平孙寇,封“义忠王”,立庙至今。余详《鄞县志》。

今甬郡梁山伯庙,貌千余载,整饬如新。每岁三月,城中士女进香者,实众讹其志愿,大率怨旷之流,冀成眷属。或预乞他生,愿结鸳侣,喃喃向祝。神果有知,不当失笑乎?梁处仁,又见近人董孟如先生沛《两浙令长考》。浙中汉季,有曹娥孝女殉父死江,庙祀至今不废。晋代有此祠祀。贞孝之系风俗人心,顾不巨欤?

梁山伯不获结婚,爽然快语,何等光明磊落!不然,若今之世,其不为痴男怨女之小见陋行耶?书之,为针砭流俗,且以证古今人太不相及。

绍兴鉴湖之名,起于唐代。《水经注》谓之“长湖”,亦号“大湖”、“南湖”。杜佑《通典》曰:“汉顺帝永和五年,太守马臻始筑塘立湖。”亦有以为王右军入山阴道上,如在镜中,故名“鉴”。此湖周三百余里,受会稽五云乡诸水,东至曹娥江,西至西小江,北至郡城,南至山。今常熟禧门外有汉太守马臻庙,始建于唐开元中,迄今不废,曰“山阴马太守庙”,又曰“利济王庙”。

《绍兴府志·名宦传》曰:汉时有忌太守马臻者,告臻创湖坏人民庐田。征臻下廷尉按验,遂被刑于市。至今传剥皮揎草云。

贾阆仙之墓,在皖之太平城西甘棠村。道光间,吴鸿胪其彝、张征君宝荣为修葺之,并建祠。有海昌童子某撰文书碑,比之度尚命邯郸淳撰曹娥碑也。桂严伯明远募金,又赋七截句四章。一时风雅,竟成佳话。

杭州西湖雷峰塔,忽于近年自倒,时在乙丑八月二十七日下午一时四十分，自顶至跟无完存。其时并无风雨震撼，亦异事也。此塔与宝俶塔隔湖东西对峙，为西湖名胜之一。人以雷峰比老僧、宝俶比美人极似。雷峰塔建于吴越时。相传有黄氏妃藏佛髻于此，忠懿王为撰《黄妃塔记》。亦名"回峰"，回即"雷"之古文，今已一千七十三年矣。平日，浙人游山，率至塔下取砖，以为养蚕压胜之兆。或年久失修，塔墙空圮，故自倒耳。抑又有说，因军事变化致之。闻近日有某绅将输款重建。

开封城内有挑筋胡同，即大秦景教来中国，居于是。宋真宗时，有犹太人贡花纹布来中国。其人绿眼黄发高鼻，身长八九尺，聚子孙冒吾汉人姓，曰赵、高、李等氏。俗建礼拜寺，中有碑，历叙景教源流，至今尚存。近年为日本人以重金购去，别刻一碑，冒其旧。

闽泉州万安渡石桥在洛阳江上，故亦名"洛阳桥"，似与汴中桥名相混。考桥为知泉州蔡襄建，在今晋江县东北二十八都，计长三百六十丈，桥阃四十七，广长丈又五尺，扶阑七千二百株，工役历七年而成。襄奉母卢氏命始创，移檄海神，获一"醋"字批檄后，即于廿一日酉时兴役。襄自书《桥记》，立石祠内。祠立于桥南。

秦裕伯，字惟饶，号景容。元至正四年进士，仕至延平路总管、亚中大夫，弃官归隐。张士诚招贤不往。明祖三聘，上书固辞不获，遂入朝，官侍读学士，以母制许归。洪武六年卒。明祖闻讣，叹曰："生不为我臣，死当卫我土。"敕为上海本邑城隍神，封显佑伯，晋护海公。著《咏史》百首，奏疏杂文均佚，尚存《却聘书》三通，今存《秦氏家乘》。

弟亨伯，字惟通，吴元年为兄上书丞相，辞御聘。熟读《黄庭》内外经、《参同契》，遂求仙，游天下名山。其先益，出少游之后云。

今秦裔聚居南汇县境闸港镇。海宁陈子壮大令知上海县事，曾为修墓建祠。

富士镇在吴江，明富人沈秀婿顾学文居之。胡、蓝之狱株连被祸，富士之民诛戮极多。至成、弘间，徙归者日众，于是离合“富士”二字为同里。见《梦兰琐笔》。

沈秀即万三，吴下豪富。明太祖建都南京，敕令在都下建廊房一千六百五十四楹、酒楼四座，筑城甃阶，造铁桥水关。事后，忽议罪处死，马后谏止，遣戍云南。

随园有三任丘人。边连宝，字赵珍，号随园，雍正时拔贡，乾隆时试鸿博不遇，厥后又举经学，不赴试。著有《随园诗文集》《病余草》《续草》。曹寅在江南置随园。钱塘袁简斋买之，名仍旧。——皆在乾隆时。

杭州钱塘门西法华秦亭山陂，沿湖岸多芦苇，大圣庵在山麓。明末陈眉公取唐人诗意“秋雪濛钓船”，为改名曰“秋雪庵”。近人乌程周庆云修葺后，即列祀两浙词人于其后屋，额曰“草堂之灵”，楹联曰“月夜归来，此地宜有词仙拥素云黄鹤；芦花共色，独客犹吟愁句对万壑千岩”。左右各悬书屏，为《两浙词人题名记》，自唐张志和迄最近刘炳照，共计一千四百四十四人。余详《词人传略》。

祠中祀浙人昭穆，附宦浙、寓公、方外、女史四种词客。畴昔己巳秋祭，本柬请朱疆村侍郎主祭，以病未往。于是推陈屺怀为祭酒，一时陪祭者近百人。送神后，即于弹指楼聚馂，赏芦观雪，感秋填词，兴尽而散，亦风雅之仅见已。附记《迎送神曲》暨祭文：

《迎神曲》曰：“幽绝西溪水一方，丛芦飞雪绽秋光。遥天花雨闻笙鹤，多少灵旗下草堂。”

《送神曲》曰：“记爇心香动隔年，乐章竟奏答神弦。苔岑异代同幽契，又掬寒泉饯水仙。”

祭文曰：太上立言，导源雅乐。和声鸣盛，礼从其朔。国风浸微，黼黻龙章。花间味隽，草堂韵长。运隆天水，八音竞奏。意内言外，比兴柔厚。大晟正谱，玉律金科。周情柳思，万古江河。名山余事，功无勿报。阆仙祭诗，同祈神劳。西汉之曲，圣湖之湄。恪成椒醑，宏启之楣。灵祈肃然，陟降庭止。春露秋霜，肸飨千祀。载扬明德，敬摅馥闻。寒泉菊盏，永式清芬。伏惟尚飨！

江性宇言闽漳州城内芝山书院楹联事甚奇。书院旧址为明代之开元寺，早已废圮。洪、杨之乱，左文襄率兵驻节芝山。乱定，即就寺前堂基设立书院。掘地得石刻楹联一付，为宋时朱文公书，撰文曰："五百年逃墨归儒，跨开元之绝顶；十二峰送青排闼，自天宝以飞来。"语语若预知将来事者。文公生于宋代，不知明时有开元寺，又不知由寺改为书院，且洪、杨兵抵漳州，陷入霞城，当时号称十二万军自漳州之东乡天宝而来。天宝乡产香蕉最盛，甚不可思议。文襄移石芝山书院，亦撰一联曰："果然逃墨归儒，天使梵王纳土；大好修文偃武，我从瘴海班师。"

顺治间，江南学政石公甲岁试苏州，阅卷至慎，迟不揭案。既，曰："余苦力索于诸卷中，得状元三人。一为昆山徐元文，一为吴县缪彤，一为长洲韩馥。"揭晓，诸生入谒。石审状貌曰："是也。"因谓韩曰："子之文，玉在璞中。或有待，必得于子孙乎？"后徐、缪皆大魁。韩以青衿老，子菼即慕庐宗伯以康熙癸丑魁多士。能于文字中定其大魁已奇矣，又知韩卷必于子孙发，是更奇也。此事见《顾丹五笔记》《苏州郡志》。

唐时，凡同岁登第者，呼为"同岁生"，亦曰"同年"。迄有明，相沿不变。清初同岁登乙科者，亦"同岁"称，但犹限于同榜，已而渐推之于辇下贡礼部试者。苟为同一岁登科，皆"同年"之，亦谓之"大同年"。康熙鸿博之征，亦称"同岁"。其后，举经学不闻有此称。新君登极改元，诏各直省每县举孝廉方正，朝廷征试之，亦未闻以"同年"称。优、拔贡成钧，亦援甲科例称"同岁"，而恩、岁贡则否。乡举，逢与优、拔同岁者，皆得称。与恩、岁，又不然。副贡固与正榜同之也。虽称“同年”，似有异，副贡不先施也。若逢优、拔之“同岁”，亦然。拔贡十二年一次选考，视乡举三科矣，得与三科前后诸同岁认“同年”。前科之拔与后科之拔又年而长之，后者称曰“年丈”，则不知其所以然。同补博士子弟员，同食饩，更无称。江宁称曰“同案”，似与刑法盗案相混也，则不雅莫甚。庚子以后，举经济特科一次，例仿鸿博，固有“才难”之叹。征君相见，若不闻有“同岁”之瞻。近两江师范卒业诸生应部试，用京官，或赏给举人。出外国游历归，而矜诩为有才智者，亦部试之，奏请分别举人、进士奖励之，居然新人援旧例。“同岁”之称，不一而足。王壬秋赐检讨，纪诗曰：“幸无齿录称前辈，尚有牙科步后尘。”可想见矣。盖当时游外国归者，曰“牙科”、“医科”，皆赐进士也。晚近科举罢后，又两次保送举贡部试，称“同年”。曾诏各省附生由提学按试巡检，典史杂职予以“出身”，俾充官数，亦称“同年”。学校毕业生，俨然有竖旗杆于宗祠前者。老生逢入泮之年，有自称重游泮水而招贺者。

博士、硕士之头衔，缁衣、缁冠之帽饰，文凭、奖状嵌玻璃之扁，同学、校友开纪念之会，又比比不可胜数，纯盗虚声，太无实学，滥列吹竽，互相标榜。士习之陋，风俗之偷，变本加厉，其谓之何！

乡试副贡之选，与科举为始终。进士、副榜，其后中止。然副榜谓之“贡”，备乡试之不获隽者。乃有生平中式不一次者，而乡试如故，实则监临当有权变处。闻近时或见有新科优、拔而中式副贡者，则以堂备卷易之，免误其明年朝考之用。此不亦变通之善乎？仪真刘寿曾与其弟贵曾同中同治甲子副榜，寿曾名第一。迨光绪丙子，寿曾又中式副贡。怀宁杨銮坡初中光绪乙卯副贡，又中乙丑副贡，至癸巳乃中式正榜。管世铭亦曾三次中式副榜，然后乃举乡试，成进士。

殿试二甲进士与三甲进士，有用知县发往各省，名曰“即用”。当在一年以内，由该省督抚奏请补官。其翰林院庶吉士之散馆，用知县亦同例。尤有所谓“归班知县”，或殿试时未完卷及种种不合格者，均附三甲末。虽曰"进士出身",但非即用,比例举人大挑,亦用知县,捡选者又其次,但补官略迟矣。考顺治己丑殿试,新进士有即用府道二三十人,发往粤省,不知何以有此破格?其后,又不以此为例。朝廷用才,与设官之制、立科之旨,本相辅导,可权宜变通。自后名曰"循资抡才"。机械法为之,即无论矣。

考新进士一甲三人,当时受职,皆备词臣之选,余者以翰林用。入翰林衙门而教习之,曰"庶吉士"。此非特别录用,不过备侍从华贵之选。次用部曹主事、各省知县,即以之亲民矣。三载考绩卓异、优等,不次超迁。其重也,比翰林侍从为难得。道光以前,有行取知县擢京秩者,破格处极多。至于编、检之职,除文学外,一无见长。除获考试差外,更如冷官,虚荣一生,又比比也。

三载考绩,京中谓之"京察",外省谓之"大计"。京察分三类,一二品大员及三品之副都御史,皆御前稽核,不必引见,由御笔批出,分别升降。此其一。自宗人府丞以下至五品京堂,皆须由部列事实奏呈引见后,分黜陟。此其又一。五品而下,由部考察甄别后,分三等入奏,一等记名,二三等视其功罪,无有抵销为准。此为又一。外省皆由督抚凭布政司道定其案,大抵黜多而陟少也。惟大计之黜,终身无复起用。二百余年,纲纪未驰也。

毛甡谓鸿词科当称"鸿儒",引《春秋》《演繁露》,博通群书,曰:"洪儒,洪即鸿"云。

康熙十七年三月初一日,应试诸人集太和门,诣太和殿前。鸿胪传唱,行九叩礼。大学士奉旨领题,以矮桌列丹墀下,坐地作文。及巳初,又传旨,褒奖赐宴于体仁阁下,光禄设馔十二色,皆巨碗。先赐茶、时果四色,馒首、卷子、红绫饼、粉汤、白米饭,再赐茶,谢恩。毕,各人作文。

试卷御览分四等，曰“上上”，曰“上”，曰“中”，曰“下”。二十日殿试，二十二日上谕，上上卷著入史馆，纂修《明史》。余俱遣回籍，或加虚衔。

上问阅卷大臣，曰：“有以冬韵出‘宫’字者潘耒卷，有以东韵出‘逢’、‘浓’者李泰来卷，有以支韵之‘旗’误微韵之‘旂’者施闰章卷。”众对：谓功令久废，大醇不免小疵。请旨宽恕。

及填榜，于上卷中斥去一卷，上命择有名者补充之。于是辅臣、掌院各有所荐，皆不允。最后，益都冯以徐咸清卷荐，即徐仲山。上问：“有著作否？”对曰：“有资治文字。”上曰：“何书？”曰：“字书。”傍一学士曰：“小学耳。”遂不问。上自取严绳孙卷，即前不完卷者。

试题：高阳李拟《璇玑玉衡赋》、《雨中春树万人家五言八韵诗》，宝坻杜拟《王者以天下为一家论》、《省耕诗》，益都冯拟《十三经同异考》、《耕籍诗》，内阁学士项拟《士先器识而后文艺论》、《赋得春殿晴薰赤羽旗》，阁学李拟《岣嵝碑赞》、《远人向化歌》，掌院学士叶拟《珪璋特达赋》、《三江九江考》，龙池《柳色雨中深诗》。上用高阳赋题、宝坻诗题。

李高阳谓古无“查”字作“察核”解者，已奏将“查”字改“察”字。以之问徐咸清：“‘查’有可考否？”曰：“有。”曰：“在何所？”曰：“‘查’者在也，声之转也。即《虞书》‘在璇玑玉衡’是也。”曰：“‘查’声不转‘察’乎？”曰：“‘差’转‘察’，在不转‘察’乎？”曰：“此字声也，亦有字形乎？”曰：“有。《汉书》‘山不茬蘖，’茬从在，而有‘察’义。其在艸部者，以‘槎’‘枒’抵梧，正当分析，故在加艸。此即通‘槎’、通‘查’之所自来也。然则改‘察’，可乎？”曰：“‘查’即‘察’也。但《老子》有曰：‘其政察察。’故从前政府避‘察’字。”高阳怫然起，益都虽荐，而李不悦，其以是乎？

康熙己未鸿博，内外荐举一百八十六人。三月初一日征试，取中一等二十名：

邵远平，授侍读。

汤斌、李泰来、施闰章、吴元龙，授侍讲。

彭孙遹、张烈、汪霦、乔莱、王顼龄、陆棻、钱中谐、袁佑、汪琬、沈珩、米汉雯、黄与坚、李铠、沈筠、周庆曾、方象瑛、钱全甫、曹禾，以上皆授翰林院编修。

二等三十名：

倪灿、李因笃、秦松龄、周清源、陈维崧、徐嘉炎、冯勖、汪楫、朱彝尊、邱象随、潘耒、徐釚、尤侗、范必英、崔如岳、张鸿烈、李澄中、庞恺、毛奇龄、吴任臣、陈鸿绶、曹宜溥、毛芳升、方黎骞、高咏、龙燮、严绳孙，以上皆授翰林院检讨。

年迈回籍：

杜越、傅山、王方谷、朱钟仁、申维翰、王嗣槐、邓汉仪、王昊、孙枝蔚，以上皆授中书舍人。

乾隆丙辰，鸿博开科，实始于雍正十一年四月初八日，上谕在京着满、汉三品以上，各举所知，汇送内阁，在外着督、抚会同该学政，保题到部，转交内阁。十三年二月二十七日又奉谕，谓降旨已及二年，而外省之奏荐者寥寥无几，着实催存。迨十一月初十日奉谕，限于一年之内齐集京师，候旨廷试。

乾隆元年二月二十四日上谕，以到京先保者着从三月为始，每人月给银四两。明诏既下，首讫凡四年。内外所举，凡二百六十七人，重荐者六人。

试题：《五六天地之中合赋》《赋得山鸡舞镜》五言律诗、《黄钟为万事根本论》。

兹记知名者原荐：

胡天游，山阴雍正乙卯副榜，礼部尚书任兰枝举。

曹秀先，新建壬子举人，户部侍郎李绂举。

赵昱，仁和贡生，同上。

万经，鄞县编修，未考，户部侍郎赵殿最举。

全祖望，鄞县壬子举人，未考，同上。

刘大櫆，桐城壬子副贡，内阁学士方苞荐。

尚庭枫，新建户部主事，都御史孙国玺荐。

马曰璐，江都知州，通政使赵之恒举。

陈撰，鄞县布衣，同上。

方观承，桐城内阁中书，未考，詹事王奕清举。

朱稻孙，秀水考授州判，同上。

裘曰修，新建廪生，顺天府尹陈守创举。

沈德潜，长州廪生，江苏巡抚高其倬举。

顾栋高，无锡辛丑进士，江苏巡抚顾琮举。

程延祚，上元廪生，安徽巡抚王紘举。

厉鹗，钱塘举人，浙江总督程元章举。

杭世骏，仁和举人，同上。

齐召南，天台己卯副贡，同上。

钱载，秀水壬子副贡，同上。

陈兆仑，钱塘庚戌进士，福建巡抚赵国麟举。

牛运震，滋阳癸丑进士，山东巡抚岳浚举。

袁枚，钱塘廪生，广西巡抚金鉷举。

迮云龙，吴江壬子副贡，湖北巡抚吴应棻举。

胡天游才称第一，以有丧不与试。丁巳补考，鼻衄大作，匆遽间纳卷而出。

江宁府应举者四人。廪生黄涛楫未试，故兵部侍郎王士俊举诸生许锵，江苏巡抚顾琮举廪生程延祚（见前）。广东新安县何梦篆，巡抚杨永斌举其后，兵部尚书李衡又续举副贡汪士锽。

滇省只举一人。河南知府张汉兵侍汪士俊举，贵州、甘肃无举者。

有景陵八品茶上人长住，正白旗包衣，汉军旗人，为慎郡王所举。长住姓王，字松侪，大学士查郎阿妹婿。

山阴周大枢，以廷试日遇疟疾，艰于作书，不入等。

邵岷，字百峰，龙游人，后迁虎丘，寄籍元和，邑武生。太仆寺卿蒋涟荐牍误列附生，为部驳，不与试。百峰五古诗最工，屡游幕公卿间。

桐城方观承，字问亭，少被家难，谪戍出塞，遇赦归。从平郡王至大军，奏授中书舍人。试前一日，上以题密授平郡王，时问亭方客王所，恐被嫌，令勿试。桐城方氏举者，凡三人。

吴江沈彤，字冠云，县学生，潜心经学，长于古文，拙于有韵之文，不终试。

丙辰之举有二状元。仁和金德瑛，字汝白，丙午举人，官中书舍人，未及试。丙辰以第一人及第。金坛于敏中，字振鹤，乾隆二年丁巳状元及第。

山阴王霖，字雨农，试日与会稽徐文靖联席。文靖不工为排律，因抄王诗。雷同案发，部议徐革职，王补官日，罚俸一年。

鸿博试题为《五六天地之中合赋》，征士多不知所解，甚在苦难。武进刘纶独援笔直抒。张廷玉为监试大臣，特视刘卷作得意状，高声朗诵，于是众乃略知一二。

顺治六年己丑会试，以阁臣七人典试。是科二甲授参议，三甲授知府。进士释褐，即官四品，只此一科。

顺治八年，始开科考试满洲旗籍。

是年初选同考房官，由各省督抚委任，谓之“内帘”。顺天由吏、礼二科择任。

九年会试，初分南、北卷中试。

十五年戊戌会试，头场三题始由钦命。

十六年己亥再举会试，以云南平，特典也。

康熙二十四年乙丑会试，榜前拟十卷进呈，钦定名次自此始。四十一年壬午，饬乡试朱、墨卷磨勘。

雍正元年，命监临试同考官时艺，取者入帘。是科乡试以三月，会试以十月。是科，湖南始与湖北分闱乡试。

雍正四年，以五经中副榜者，准作举人会试。

五年，上谕浙江士习不端，举人停止会试。八年始复旧。十年壬子、十三年乙卯两科，皆以邻省举人充乡试同考官。

十一年癸丑，上谕："翰林庶吉士虽经授职……朕再加考验。"翰林大考自此始。

乾隆九年，舒少司马赫德请废科举。大学士鄂尔泰驳议，得不废。

二十二年会试题，裁去表判，增用五言八韵律诗。

五十八年癸丑，会试始命《五经》题。

嘉庆二十二年，会试裁去诏一道。

二十二年上谕："考试试差自此始。"

道光十三年，定湖南苗生乡试隔别号舍例。

二十一年辛丑会试，新进士着复试，十二月谕各直省举人一体复试。

咸丰九年己未，江南乡试借浙江闱，以江宁省城未复也。

光绪二十八年壬寅，补行庚子、辛丑恩、正并科，废八股时艺，头场试史论五首，二场试策五通，三场试经义三篇，始废止誊录试卷。

二十九年癸卯乡试，如壬寅三十年诏，废止科举。其后，举贡保送礼部试二次。

顺治十四年丁酉乡试，给事中历城孙光祀典试湖广，得一百有六人。明年会试联捷者六十四人，甚为稀有。

三年丙戌会试，同榜拜相者得四人：傅以渐、李霨、魏裔介、冯溥。

四年丁亥，会榜大拜者五人：吕宫、冯溥、黄机、王熙、李之芳。

是科会元沧州李人龙，不列翰林馆选。

九年壬辰会试，会元南海程可则文理荒谬，黔革。考官尚书陈泰等，降级有差。

十一年甲午，浙江乡榜同科三状元：乙未史大成、甲辰严我斯、庚戌蔡启僔，一时称盛。

十八年辛丑会试，山阳李时谦、时震、时铠兄弟三人同登。

康熙五年丙午，湖广典试曹鼎望、广西典试曹首望兄弟，同掌文衡。

顺治十七年庚子，山东典试袁懋德，岁贡生出身；康熙二年癸卯，云南典试蔡驺、五年广西典试曹首望，皆拔贡生出身。此为创典。

康熙二十年辛酉，朱彝尊典试江南，取中太仓陆肯堂、上元胡任舆，后俱状元及第。朱以布衣应鸿博科，授检讨。

翰林院编修全椒吴国对、兵部给事中吴国龙兄弟，同时一典试福建，一典试山东。

六年丁未会试，河南进士王曰温与父鸣球同登。鸣球中庚子解元。

九年庚戌会试，山东福山鹿廷瑛、廷瑄兄弟同登。

十五年丙辰会试，归安沈涵三、沈曾兄弟同登，并入翰林。

二十一年壬戌，德清蔡升元状元及第，与庚戌状元蔡启僔为叔侄。升元及第时，父启贤年才四十六，早掇巍科，《纪恩诗》曰："君恩独被臣家渥，十二年中两状元。"

二十九年，湖广解元陈大华与兄大群同登榜。

三十六年丁丑会试，慈溪姜宸英以一甲第三人及第，时年七十三。是科尚有广东贡士黄章年已百岁，入闱时大书"百岁观场"四字于烛笼，曾孙为之前导。

宝应王式丹，年五十八始举于乡，原定第一名，以吴楚琦卷更之，降第六名。明年，捷南宫，会、状连元。

四十五年丙戌会试，第一名会元临潼尚居易首艺一千二百余字，违例被削。

四十八年己丑会试，长洲张学庠、学贤，大兴董叔琬、叔瓛皆兄弟同榜。

五十四年乙未，长洲李锦与弟文锐同登，同入史馆。慈溪裘琏，年七十二入翰林。

五十七年戊戌会试，状元汪应铨未散馆即擢庶子。

雍正二年甲辰会试，吕谦恒与子耀宗同充顺天考官。

四年丙午乡试，奉新甘庄恪公之父甘万达、弟甘汝蓬、子甘禾，均同领乡荐。三世同榜，古今罕觏。

七年己酉，广东主考严民法、贵州主考严源焘父子同应典试。

十年壬子，王安国编修典试福建，所得士成进士者四十人。大学士蔡新与焉。

十一年癸丑，仪真陈倓会、状联元。本为某县训导。广文掇巍科，甚稀有。

乾隆四年己未会试，乌程费瀛偕子兰先同登甲榜。

六年辛酉，顺天解元毛师灏因殿试怀挟除名，福建解元邱鹏飞以武生除名。

十三年戊辰，涿州刘湘、刘洵兄弟进士。

十七年壬申会试，当涂徐位山年逾九旬，钦赐检讨。

二十一年丙子乡试，顺天主考刘统勋、广西刘墉，浙江庄存与、福建庄培因，父子兄弟同时典试。

二十六年辛巳会试，大兴邵自镇偕子庚曾同捷南宫。

三十一年丙戌会试，吴县张书勋以举人就大挑知县。榜发，获中殿试，竟大魁多士，以知县中状元，极奇。

三十四年己丑会试，山阴沈诗李[1]、沈师杜兄弟并中。

---

[1] 疑为"沈师李"。

三十五年庚寅，顺天主考刘纶与子山东主考刘伕先同时典试。

三十六年辛卯会试，取中会元邵晋涵，以知县归班，旋纂修《四库全书》，保举入词林，殊荣异数。

三十七年壬辰会试，咸宁贾策安、治安兄弟同登。

四十三年戊戌会试，总裁王杰、于敏中，同考官秦大成、陈初哲、黄轩、金榜诸状元无不入闱。

四十四年己亥，江南一榜获四元，钱棨、石韫玉两状元，顾钰、马有章两会元。

四十六年辛丑，武进钱棨以解元、会元中状元，三元及第。

五十二年丁未会试，灵石何元烺、何道生兄弟同登。

六十年乙卯会元王以铻、状元王以衔同怀兄弟，归安科第最为盛事。

六十年乙卯，顺天一榜，得三鼎甲，顾皋辛酉状元，苏兆登、王引之己未榜眼、探花。

嘉庆元年丙辰会试，南昌许庭椿、庭阶兄弟同登。

宜兴崔锡华、荆溪崔瑄，嘉兴崔懋炯，一家三人先后两科皆中解元。

十年乙丑会试，大兴徐鉴、徐铨，分宜习家驹、家騋，皆兄弟同登。

十三年戊辰，江南泰州仲振猷捷春闱，弟振履捷秋闱，其父仲鹤庆乾隆壬申江南捷解元，且先后同题目为“可与言而不言”一章，实是奇遇。

十四年己巳会试，潍县刘鸿翥、鸿翱兄弟同登。

十六年辛未，新进士晋谒国子监祭酒蒋丹林，为状元蒋立镛之父。父子行此典礼，称盛世佳话。

十八年癸酉会试，福建龚文焕、文炳、文煇兄弟三人，同捷南宫。

二十四年己卯会试，江宁陈维屏、维垣兄弟同登。

二十五年庚辰，赐临桂陈继昌一甲一名状元及第。继昌本中会元、解元，又为故大学士陈宏谋之玄孙。

仁和龚自闾、自闳兄弟，同登道光二十四年进士榜。

常熟翁同龢以咸丰丙辰一甲一名进士及第，同治二年癸亥其子曾源以钦赐进士著一体殿试，又一甲一名及第。一时称常熟翁氏曰“父子状元”，又曰“老状元”、“小状元”。

光绪十二年丙戌廷试，金坛冯煦对策文不谙法程，每行字有多寡，且长言直言多不避忌，字又拙滞不工，本置三甲，以知县归班。读卷大臣进呈，特置一甲第三，赐进士及第。

光绪二十四年戊戌，资州骆成骧廷对，有“主忧臣辱”、“主辱臣死”语，且直言，不受试策法程。德宗亲置一甲第一，赐状元及第。四川仅此一人。

吾郡中，向有钟山、尊经、惜阴、文正、凤池、奎光各书院，掌教者多为一时名流。但自清初以来，至于科举既罢，除知名者可纪述，余亦不详。书院既无志，郡邑志又不载，昔日书院亦无题名碑记。余著《里乘备识》，欲详不得，附识于此。倘有可稽，当备录焉。

杨绳武，钟山；叶酉，钟山；
卢文弨，同；姚鼐，同；
韩立方，同。冯景亭，惜阴；
唐鉴，同；程恩泽，同；
吴存义，同。周学浚，尊经、惜阴；
王絅斋，同；史珮玱，惜阴；
韩弼元，钟山、尊经；张寅，尊经；
朱琦，钟山；孙锵鸣，惜阴、钟山；
李联琇，钟山、惜阴；鲍源深，钟山、惜阴；
林寿同，钟山、惜阴；薛时雨，尊经、惜阴；
江璧，钟山、惜阴；翟伯衡，尊经、惜阴；
邓辅纶，文正；黄云鹄，尊经；
黄体芳，文正；梅启照，钟山；

邹先举，钟山；蒯光典，尊经；
龙继栋，尊经；梁鼎芬，钟山；
褚成博，惜阴；张謇，文正；
缪荃孙，钟山；张仲炘，尊经；
侯云松，凤池；薛心农，奎光；
陈作霖，奎光；秦际唐，凤池；
张裕钊，凤池；梅葰，凤池。

卷七　物事

朱竹垞《夜明木赋》[1]谓："木生绝塞山间，积岁而朽，月黑有光，遇雨益甚。移置殿上，通体皆明，迫之可以照物，以素瓷贮水投木，则水光澄澈。"或是《山海经》"招摇之山有木……其华四照"之类也。

凡物夜间能自发光彩者，皆有火质或磷类夜明。木积久，朽而生光，其理近是，但非常物，不经见，故贵异。内府有之。

内府有三宝，一为吉祥如意草，种银色珀球中，能按月开花结实，以沉香盒笼之。玛瑙为座，盒下有屉，内藏册页十三，开皆花卉也。所绘之花，即肖草形。纯庙时图之。此草一种宫内，一在热河行宫，御题诗极多，不知今日凝碧池头尚有存否？

古剌水装成罐，封识字有"古剌国造"。随园家有旧藏，上有字曰："永乐六年古剌国熬，重一斤十三两。"在其家五十年，分量如故，钻开水清色而浓香，里面皆黄金包裹，故水量不减，以金能生水也。此水不知何用。随园历引明代以来歌咏此水，或以为可食，或以为熏衣沫浴之用。又引严嵩家籍没时，有古剌水十三罐，大约即今之香水欤？近制香水有贵重者，特不知古剌何国名。

治瞽，用空青石中水，可复明。随园谓见之于南兰张天池家，藏一石，仅寸许，光采空灵，中伏一兔，兔腹下藏银母浆，摇荡有声。欲治瞽，当取此水出。未知物理何如此？亦希有之物。瞽者比比，焉得

① 引文实出自清高士奇《塞北小钞》，非朱彝尊文。

尽为之复明?

粤中有拱北楼,其地本番禺二山之交。刘龑削平叠石,建双阙。宋经略史使司马伋重建,改双阙为双门,上置铜壶刻漏器。元延祐五年十二月十六日,广州宣慰使陈用和造器,置第层楼东偏,砖级累置其上。凡四壶。大者高六尺余,其三递减一尺,周围视所高下而杀之。时辰筹竖置小壶中,有铜尺衡壶面。遇某时,则时辰字筹浮尺间。楼上时辰牌、楼下时辰香,悉准焉。

闻双门底已改造,刻漏器移置他所。此亦地方古代遗物,当保全之。

宜兴陶器,泥色不同。嫩黄者出赵庄山,以和一切色土,乃黏埴,陶之可变为朱色。天青泥出蠡野,陶之可成黯肝色。密口泥陶变轻。赭老泥出团山,陶可成星星白沙。

供春,明学道吴颐山家僮,得金沙僧诀,能制壶。今所传栗色若古金铁者,即可贵。万历间,董翰、赵梁、元畅、时朋,名称“四家”。

时朋子大彬,喜作大壶。游云间,遇陈眉公,论茶,作小壶陶,中有言曰“壶家妙手称三大”,谓时大彬、李大仲芳、徐大友泉,而空群之目,必归大彬。

大彬弟子四人,曰欧正春、邵文金、邵文银、蒋时英,皆有法度。

清初,震泽进士沈攀,字云步,亦号能手。

《画舫录》云:金沙寺僧以指纹为识,“大彬之壶以柄上拇痕为识”,又有宜兴人徐小斋摹拓名壶各图式。陈曼生出《壶史》,益有可传。曼生之后,遂成“广陵散”。杨彭年、陈次伟、陈鸣远,又在曼生前矣。

近时,宜兴陶器较前制作为多。据云泥沙土质,前之所产地,今已全无。不得已,用他质,或取之别地,均不适用。于是宜兴陶业以辍。

明宣德炉制作最工。相传当时大内遭火，所藏金银铜锡各器镕合。遂有旨，以烬余铸炉，质色精致，有干红片、金鳝鱼、黄鱼子、金蟹壳青，天然变化，非人工也。其后所造，仅用铜质杂以药汁烘染，遂不能比。识者可辨之。

古之制墨人，曰“邢夷”，曰“田真”。至魏时有韦诞。唐代文书广用，遂置墨官。歙县有研务，相传祖氏制、莫氏制，皆墨官之卓卓者。五代而后，李超父子有名。其后，黄山出松，取为烟煤，制墨有专家矣。徽国文章擅名益远。又考古时竹木简用漆书，布帛卷用笔墨。漆书用竹削如帚，涂漆作字，久不脱落。又甚者用刀刻之，用火炙，锥画之，更与竹木同不朽。布帛作卷，必因文字冗长，使汇而存之。墨之用，与纸楮同广。传至今日，无能变矣。

吸水救火器曰“水龙”，象形之谓也。江南始创，仿欧西人，有机械。在乾隆十一年，苏州知府傅椿得郡人程肇泰之发明，每器先制图，每图即仿制器，仓猝有备。见《乾隆苏州府志》。

吴王阖闾食石首鱼，味美，饬所司或曝而腊之。吴王索食，因书“美鱼”。今有“鲞”字，从“美”省，非从“养”省。海错之成鲞者，由石首引申而用之。曩居四明，食物名“鲞”者，比比皆是。而吾乡又名“莱菔鲞”，则以意用之。

唐制：取得鲤，即宜放，卖者杖六十。国家有定例。见《草木子》。考颜鲁公奏天下八十一州设放生池。此制或在鲁公奏后定之也。否则，民间数罟入池，官家即张法网耶？

《诗经》河鲤特咏[①]古诗“客从远方来，贻我双鲤鱼”。孔子受鲁公之赐，因以名子曰“鲤”。孝子王祥卧冰求鲤，李贺诗“郎

① “《诗经》河鲤特咏”，此六字当衍。

食鲤鱼尾,妾食猩猩唇”,是鲤为鱼类,非有奇异。不宜食而禁之,何也?一说《唐律》国姓李,音近,故恶人宰割。又以鲤鱼通神,为龙化仙,人乘之,才智学士科名获隽,比之“鲤跃龙门”为可贵,故悬禁——皆琐屑政俗耳。

粤俗:食蛇有三种,一曰“饭匙头”,二曰“金脚带”,三曰“过树龙”。饭行人身上部,带行下部,龙行中部,能得三者合食尤佳。此蛇与猫同煮则曰“龙虎会”,与鸡同烹则曰“龙凤会”。粤地虽产此蛇,亦非寻常食品,亦不人人有同嗜。

纯庙南巡,御舟过苏州横塘,饮烧酒,甚可口,乃以“横塘镇烧酒”五字命臣工作对,一时难之,以此五字偏旁皆用“金”、“木”、“水”、“火”、“土”。

吴下陆稿,荐卖酱肉,甚著名。城中崇真宫桥边陆氏者,本庖人也,设肆卖肴。桥上有丐人常卧起,且饕。陆恶之。一日有异事,为陆见知。众曰:“恐仙人也。”陆青眼视之,丐不顾而去,遗草具,即稿荐。陆检归,谓是仙人所遗。家人笑其迂诞,遂以之代薪。厨下异香,每剪草煮肉,投汤镬,味胜寻常,名噪吴门,利市十倍。今则有名而无实。

太湖洞庭东峰,一名“碧萝”,产茶。土人采置怀中,茶叶经热,即发奇香。吴下呼为“吓杀人”。圣祖巡行,闻其名,试之甚美。以名不雅,更曰“碧萝春”。

考此茶,拣极嫩芽焙之,质细而味醇。先贮沸水,以叶下之,即沉底。多食克化,甚有助胃力。新茶愈香烈。今吴下有赝品,俗亦名“佛动心”。

松江有“二丁”负盛名,见于著录。一曰“丁娘子布”。在郡中双庙桥,弹绵纯熟,花皆飞起,以之织布,极精软,因号为“丁娘子布”。

一曰“丁归”。康熙时，有丁姓，善治庖，煮猪蹄极佳味。其市招曰“丁义兴”。至今尚有名。在松江南乡之枫泾镇地，与浙之嘉善县相界。

松江标布，宽八寸、长一丈八尺为一端。妇女每日可织一端有半。男女服用，大率习用。自种棉以至于被体，皆不取村外一事。淳朴之风，回忆及之，不胜有江河日下之感。

象每孕必五载乃生[1]，为动物之最大者。虎五爪即名“貙”，鹅可以惊鬼，鸡鹊能压火，孔雀可避恶，鸮为楚地鸠化，牛有耳而听以鼻，龟有鼻而息以耳。见《草木子》。

又考鹊声主有喜，鸦鸣主有祸，犬哭主家败，雌鸡啼主家人反常，黄昏鸡啼主有火灾。蛇声阁阁，其毒不远。龟身出壳，肆虐益甚。蟹对眼，不可食。蚁白蛀，不能久。狼入市廛，民居有灾。鼠行，瘟疫厉气莫当。凡百妖异，古谚俗语亦可证矣。

嫦娥音近“蟾蜍”，大抵即是一物。世传羿妻奔月，化为嫦娥。似人名，故字从“女”傍。若作虫类，字从“虫”矣。其实皆无稽。兹以二名称音相近。月中人物何许，概可知也。

羊性喜合群，故“群”从“羊”。犬性喜独，故“独”从“犬”。一说：独，兽名，似猿，从“蜀”，亦出川中诸山。《五侯鲭》云：“独一鸣。”故曰：独是不一义也。

蛊毒中害极深。云贵、广西苗、猺有此幻术。惟食当归，可解毒。

“熊，虎丑，其子狗”，见《尔雅·释兽》。故司马相如乳名“狗子”，马援《戒兄子书》“画虎不成反类狗”，皆本《尔雅》。其实，狗，狼类，在野为狼，与虎不相属。《尔雅》云云，是贬辞也，非真熊、虎

[1] “必五载乃生”，实只22个月。

皆可谓之“狗”。

槜李，禾郡古名，见《春秋》，因李名也。今郡治二十里有槜李城。

《说文》：“槜”训“李”，“隽”声，木实味。“隽”亦会意。又作“就李”，见《汉书·地理志》《春秋》《越绝书》。今相传禾城净相寺有槜李，实小而色丽，味甘美。又传有潘园、徐园、龙湖李园，皆有佳种。道光间，张叔未廷济家有李。李秋鹤作图，阮文达题曰《仙根分种》，王芑亭作《槜李谱》。龙湖刊有题词二卷。

槜李，每年小暑节前才熟。此时正可口，红皮绿肉如水晶，色相俱全。又传李上有西瓜子爪痕一捻为最佳。近则禾地产李，无不名“槜”，特较他处为味美耳。

浙、江毗连，如嘉兴、松江间，风俗、语言大抵相同。其名茄子，概曰“落苏”。吴越王钱镠子病跛，禁用“瘸”音，故改称。呼伞曰“竖笠”，当时行军禁语，以音同“散”，讳言也。见《渑水燕谈》。

马篮，菜名。《说文》：篮，训“染青草”。段引《小雅》：篮，“染草种”不一。马篮之花，小而色蓝，春日采嫩叶作野蔬，俗谓之“马蓝头”。随园谓“马拦头”，可作送行物，意绝佳。此则强解而附会之。

竹叶中有白纹，遍叶作细丝，如画，甚奇。万个琳琅馆主曾贻一盆来，伴以小石方盎。列几，风致殊特，名曰“飞白竹”。甚稀，亦甚难存活。太仓吴维鹗孝廉为梅村先生孙，曾在随园席上咏诗宠此竹。

柿有七绝，一寿，二多阴，三鸟不巢，四无虫，五霜叶可玩，六嘉实可爱，七叶落肥硕。见《草木子》。

《尊胜经》：苾茑，草名，有五义：一生不背日，二冬夏长青，三体性柔软，四香气腾达，五旨蔓布条。

红豆树，色如梓荚，小于槐角，霜后荚落，结实如豆，深红色。吴门东禅寺有一本，树枝连理，高三丈。花时，沈石田、文征明、唐子畏、汤子重恒为文酒之会。王勤中曾画折枝，以水墨渲染。竹垞翁题诗。

近者，述庐老人自常熟归，赠红豆一粒，外衣色甚鲜，发宝光云。

常熟某氏园有一树，恒三五载不结实云。

“橄榄”，古无此字。但自唐代有之，白居易诗曰“浆酸橄榄新相传”。其树以二月开花，八月实成，树极高，不可梯。但刻树根寸许，纳以盐一夕，子落满地。载《广州志》。内地所植皆不能繁殖，每核萌六出。尖叶既发，新叶遇冬令即萎。郑板桥书斋名“橄榄轩”，或有一树，抑别有取义。闽、粤有橄榄仁，极芬芳可口。

吴牧莘先生著《艺兰歌十二首》：

正月深藏在谷中，常常遮盖怕西风。天晴日暖都休出，要仗苍颜胜似童。

二月栽培最是难，有日无风请出看。若是西风陡然起，紧防变作鹧鸪班。

三月潘郎出旧丛，黄豆糜碎渍水中。豆烂水清方可用，即灌清水易为功。

四月清和日渐丹，泥土风高水易干。此时湿烂花枝少，卯酒须防污水搀。

五月新苗换旧苗，新苗初出怕日烧。绿杨深处安排好，方得新苗渐渐高。

六月太阳酷愈加，纷纷枝叶欲生花。凉亭水阁宜安顿，早浇浴水晚浇茶。

七月天时暑渐消，每更三日一番浇。更防蚯蚓伤根本，肥皂水沃一两遭。

八月无须避太阳，任他日晒又何防。不干不湿方为好，水用鸡毛润益良。

九月中时天降霜，迎请佳人入洞房。若生白虱与黄虱，青油水渍庶无妨。

十月天时小阳春，叶多根密可分盆。分时不可伤根本，来年依旧花叶匀。

子月时时宜向阳，夜间须要好收藏。常常润水微微湿，干旱之时叶恐黄。

腊月天寒霜雪威，须与暖处善扶持。只凭疏散春风好，正是斯文道长时。

兰有别名，曰：绿英、翠盖、天章、笑春、素仙、春一品、大魁荷。艺兰方法，天时地利人事，概不可不慎。移来江左，江西曰“赣兰”，粤东曰“广兰”，闽省曰“建兰”，花叶茂美。如遇冬令，譬之被难，百度防护，度过难关，方庆更生，或叶茂如故，花事甚稀矣。又一年更寥落不可耐，终必至兴尽已焉。若江南宿草，无事矜贵，畅茂条达，逢春必发，每于香草时见美人也。

毛传《诗·木瓜》篇，孔子曰：“吾于《木瓜》之诗，见苞苴之礼行。”郑笺谓：“以果实相遗者，必苞苴之。”又《礼记·少仪》郑注苞苴，“谓编束萑苇，裹鱼肉也。”是“苞苴”不过以物相遗，甚至贿赂通信，亦假“苞苴”之形似。而用之久，则视“苞苴”，二字遂成“私干”、“通贿”之解释。

后世纳贿情状，至多变幻，古人犹借“苞苴”之意。若予人以不疑，不亦拙乎？

“枸”从“木”，“句”声，读如“矩”。木名，亦通。蒟，又读如“苟”，即今枸杞。杞，亦作“檵”。《广韵》曰：“春名‘天精子’，夏名‘枸杞’，秋名‘郤老根’，冬名‘地骨皮’。”一物而随时有四名。今则入药，名“地骨皮”，余皆“枸杞”矣。一说枸杞千栽为犬子，是则“枸”与“狗”以音近而滑稽言之。见王渔洋《香祖笔记》引汤调鼎《辨物志》。

杭州武林门外有超山，遍植梅，风景不减邓尉也。山间有寺曰“报慈寺”，有楼曰“香海楼”。前有梅一株，遗自宋代，计已八百余年，花萏六瓣。乌城周梦坡先生护以石栏，旁筑宋梅亭。吴仓硕先生为作图，遗命愿葬宋梅侧。

仓老逝世已近三四年，今年朱古微先生又逝。梦坡尚主秋雪庵词人祠。今周先生又作古。风微人往，殆有晨星之感。

又考，超山地与唐栖相近。唐栖即宋遗民唐钰隐于此，故名。宋梅即唐义士所植。梦坡有《超山探梅》，并《修葺古迹记》，与《画梅》同刊。石缶老墓今葬在是。梦坡复有诗纪事，曰：“颇闻隐士唐，寻幽曾蜡屐。秉此天地心，冬青同手植。遥遥七百载，孤干寄忠魄。珍重冰雪姿，写照镌贞石。高楼置香海，万花拥弥勒。”

凤仙花异名极多。《群芳谱》所载，曰“海纳”，曰“旱珍珠”，曰“小桃红”，曰“染指甲草”。各地方言，如四明呼曰“满堂红”、“玛瑙红”，粤中名曰“夹竹桃”，吾乡名为“金凤花”，讹音曰“金盆花”。夏时花发，至秋不衰，种类极多。北窗下曾记有五十余种，惟无黄色者。又见记载宋光宗李后小名“凤”，宫人讳“凤”字，呼为“好女儿花”。

花生亦曰“长生果”，又名“落花生”，殆无名也。以其花落于地，一丝牵蒂，结实土中，故曰“落花生”。曰“花生”，减字呼之。曰“长生”，以形名之。此果初出日本，康熙间有僧应元携种归国，乃散植。至今，以取油为大宗之用，以资果饵，亦应用之一。余幼时居甬上，一日忽传某肆中有卖极大花生，六文钱一包，买者喜奇特，并云来自外国。即今时所当见者，较之昔日又不足为奇，原有之果已相形见绌。名曰“小花生”，香味较佳。只此一物，情状变迁，及余身所见已如此。

莴菜出呙国，有毒，百虫不近，蛇虺出其下，则目眩不见。人有中其毒者，以生姜汁解之。见宋彭乘《墨客挥犀》。

梨，一名“快果”，亦名“蜜父”，又曰“玉乳”。其种利北方沙土，不宜卑湿地。今江北有称“六合甜”者，实小而粗。凡皖北沿江地或有之，皆非佳品。皖南亦产梨，皮栗色，性绵，比江北略美，但不及幽、燕、齐、鲁之所产。今徐属有砀山梨，色香味俱，驾出诸产。

马齿苋，苛细冗碧，若铺地茵。一名“安乐菜”，刈之，掬灰揉软，曝烈日渍盐，蒸熟加麻油，饶有别致。

刺苋野出，嫩者尤佳，且治湿疗风疾。

菉豆衣蜕曝干，实枕中，小儿用之，利在清暑热。能明目，比蚕沙尤妙。

西瓜已食，洗子晒干，渍盐炒熟。庭下纳凉，佐谈风月，齿颊生芳，暑气半消。

暑日晨起，至莫愁湖，清露未晞，晓凉生袂，满湖翻碧，杂缀红装，微风乍荡，何异凌波仙子？盘桓兴尽，携连房，剖绿剥玉，味拟琼浆，缓步入城，襟怀间，了无俗气。一转瞬顿觉鄙吝复生。

夏日翦取兰草一二片，煮汤代茶，有清超妙逸之致。若得雪水，更三昧无上。

夏令云雨一说，语近神异，曰“有龙取水”。一说谓是海上飓风，故云脚下垂，水势上升。余于光绪戊戌夏居枫泾，其地百里或数十里即近海。忽见黑云弥漫，半齐天际。云中有黑影蜿蜒直趋，云脚下垂处，顷刻缩入云中蜿蜒，周匝都带溟濛。不愈时，大雨如注，人谓之“龙吸水”。若曰海水为飓所上腾，何以不近海处亦有云物下垂？余又曾见之。且飓风不常有，云中蜿蜒自上而下，已而又入云，风耶？龙耶？不可究竟已！

热人不可风。病所由入，其感易。医不中法，药又误之。失之毫厘，千里谬之已。亦有盛气遇风不足虑者。人体之气蓬勃外泄，风感耶？动，一汗便消。但非所论于寻常人之身体，否则风入乘虚，感于不觉。储之有故，蕴积脏腑，发皆中节。医药再误，不可知矣。此其故。余尝研究伤风证，知之。

荆芥穗为末以酒，调下三钱，治中风立愈。人面疮，贝母治之，愈走马疳。瓦垄子连肉火煅，存性，置冷地，用盏盖覆，候冷取出，碾为末，敷患处。又一方，马蹄烧灰，入盐渗之。

痘疹黑陷，以沉香、乳香、檀香放火盆内焚之。抱儿上熏即起。

恶疮以东瓜中截之，先以一头合疮，候瓜热，削去再合，热减乃已。又用蒜泥作饼，炙疮上，不痛而痛。痛者不痛，即愈。

医家用针施灸法也，用砭去血毒也。今有针法而不知有砭法。砭法实易，尽人而为之，久则不辨为何法。即今之用钱刮肤，或以手揉皮肉，使红紫。此即砭也。针法必须知人身之穴窍，然后可施，非漫然砭法论也。古人砭法用石，使粗糙，与皮肤相搓擦，血中有热，即藉以出而病自愈。某君为作《砭失传诗》：

> 砭失传砭失传，太古良法今不全。岂知村妪善持家，治病利用背上爬？不需纤纤麻姑爪，大类铜杓刮南瓜。紫血斑斑复条条，疾病之去由皮毛。勿药卜，今夕健饭庆来朝。古人砭以石，字从偏旁犹存迹。今人以钱或以瓷，窃取其意自得师。学在四夷失求野，我亦不贤识小者。此法乡里固常行，不知何故说与医家未尝明。

龚立庵撰《常熟志》云，邑人赵氏，家储喉风药，甚有效，而秘方不予人知。一日，赵子与友人谈论间，索方不答。固索之，赵愈秘。忽立时喉痛，乃露声曰“为我求猪牙、皂角捣烂，和醋调末”等，用如法。漱口四五次，有痰大吐，痛止。于是人传其方药。

高江村田间纪恩诗曰：“蒙赐金吉那。”注：“金吉那，大西洋西野国所产，能已疟。御札因示服食之方。”康熙时，中国已有之。即今之金鸡纳霜是也。为树汁所制。

凡人溺水死者，用鸭血灌之可活。见明人顾元庆《檐曝偶谈》。

鸭血可治，鸡血亦可，必因血见水凝，或燥水使气通，亦有理。

痘疮以形似名，古无此疾云。自汉马伏波征交趾军中得此证，因而传染。据医云，此乃五脏之毒，由受胎时即传种，血气外感当发。北方之人天然出痘，不以为险。南人往往有致命者。于是有种痘各法，莫便于牛痘，已近百年推行无弊。欧西人最视痘为人生唯一之恶疾，医治过分，常有致死者。最近西医治痘亦矜慎，不视为泛常，但不误于药犹可。

噎病即今之胃病，久则不能进食。昔武昌有僧得是病，死时语其徒，必有物为祟，殁后当剖视。其徒如命，见有一骨，疑鲠焉。一日，兵帅借宿寺中，杀鹅为馔，血溅骨，骨立消。徒亦病噎，知鹅血可治，数饮而愈。见王渔洋《香祖笔记》。

案：胃病一名“膈食”，或曰“胃中生痈瘤”矣。故失功用，不能食。观于此，则别生一骨，或与胃病不类。

卷八　异事

雾淞不常见，云是休征也。雍正癸丑冬，京师夜气如雾，明旦如霜凝树间，熠熠有光，良久始化。《鲒埼亭集》《埋忧集》均有记载。近年，余又亲见之。早起，见地上似冰非霜，一白无际，滑足不可行，经日光乃化为湿气。又见画室玻璃窗气，凝冰成花木山水，奇形妙境纷披，真是化工。诸如此类，不知是否雾凇也。

丁巳冬十一月二十一日午未之交，三日并出城中，万目睽睽，见者极异。其时，日之四周有薄云蒙蔽，渐生五色晕。日之平线，左右各见一日如珥。移时遂灭。

辛未四月十五日下午三时，安徽宿州天变。先有阵云，昼几晦，迅雷风雨如飞瀑，已降冰雹，大如盎如瓮，平地积厚尺许。被灾之区，自西北至东南，横约二十余里，纵约百余里。时正麦熟，收获在即。经此摧残，遍野无余。且树木、房屋、人畜同一损毁。入宿境一望，枯寂荒凉，殆非人间。闻尚有冰块，长数尺，厚数寸，如石碑，历久不消。遍地气候，无异酷寒冬令，诚空前之浩劫也。

癸亥二月间某时下午七时，川边炉霍、道孚两县火山爆裂。霎时地震，延及五百余里，炉霍城乡二百里炊烟断绝，成为丘墟。约计死伤三千余人。

丙辰五月，苏州王天井巷有如意阁茶馆，庭中土地涌出血液，极殷，臭气腥鼻，不可耐。掘而视之，无他朕兆。

近年甘肃地震，为灾至巨，死人二万余，毁城堡无数，渭川一带尤剧烈。地震至一月之久未已，地有陷作大水泊者，平地有积土成山阜者。天地改变在顷刻间。回族马姓居天水某乡，寨口三百家，一震无余，全陷山腹下。

乙丑十二月十一日夜中，云南嶍峨县思普通衢，地震极奇。未震之先，地面涌水二三尺。既震地裂，全城毁，死人约计二千。次日大雪，深六尺。

庚戌之夏四月间，西人测出天象，谓有哈雷大慧星将见，芒长十余丈，白光。未几见，至冬令渐小，乃灭没。

丁未之夏，彗星尾扫文昌，占者又谓文运之厄。辛亥八月彗又见，光长自东而西。八月武昌起事。

自辛亥以后，太白屡昼见在日之偏，下午可见。

癸酉秋九月初五日戌时，天空有极大流星自北南行，巨光照地如白昼，星大如斗，外附小星五六直走云端，并有声如鼓。此星见地，凡在五六千里以内皆同。

有绝句数章，相传清初黄蘖道人题壁，历纪清朝历代帝王御世纪元、国号约字，预示甚奇。余昔抄友人处，系咸丰五年抄本。时同治、光、宣尚未见也，而诗已言之。此亦谶纬术者：

日月已落江海碧（明亡清兴），青猿（甲申）已过判兴亡。八年运向滇黔尽，二九（顺治十八年）丹从壑谷藏。

黑帝当亥运际康（康熙），西南戡定即垂裳（三藩乱事）。唐虞以后于斯盛，五五还余六六长（六十一年）。

有一真人出雍州（雍正），鹡鸰原上使人愁。须知深刻非为法，白兔嗟逢又一周。

乾卦占来景运隆（乾隆），一般花甲祖孙同。外攘屡展筹边策，内禅无忧太上风。

赤龙授璺世堪嘉（嘉庆），那怕莲池发白花（白莲教）。二十五弦弹已毕，龙来龙去不逢蛇。

白蛇腾道漫腾光（道光辛巳元年），霄旰勤劳一世忙（三十年）。

不信英雄来海畔，望洋从此叹汪洋（西洋交通自此始）。

亥豕无讹二卦开（辛亥、咸丰元年），三三两两总堪哀（十一年）。东南半壁红巾起（洪、杨），西北千军白帽来（捻、回诸乱）。

治安青鼠大同兴（同治），四海承平水沸腾。一纪刚占阳一复（十三年），寒冰空自战兢兢。

光芒闪闪见炎星（光绪帝以六月二十八日生），统绪旁延信有凭（同治之弟）。秦晋一家成鼎足，黄牛运厄力难胜。

中兴只合付麟儿，豕后牛前耀德仪（宣统以戊申十一月即位，名溥仪）。继统偏安三十六，坐观境外血如糜。

红鸡啼后兔生愁，宝位纷争半壁休。幸有金鳌能带主，旗风八面下泰州。

白帝当时用武年，四方各自扫风烟。九州又见三分定，七载刚留一线延。

赤鼠年同事不同，中原好景不为功。西方再见南军至，刚到金蛇运已终。

日月推迁事转轮，嗟余出世亦无因。老僧从此休饶舌，后事还须问后人。

道光间，民间有传说七字，暗寓清代七君临御天下年数，曰："木立斗，非共世极。"解木为"十八"，顺治也。立为"六一"，康熙也。斗似"十三"二字，雍正也。非为二三十相背，乾隆六十年也。共为"廿六"，嘉庆廿五，相近也。世则"三十年"，道光矣。极为十年八月，口外了，又一年，似是而非。同、光以后，遂无谶焉。

萧山涝湖村农人锄田，得石刻，文曰："有妫之后，疆圻是拓。益者三友，华云其落。外观有耀，其绥若若。太康失位，仲丁以托。中冓启羞，汪洋肆恶。时逢犬马，化为一鹤。"词意闪惑，不可究竟。

天旱久，各地火灾极巨。扬州阙口大街火，忽飞火出城，计毁城内外二百余家。苏州观前街火，焚七十余家。杭州官巷大街火，毁民屋市廛三百家。汴省城书店街大火，亦数百家。汉口大火，则千余家。皆宣统元年三月事。

光绪戊申，余客杭州逆旅中，夜间闻人语曰："清波门大吼声怪！闻者惊骇。"明日，又闻人言定海城门，亦有声如雷云。

广东琼崖人陈文佳云，钦州防城东乡村陈某于壬申年冬间在村外伐榕树根，下锄三尺许，见一大理石，长一尺四寸，阔八寸许，刻隶书。即由该县长张敏识别，文共一百十六字，意义殊晦，不可解。文曰：

> 五百六年，见泰山申乙，口沮利揖。周召遗荫，子肇帝业。草寇木屐，中合三口。苍穹雷动，为君辅弼。古耄是独，作俑称德。经重在握，功玄珠域。气运南方出君臣，应现辅星统妙音。先复铜轻后定鼎，水牛九转起前程。天运洪武六年岁在癸丑三月谷旦命讨蛮将军郭愈携往象郡瘗于交趾疆界。刘基占志。

> 由"五百"字至"殊域"止，字体约寸。由"气运"起，至"前程"止，字体略小，合两句为一行。由"天运"起，至"疆界"止，又单独一行。"刘基"四字又略大。"洪武六年"确为癸丑岁。"年岁"二字有手指腡印四。该石陈列防城县公园。此为壬申年嘉平月下浣事。见报详载。

相传张桓侯之颅，今尚在湖北荆州莲花寺内。先主筑石亭藏之。亭内有油池，封闭甚固，禁开视。光绪初年，督学某命寺僧启视石亭。池中油甚清，桓元如斗，怒发短髯，唇色如血。以油加之，仍封禁勒石。《四铜鼓斋笔记》详纪之。

徐乾学幼子名骏，字冠卿，性聪黠，残悍无比。入塾就傅畏拘束，以毒鸩杀其师周云陔孝廉。一时群以"药师佛"名之。比长，入词林，狂放骄肆。雍正初，以逆诗致谳。廷讯时，见有刑部少年司员，面目与周师同。大惊，知有鬼。报司寇旧交遍都下，援救之，皆弗获。少年司员争论，必致死。徐氏门第，自此不振。司员，即华亭胡宝琳。此事载《顾丹五笔记》。余又见《朱村谈怪记》，昆山有徐孝子沉于乞丐，奉母极孝。母死，投河殉。相传谓为司寇之裔。是则家之式微，有由来矣。司寇藏书曰"传是楼"，指书谓其子孙曰："所传者惟是！"其谓之何？

松江宋孝廉懋澄，副督御史征舆之父也，精数学。生时，预有一书缄，付其妇曰："征舆中进士乃启视之！"至顺治四年丁亥，征舆成进士，乃开缄，有字曰："此儿三十年后当事新朝，官止三品，寿止五十。"康熙丁未，迁副督御史，卒时年正五十。是事有前定矣。见王渔洋《蚕尾续文》。

浙江宁海州，康熙间有木工十数人浮海覆舟，八年始归。其事甚奇。木工入海，见如夜叉者掣其舟入水，至一处宫殿巍峨，指示曰："此龙王居，特命尔等为之匠作！"予饮一瓯，似酒匪水，亦不饥渴。工毕，送舟出水。舟归行速，并余钱物。木工且言云，有督工者，亦宁海诸生冯春字大年。访之，则大年正得狂疾，闭置室中亦八年矣。至是，疾遂瘳，如旧相识。所乘之舟亦有主，为杨维乔，字岱桢，顺治己亥进士，以御史外迁口北道。见王渔洋《蚕尾集续文》。

《续集》又记陈氏女子再生事。时渔阳已迁刑部尚书，复按是狱，且奉旨令完婚于京师。事在康熙三十九年。女，凤阳府虹县人，陈文升之女，曾字陈玉秀子。岁饥，陈觅食他乡。濒行，留半镜作证。有泗洲人周二虎瞰玉秀不归，强委禽，率众劫女。女投缳死。时在康熙二十二年九月二十四日，女年十八。既葬，十月十日，有犬数十群吠，绕女墓，蹄而发之。女苏。过者闻知，报文升，持女归。是女死已半月矣。二虎知之，又欲行劫。女投玉皇庵为尼。二虎迫益甚。女乃走京师叩阍，下刑部，檄皖抚治二虎罪。于是玉秀之子出半镜合之，谳定。

按此二事，有地名、人名、年月可纪，绝非伪言。宇宙之大，本不足异，异而不异也。特人事有常，变乎其常，遂不习见。于是概视为“齐东野语”，亦不尽然。

同治庚午二月三十日，浙江嵊县令严思忠被剃发匠入署，为县官奏技整容，突发狂，以薙刀刎严颈殒命。即持刀入内室，杀毙严妾及女仆，妇王氏、李氏皆重伤致毙。即由典史李承湛将凶手获住，讯问之，状类疯痫。呈巡抚杨昌浚，奏得旨正法。匠名庞阿新，剃工之拙者。入署应役，常事也。不知究意，此事极异。余幼时习闻父执论其事。

嵊县署右有屋，祀严令。署中新令来，无不致祭。闻事后凡令嵊者，皆以仆役充剃工云。

上海三林塘张欣生以毒药弑父张家云事，已二年余。忽有当日与谋凶逆人朱潮生，又造意助逆朱健臣。因与欣生有隙，立时告发大逆不道。有司依法开棺验尸，犹未腐，剔肉检骨，蒸熟视之，中毒有伤。谳定，欣生夫妇处死刑，枪杀一朱，而以一朱处无期徒刑。

案：中毒之尸，皆不即腐，久成僵形。历来开棺检验，遇尸未腐者，皆毒证也。谋逆之人，一时并罹法典。莫或为之，而自致之。可谓逆报不爽。

安庆法政学堂学生宜兴朱氏随父宦游，以家庭细故，朱即持刀弑其父，复以油镬盖父顶，霎时致命。

杭州宣文海，菜佣也。以琐事与家中人争衡，顷刻间弑父与母，立毙刃下。此皆光绪三十四年三四月间事。

庚午三月二十六日，上海租界爱文义路至德里郭椿森家，被族人郭松安一夜杀死大小人七口。其事极惨。椿森，字松年，广西人，曾任国会议员，以病居医院。妻黎氏，媳妇刘氏，次孙达生，三孙梅生，族兄郭绍龙，婢子桂香、春兰，俱饮刃，横尸卧室间，血泊模糊，不辨谁何所害。次日晨起，邻家见郭之后门启，见其五岁长孙苏生啼告惨状，乃知。但不见松安与婢崇桂，或偕逃，是凶手也。松年长子伯起，在学校读书，未及于难。松年病中闻讯，亦几死。

扬州人陈乔年生二子，一名开洪，一名小狗。开洪娶妇杨，侨居上海浦东。乔年，种痘医师也。术已不行，依子为活。子虐待之。子妇杨更恶乔年如眼中钉，曾一次肆殴若翁，二子助桀焉。近复杀乔年，谋益亟。乔年知之，渡浦避凶。子若妇尾之。行抵施家弄。夜间地僻，遽用利刃向乔年脑后猛斫。乔年呼救，即用麻索勒颈间。初以为遇盗，已而听其子妇辈互相语言，乃知逆獍行为也。未几气厥，不省人事。久之，乃为逻者侦察，以术苏之。述颠末，拘子若妇。乔年于囹圄间，犹遣人致饼饵。舐犊之情，不敌弑逆之心矣。

辽东沈阳商埠一纬路浩然里第四弄李饶州家，一日被人杀死八口。李曾官黑龙江省龙江道尹。先日，携妾赴某处有事，家中妻夏氏饮刃毙房中，子李佩芹与其妾尚氏斫毙于床间，长女来喜死于中堂屋下，次女莱祯死于西侧厢屋，幼女来明头胸间均有重伤，毙于姊旁。差役藓文成、厨子于智宽均头脑击碎，血肉模糊，毙于门房。此外，尚有二仆，一林海泉，一尤某，均不详何往。次日，李子之妾父尚某送物入李宅，因闻腥恶气，且呼人不应，而门户洞开，睹状惨极。鸣之街里，为报官云。此亦庚午年六月间事。

苏州阊门侨民江北人陈双喜，有子妇孙氏，因遭勃豁觅死。妇家诉冤，谓其姑与伯姑绳索勒毙。事隔一年，求请开棺蒸骨验之。法官如其请，即于庚午正月二十日启妇柩，死者皮肉尚未尽腐，惟眼鼻无存，殓服皆完好。舁尸出，检验吏将衣卸去，遍体皮肉片片宰割，刮出白骨，比凌迟酷刑殆有过之。一日之久，始具全付骨殖。按成部位如人形，预备蒸验，零切胔肤，细大不捐，仍纳之棺中。相传妇之死，谓之自缢，继又谓勒毙。初不料其尸经年未变，一若待身后之惨。究竟所伸之冤是否有据，尚不可知。法律者，维持道德之范围。今若此，夫岂升平之世所有事欤？

又云，妇骨有异禀，左腋之胫骨头生有一勾，右肋之第三、第四两骨搭连如桠叉，与常人迥不类。蒸骨后，为自缢，为勒毙，并不明晰。即便有左证，伯、姑等是否论抵，不可知。事见庚午正月二十三日报。

幼时习闻家慈言，浙江提督张其光有某氏妾，以事愤而服鸦片毕命，置柩于宁波郡城北门内之佑圣观十余年矣。某年张督返柩回粤，命检骨，以竹箧盛之。开棺，面如生，全体未腐，衣饰华丽如常。张督临视，叹曰："是待刑者也。"即命截尸，而腰斩分剖之，实箧中，附海舶以去。有见者曰："肉色切断，与腊肉无异，并无尸臭。"此亦服毒不腐尸之证。

丙寅夏，太仓沙溪有李相涛、曹宝卿、曹德卿三人被雷击死，背上均现似文字迹象，似是而非，殊不可解。一时传者，以为此即"雷书"。邑人严惠祥为之记。

枫泾同门老友叶桐叔理封，沈筱圃师高弟子，中式甲午乡试，有朕兆焉。桐叔入闱，假寐成梦，见极宏丽之第宅，垣周而无门。途遇长老，叩之曰："得门者寡也。子惟望气而已。"言讫不见。号军送题，纸首题"'夫子之墙数仞'至'得其门者或寡矣'。证以梦境，因思长老"望气"之语，径入文思，援笔通篇以"望气"始终之。其破题曰："状圣德之高深，望气者皆自外也"云云。出闱，秘其文。迨报捷，桐叔乃言之如此。

南郊机器局饬匠除烟囱，高数丈，上有鹊巢，孵卵累累，中有一卵壳成凸文古篆四字"富贵昌宜"，上下两端见太极图形，异而献于总办吴学廉观察，因作《记》，志为瑞征。卵向存局内，《记》书横幅，今不知在否？

昔年伍秉之家堂屋柱下础边地中空，异而发视之，为窖藏也。掘二尺余，果见小儿卧具。已将朽。中实泥滓，翻检见有锡茶壶，壶之中有木盒，盒内有女子缠足布一卷，放布既尽，中有新苗嫩芽蚕豆二粒。余无所有，诚不解。何以豆芽犹新，而物质近朽？秉之与吾友马石楼为至戚，举家能道之。

宣统三年正月间，前署江苏提学使夏敬观之母夫人柩归江西，弟某扶柩行。舟入鄱阳湖，大风折樯桅，浪高数丈，舟覆。孝子持柩大号求救，头触船唇，血泪迸下。迄无援者。霎时，俱殉洪涛中。明日，获夏母柩，而学使之弟不可得矣。闻者哀之。

丙寅年，苏、赣、鄂三省有兵事。红卍字会以救战地死伤，于九月初七日携赀食，结合多人，由江宁乘江永轮船上驶。十六日至九江，尚未近岸，船起火，延及军火之在船底者，同时爆烈，俨如水上火战，救者莫敢近。船中呼救之声极惨。是役也，"卍字会"中人因赴人之难而自罹灾劫者，计三十余。尚有船中行客及兵士，均不计数。沿江上下游，一二月间收尸者不下数百家。

黔苗有运尸法甚奇。近为外国人见之，因著书述事。苗地产木，木商入境，或有病死者，殓无榇运尸归里。苗人有谙法术者。先以死人生卒时日录符上，喃喃向尸咒语，纳之胸间，然后三呼死者名，尸遂起立，以绳前后牵之行。尸低首，举足自然，从行无碍。惟僵涩与生人异。于是长途数百里，或需时日一二月，皆听符咒为准。虽盛暑，尸不变。每值馆舍栖止，伴侣之人先将尸束缚，挂墙壁间。明日便去，视为故常也。运尸既至，速具榇殓。外国人游历，见其事于旅途，不能测其故。又闻此事资斧极重，非富有不能备。或曰：此即役鬼术。

借尸还魂事甚奇。有刘建中者，安南国瑶州府西南二百里山洋县人，年十七，家有田一百六十余亩。建中居县西南七十五里，庄名刘家大坑庄，庄头名陈开莲。建中生而左手有朱瘢，八九岁入塾，塾师授以堪舆法，能辨地下原泉之有无，名地之骨干为墉，血肉为埆。

父廷钦早故，祖汉章年六十五、祖母申氏六十六岁，母王年四十二，均在堂。兄建清年二十一，业农，嫂氏陈年二十二，兄子六岁。妻杨氏住直里，甫于上年癸丑正月初三日新娶。十月初十日生男小娃。今年丙寅二月初六日，建中自田间归，感受山风，略有疾。初十日，母王饮以红糖水二碗，并覆以被，取其汗出。约两三时，汗未透。将晡，遂昏蒙睡去。夜半子时稍醒，但闻哭声，不能知究竟。初亦不辨远近。与言语，豁目四顾，诸人在室，亦不能识。急问何故，言齿间殢涩，又觉腰下扎痛，呼抱稻穰来。起，坠灵床下，伤面左部及右股间。家人扶上土坑殓，衣且具体束缚，殊不自由。又仍似在被内，遽毁所衣。家人以为死而复生，又以被覆之。语言即不骤通，动作又彼此互异。居室器皿皆非其旧。初疑是梦，复悟已到冥间。渴不敢索饮，恐中迷魂汤之毒。明日，见日光，始知非梦，亦非冥间。饥渴不得已，索小米粥，日食数次。家中人见其返魂，顿失常度。或以为疯痫，愁虑不知所措。三日后，能步履，揽镜自照，面目俱非，诧谔惊异，恼闷已极。一月之后，始渐能随意饮啖。三月后，经家人教导，渐通语言。乃知此间是中国山东东昌聊城东南乡崔家庄崔姓，非复安南旧居矣。本身崔天选三十一岁，于二月间与其姑母负气，私饮煤油图自尽。妻李氏以白菜汁灌之。夜子时复活，惟气息奄奄。正初十日夜间，又昏去，举家号哭。父崔书乾升屋招魂，忽闻苏醒，群相惊慰，而天选已似是而非。今已近一年，无日不眷念安南家事。偶一询及，辄怆然欲泣。于是，刘建中之魂借崔天选之尸，合而为一。

此事载丙辰年二月二十六日《时报》。因聊城有崔姓被盗，县中查勘事。主家有子，出言不类聊城人。问之家人，不欲人知。有从旁告语曰："此即借尸还魂者。"查勘人上其事于道尹龚积柄，即命来署，详询往事。一时见者皆称异。龚氏送天选于济南。梅撷云者，狄楚青之挚友，与崔周旋，并知之最谂。梅乃为摄影，与道尹笔记转至楚青也。

湖北罗田县金义埠有叶锡山，其母刘氏于己未年九月间大病，汗下如水，下体溃烂。愈日，觉有物自阴中下坠，突然成男体，并不自讳。同时，同县有雷容儿，年三十一，居多云乡雷家湾，为雷天铎太史之裔。有兄名电云，在军中充弁目。容儿业缝工，亦于己未年九月十三日病，通体苦痛，大汗，数日不能进食。已而下体骤变，前阴已落，化为女身，乳峰并峙。初犹自讳，久则为亲知觉察。其戚潘氏为作媒，嫁于张如惠。罗田县官验实。此事莫不称奇。

戊午六月中浣，城中营门口去吾庐不远周氏妇一产三胎，二女一男。女先脱胎，次生一男，而又继之一女。二胎无恙，第三胎堕地即毙。

吾居停刘氏有戚来姓，住神策门外，亦一产三胎，均未存。

庚午九月初三日，上海西门外唐家湾金兴发牛行送牛十二头，贩于虹口宰牛厂行。路中随行有小牛，忽大鸣不已，旋即奔入吴泰兴煤炭店内，跪地不起，嘶声长号，泪如雨下。行人驻足，就中有松柏园药店主四川人廖松柏，出资十八银元买牛去，放之四川会馆。牵牛不起，廖曰："汝有生路，不杀矣！"牛乃贴首，从之去。事见《新闻报》，并有客自沪来，目见其事也。

庚午六月十二日，广东揭阳县磬都乡人何大序于村边溪水间得一蟹，大可寸许，壳淡黄色，隐见透明黄壳之中有一美人，形容俏丽如绘画，秀发平分，宛如时下妆，面容大可半寸。最奇者，投蟹以食，蟹啖时，美人双目凝睇，若有笑容。蟹游行盆中，掩映露目，作窥人状，似羞涩有情者。此何尤物？抑水族之妖欤？

蟹在上海陈列，供人参观，获利甚丰。未几，何大序归，蟹渐变态，不能活。曩在甬上，余曾见海蟹壳现恶面形，双目怒视，大鼻侈口，两颧凸出。土人见之，名曰"人面蟹"。今之揭阳蟹妖，则又奇已。

癸酉春二月间，陕西华阴县属之沙坡村农家牛，忽于十三日产一麟，全身重量约二十五六斤，遍体生甲，状似鱼鳞。每鳞大如钱，鳞边生细毛，色黄如金。两耳下垂，目光闪耀，口内有虎牙，尾如牛，蹄如马。农人民以为怪，弃于藕田中，遂毙。

里乘备识

先严寄沤先生行述

王兆桂[①]

先严淡泊寡欲，以诗文词书画自娱，温乎如春，肃乎如秋，精神内蕴而不敝。父执□以难老期之。

丁丑秋，东夷内犯。先祖慈年九十，先严亦六十一。仓卒避地，由当涂而和，而巢，而寿，而固始、罗山，经信阳以达汉口，艰辛备历。不孝幺姊兆芹、姊夫吴叔御，时或相失。而先严、先慈翼先祖、慈以行。风雪兵火，曾不须臾离。未几，先祖慈以微疾逝。

劳瘁之余，重以哀毁。寇氛益棘，不宁厥居。徙重庆，再迁江津。乙酉二月，先慈弃养。人非金石，况已稀年？又生平笃伦常之谊，有不销铄者哉？居江津，时与二三老友聚首。既赋《落日诗》征和，又取乡先正杨柳门先生句"古来必无白头贼，我辈各爱青云躯"，书联寄陈匪石丈于渝州。凡有题咏，不越思亲、念乱二义，盖心力瘁矣。寇降之翌月，与同居赵瑞芝光甫兄弟买舟返里。初寓护国庵，嗣移王府园赵君所。

越两月，不孝归，见先严神明不衰，赵氏相待极周挚，方以爱日长而窃自庆也。孰意前秋以来，感寒暑辄病，饮食小不慎辄病。家无一椽庇，姊家室毁待葺。妹兆荷随婿易价寓兰州。不孝卒业中学后，以弟友铭早殇，矢长依膝下，肩养亲之任。而奉职交通部，数日一归省。及今思之，终天之恨，其曷有极！

去秋八月，先严病痢，姊与姊夫欲昕夕奉事。迎至止马营所居，

---

① 王兆桂为王东培女儿。

不孝亦乞假归侍。旋即体气日惫,时或小病。从兄异凡知医,不孝等私询之,谓今冬宜加意。日长至,石弢素丈逝世。闻之,忽忽如有所失,然犹强起往吊。赵君屡来迎,言修治三楹,俾挈不孝栖止。先严忻然。鼎铛佣作,一一摒挡。为还居计,今年二月五日立春,命外孙吴元达绘瓦壶梅花,为题一绝曰:“甫到晓钟春已回,千门万户笑颜开。寒家也有迎新意,买得瓦壶插野梅。”见者皆以为饶有生意逢吉之征。七日晨,拾败纸作小梅枝,则精神似已不属。日晡,复为侄孙益佺作一画。晚八时许,如厕起,略倾侧,不孝等掖以登榻。问所苦,曰“无之”,惟神色渐异。十一时后,遂不能言。急延胡鹏、吴御龙、胡子宪诸医师,注射不效。八日黎明,金诵盘医师至,谓脑溢血,抽血或可救。乃日加午,痰涌,延至下午二时五十分,竟弃不孝而长逝矣。呜呼痛哉!

识废置

江宁府学，殿宇驻兵，先圣、先贤神位皆毁。

改革以后，尚有告朔之饩。近年残毁益甚，孔子以下列位，皆弃为薪料。殿宇马粪高积，礼乐诸器，更为乱兵偷窃作玩具。从祀诸祠，自崇圣殿以次皆驻兵。

县学夫子庙，易名曰“孔子庙”，先贤、先儒位皆毁。

崇圣祠，五代之神位，作地平铺板。祠堂庭前，唱鼓书，作茶寮。大成殿配位暨两庑从祀位，皆毁为薪材，庑宇改作图书馆，至悬裸体女子画，任人观览。大成殿亦常作骨董肆，环宫墙内外，杂列破旧，诸肆如阛阓。

棂星门外，天下文枢坊暨泮宫前坊，均拆卸，卖木作价。考坊建于同治庚午，仅一周甲而已，坊字为里人端木采售，闻为木匠某得去。衡府纪善周公祠，贤良祠，孝悌祠，上、江两县[①]儒学署，均易名，各有用。祠内神位皆毁弃。

明德堂开小学校，堂后尊经阁作赁舍。

贡院废为市廛。

---

① 上、江两县：指上元县、江宁县。

明远楼迤北内宅，皆更为他用。东西文场号舍，均卖民间，筑屋设肆。贡院诸碑记嵌至公堂廊下，皆存，特留左右数号舍，资遗念。

钟山书院，改建学舍。

乱后移门帘桥，规置崇闳。既废，易为江南高等学堂。其后又改为江苏省立第四师范学校，近又为南京中学。

藏书二楼，皆书院之遗，屡乱尚无恙。厅事尚存左文襄“正谊明道”一额。

文正书院，改建学舍。

奉新许文敏公振祎，承宣江宁时建，盖表率师事曾文正公遗意。右八府塘，既改为江宁府中学，旋改为江苏省立第一中学。

惜阴书院，改学舍，又为图书馆。

前改为上元、江宁两邑小学。端方督两江，收没仁和丁氏八千卷楼书籍、南陵徐氏书画，筑楼两幢，仿文澜阁，改为图书馆。自后屡易主管，屡有更名。伧父偷儿充塞，狡狯益视为利薮矣。

尊经书院，即以夫子庙后尊经阁为址。科举既罢，遂更名曰“校士馆”。

每月一次师课，不久就废。

凤池书院，改为小学校。

乱后，置宅在新廊。

奎光书院，亦废。

四仲书院，原任上元县知县王伯芳大令芝兰，捐廉课士。每季以仲月试士。科举既罢，旋废。

甘棠文塾，建舍于黄泥巷之西。前知上元县事桐城甘绍盘，遗廉俸给孤寒。每月试一次，今废。而塾舍赁织布工，为寄宿地。

筑野文会，借杨氏宅，在朱状元巷。为丁家巷傅氏捐资，以试孤寒子弟。仿甘棠，每月试一次诗赋词章。傅氏家中落，遂废。

文昌宫，于甲子年冬被广利慈善会不戒于火，正殿全毁。

武庙，改祀关、岳，不久废弃，以殿屋改为铨叙官吏所。

上江考棚，安徽督学试士、录遗之所，改为安徽公学。

中有"明恕堂"额，石埭陈艾书，今存。考棚屡易地，今在中正街。

下江考棚，江苏学政试士所，改为织布厂。

在南门程子祠之右，又以余屋改为积谷义仓。

上元县署，改为贫儿院。

县署在升平桥。兵乱时，收拾各地难民遗弃之子女，择地给养，乃以县署作广厦庇寒之所。

布政使日盈库大使署，卖于民间，改作祠堂。

有卖纸佣王姓，慕古人敦睦谊，买去作家祠。陈作霖为撰

《祠记》。在布政使署东。

江安督粮道署、江宁府署、都统署、北补通判署，均为驻兵所。督粮厅署、府检校署、南捕通判署，均改为学校。

江宁府署西箭道，及江防同知署，均拆毁，改学校。今钟英学校，即南捕厅署也。

驻防将军署，辛亥兵乱拆毁之。

辛亥改革，凡驻防城大小衙署，及民屋公所、万寿宫祠宇，一律拆毁无遗。

察院织造署，初议改要人生祠，近为市场贸易所。
南郊江宁县丞署，改为警察驻所。
总督署、布政使署，屡有改革，不胜琐记。屋宇之改造，情状之变迁，人事之迭更，至为烦杂。
翠微亭、清凉山旷观亭、钦天山燕子矶亭，昔题御碑，均毁。

燕子矶改为小学校。旷观亭连北极阁，近改建无线电台。

钟山茅真君庙、沙朱巷城隍庙行宫、门西五云庵，或毁或改为学校。

紫金山茅草凹茅隐君庙为兵毁，泥塑像以巨绳曳倒之。余或弃偶像，而占其屋为他用。

城内外桥上有屋者凡九，如北门桥、西华门桥、内桥、笪桥、南门内桥、外桥、新桥、大中桥、水西门外觅渡桥，自丁卯夏一律拆除桥上肆屋。居民至迁徙无计，有觅死者。

桥屋既拆，桥栏未修，路又不平，行人过往，每戒惧。近且刑人于桥上，临时绝交通，尤不便。

鼓楼已塞往来阛路，四围点缀亭台花石，若园囿然，但不久以兵燹故渐毁。桥上置警火钟。

仪凤门迤西，辟城门曰“海陵门”。神策门迤西，辟门曰“丰润门”。命名之意，皆取阿谀长官也。近又改易新名矣。

踞门故宫内五龙桥大明门之上，设古物保存所，罗列城内金石书画彝器种种，真伪揉杂，造屋两幢以储之。

驻防城内三忠祠，辛亥冬间被乱兵毁，今移血迹石于古物保存所。

明时殿陛大石，有采自浙省新城昌化者。其石有红斑，小者尤鲜明，可作印章，俗曰“鸡血红”。今遗血迹石，恐是此类。至谓方文忠公不肯草诏，敲齿血渍石上成影，恐附会耳。

旧王府阙，己巳年夏间，毁辟大道。

承恩寺东，旧王府留南面阙门，存古迹也。此为明祖自为吴王时所筑，其后定鼎，以地卑屡遭水，故迁东城，今削除无余已。原阙门不高广，左右掖皆有门。砌石平整，朴而不斫。既毁，而石亦不知何在。

东城大树城墙，拆通近十丈，成一阙。

填平城内外民家墓地无数。杜撰城门名曰“武宁”，转瞬城中设防备，又以沙石盛包叠堵之。

旱西门北隅城墙拆通七八丈，成一阙。

内阙成路，东达新街口。城阙外多民居庐舍，欲辟路，非徙民不可。

自海陵门迤南行，或曲或直，或东或南，数十里辟成大道，直达朝阳门外，所过毁民屋数千家。

又自神策门，直南行，至于聚宝门，南北相距十余里，亦辟成大道。南路工程，至于内桥暂止。北路工程，迄未措置，就中毁民家亦无数。

花牌楼街，南北相距五六里，就原路扩充平坦之。

升平桥至于珠宝廊，亦成广途。

预计城内辟路四达，有所谓干路，或支路。举图细瞩，如画网线。今才程工伊始，后顾茫茫，殆不知将来已。

新街口周匝成环转路，成大空场，毁民居不计数。

驵僧居奇，一时竟将地值垄断之，每方可数百金，每亩可数千金。未及二三年，已“冷落车马稀”，就中受累者，至觅死不可得。

曾文正祠，在龙蟠里，废为学舍。

马端愍祠，在龙蟠里，改为民舍。

左文襄祠，在盋山麓收兵桥。其裔拆毁之。

沈文肃祠，在龙蟠里，改为学生寄宿舍。

曾忠襄祠，在卢妃巷西。裔孙卖屋为民舍，以享堂赁作工厂。

上元节孝祠，在乌龙潭前，赁为织布工所。

万寿宫，在中正街，改为演讲厅，复又驻兵。

北极阁，在钦天山，改建无线电台。

文津桥，在江宁府学西隅。乙亥二月间毁为路，改筑砖砌桥梁。

卞忠贞祠，在府学西。乙亥二月毁墓门，以其地为驻兵屋。

聚宝门，东西辟二门，曰中华东门、中华西门，而易中门曰中华门。以东为出，以西为入。车马由之，人行可由中门出入。

识人

江宁近有“五布衣”，工诗书画。论者称之。

陈忠倚，字藿圃，工李邕书法，能诗，收藏金石极富。游幕半生，足迹所至，人皆倒屣迎之。平揖公卿门。礼貌稍衰，拂衣去，不顾也。年六十余卒。子虎文，亦能书。

施瑞年，字葆生，工画，书法香光。与扬州吴让翁称莫逆交。诗亦可诵。题画诸作，尤淡雅。晚居莫愁湖，日夕对佳山水，挥毫动兴，皆入妙境。画山水，法梅瞿山。画水石花鸟，如钱箨石、华秋岳。著有《仁让堂集》。

徐承恩，字沛斋，工书法。古人墨迹、法书、碑版，过目如获异宝。积三十年，遂深造。尝临赵子昂书《道德经》小楷，付石刻，名流题识极多。又善作晋唐人书，皆入妙。久客长沙，子孙或寄籍焉。

孙正礽，字云伯，工吟咏。诗词皆不妄作，有独到处。晚居凤游寺，筑水南草堂，抱膝坐啸，手一编若老儒，而无头巾气。卒年七十余。子浚源，吾益友，绩学励品，为刊《水南词》一卷。

程均，一名先进，字彬士，别字默默道人。善画山水，二十年中无一日懈。所画大小近千纸，各极其妙。尝遍画二丈长卷，花鸟百果，或抚仿古人，至废寝忘食。山水尤精诣，所临不一家，所画兼众长。题诗小识，尤轶时史。藏庋极富，类多精品。余近记《千一斋读画》，可叹观止。晚婴疾卒，年五十余。

沤史氏曰：五布衣者，余皆与同时，独常见云伯先生而已。昔者不知程彬士，所作尤仅见。思作《四布衣传》，告吾友金想灵，以其深悉沛斋也。兹乃获五人而类聚之，为之合传。

胡少怀，江宁人，居复成桥西。毁肆奉其父，以孝称。癸丑之夏，城中乱亟。八月朔，少怀父为乱兵所执，将杀之。少怀吁以身代。乱兵舍其父，遂杀少怀。事平，管事者访悉，为表墓。余为作《胡孝子传》。

吾乡当咸、同时，有“三御史”，直声遍京国。一上元方俊，字伯雄，揭参两江总督陆建瀛死有余辜，请治罪以谢江南。朝议撤销身后恤典，仅还总督。中外士论，皆同称是。一为上元朱镇，两广总督朱桂桢之子。特参曾文正湘军复南京，掳掠子女玉帛，挂帆归湘，其情无殊寇来时。曾某功高而谤随之，尚不自知。责备贤者，极有毅力。疏上遭斥，撤回原衙门。一时京朝，颇服其敢言。一江宁潘敦俨，字清畏。云贵总督潘铎子。以穆庙崩后，皇后绝粒殉节。慈禧太后垂帘听政，特参太后不为皇后殉节褒崇，比之民间节妇尚不如，何以示天下？又何以慰天上？语极质直。于光绪元年朔旦朝贺，出班上奏，即遭严谴，恭亲王救免。出都门，祖道塞途。京内外服其果敢。

黄慎之殿撰，亦字瓢生，道光壬寅正月初五日寅时生，为四壬寅，八字甚奇。其远祖黄道行，由休宁始迁江宁。三世祖瑞，字辑五，有宅在仓巷，官震泽训导，著《四书会要》。高、曾上下皆诸生。父汝玉，字谏帷，邑诸生。咸丰癸丑，率家人三十八口，阖门殉难。殿撰才十二岁，亦待死，卒为臧获辈救出，乃免。元配妻金氏，为伟军先生鳌孙女。相传殿撰避难吴下，即寄居金宅，因入赘焉。

张仙槎先生宝，世居油市大街，或曰“三山街”。诸生，工诗画，喜游名山大川。凡所过境，皆自作图题诗，名曰《泛槎图》，计六续六册。当时遍征名公巨卿、海内文学，题咏诗词。每册皆数十人。先生既自绘图，又自钩摹各题咏墨迹，然后付梓。先生出游时，年已四十四，家有三子。七十余，犹自峨嵋归。夫妇齐眉，子孙绕膝，诚升平乐事。先生为温明叔宫保内叔。今张绍棠、种芙昆季，皆其裔。

承恩寺有僧曰行荦，能诗。其师阐乘亦能诗，见《随园诗话》卷十。郑芝崖观察嵩龄，上元人，寄居仪征，咸丰戊午举人，同治戊辰进士，仕致浙江粮储道。父彤书，道光已亥举人，官嘉兴通判。祖兆杞，嘉陵[①]甲戌进士，官吏部员外郎。曾祖宗彝，乾隆戊子举人、壬辰进士，官浙江道监察御史。弟乔龄，庚午举人，官海州学正。科甲世家，不知何时寄居邗上。城中三坊巷之郑，系出溧水，非一派也。

江甘棠[②]，旌德人，寄籍上元。由咸丰间举人，出知江西南昌县事。光绪甲午、乙未间，南昌教案起，召棠竟被神父王安之杀死于县署。一时惊传其事，几酿巨祸。事平，具狱。王安之等皆论罪获诛，召棠赐恤被旌。御史赵启霖诔之曰："重于泰山，轻于鸿毛，男儿死耳；人为刀俎，我为鱼肉，天下痛之。"

张井，字铁耕，居破布营，刻印法垢道人。甘氏津逮家藏印章，多出其手。见《白下琐言》。

戴并功、并德，其先婺源人，居北门桥。书法学包慎伯，而微有俗气。刻印法邓完白，几能乱真。

常煦村，名炳元，江宁驻防。道光丁酉举人，官襄阳府同知。家居糖坊桥。善画，工诗，尤精画梅。自其先世，已与汉人通婚姻。三子皆通籍。长承荫，庚辰进士，户部员外郎。次承恩，戊子举人，理藩院主事。三承厚，壬辰进士，江西知县。

国初王之辅，原籍浙江秀水，流寓金陵三世，遂为上元人。同治《志》不为列传，但于古今人，类略纪之。姚惜抱《府志》亦不详载，第纪之辅之长子，著于技艺类。是前志之漏。陈伯雨丈《金陵通传》详纪之。《图绘宝鉴》、张瓜田《画征录》、王渔洋《蚕尾集》，皆有传。王氏父子，文采风流，有足纪已。

王之辅，字左军。父允臧，官麻城知县。自秀水迁金陵，居莫愁湖侧。明亡，遁迹不出。自号曰"牢"，曰"囚"，颜其居曰"霾庵"。

---

① 嘉陵，当为"嘉庆"。

② 江甘棠，当为"江召棠"。

名长子曰丐,字东郭。次子曰尸,字弟为。三子曰蘖。顾名而恩①义,寓责备成人之旨。桐城方尔止文,以女妻丐,为请于之辅,存名音而易字义,于是易丐为"概",字安节。尸为"著",字宓草。蘖为"臬",字汝谏。

安节,笃行耆古,工诗文、绘事、篆刻。著有《山飞泉立草堂集》《高座寺志》《三段碑考》。

宓草,又号湖村,善隶书,工诗画,张南村惣之女婿。著有《瞰浙楼集》。

汝谏,又字司直,善金石刻,工画。王氏家人,自之辅皆茹素奉佛。安节子将东、大田,均能诗。

濮仲谦,古貌古心,粥粥若无能,然其技艺之巧夺天工焉。其竹器一帚,一刷竹寸耳。勾勒数刀,价以两计。然其所以自喜者,又必用竹之盘根错节,以不事刀斧为奇。经其手,略刮磨之,而可得重价,名噪甚。三山街润泽于仲谦之手者数十人焉。而仲谦赤贫,偶见佳竹屏,辄自为之意。势利啖之,终不可得。见山阴张岱撰《陶庵梦忆》。

邓邦康,字小婷,知府邓嘉纯之女,编修邓邦述之妹,归江浦陈氏。笃学多文,手辑林文忠邓倡和集若干卷,又著《邓懈云先生年谱》。为文极敏速,欧西人亦知名,婿亦有才智。卒年四十八。江宁刘保元茂才为作墓志。

侯烈妇,姓严氏,上元廪膳生侯际昌女也。际昌病殁,柩在堂,烈妇旦夕痛哭。一日,邻不戒于火,焚将及。烈妇登楼大号曰:"速为救柩!"门内人声如沸,奔乱杂踏,若未遑者。无何火至,烈妇知不免,痛号自楼跃于火以殉。其时际昌之柩,已为救趋于外,而烈妇不知也。

---

① 当为"思"。

论者谓杀身成仁，烈妇有焉。

杨贞女，溧水原籍，居江宁。兄某，诸生。贞女通诗书，居室课女弟子读，有淑誉。光绪壬寅二月间，字上元王昌元子伟为妇。嫁有日，昌元子染疾暴卒，匿弗与贞女知。而潜请杨氏，别为之议昏事。贞女久而后知，绝粒求死。又自楼下坠，求身殉，均被援。自是咄咄书空，佯发毁容，若有所见。遂病殁。王氏嘉其贞，求合葬，以成其志。

沤史氏曰：王与余为比邻，余又知贞女兄事。闻群议表彰之，竟不果。余惧其湮也，为之传，以告惇史。

郑烈妇李氏，上元人。父祚熙，邑诸生。归江宁甲午进士浙江知县郑维翰之子县学生师獬。素通文翰，姿容端庄，性尤淑婉。师獬试，不获志，病。烈妇祷祈医药备至，已而吁天剜臂肉为糜以进，勿瘳。烈妇仰药殉，距师獬之殁仅二时。两棺并敛。陶巽人孝廉为状，丐旌扬焉。

秦淮徐校书，当金陵城陷，殉烈自誓。先题其襟曰："辱体养亲非素愿，致命遂志乘此时。九泉若共杨郎见，不负当年一段痴。"见《可怜集》《春草吟庐随笔》。

胡孝女，江宁滨江乡人也。一日，父某自田间归，闭户就息。有盗来，父出御之。孝女救父，恐弗敌，卒婴盗乱刃以死。孝女年才十又四。乡人为作《孝女传》。余于读《传》书后一篇。长洲章钰为作《传》。

陈节母，上元石氏，年十五归陈兰痴为簉室。兰痴病，割臂和药以进。既卒，守节抚孤儿，才八岁，石时年二十四。内奉姑嫡，外持家政。又十余年，为孤儿授室。甫抱孙儿，又病殍。节母又抚孤孙，至于成立。艰苦凄楚，六十年如一日。旌表如例。江宁周树昌为撰《节母传》。

节母为吾友陈兰荪诒庆之庶祖母。兰荪曾祖剑芝先生维屏官山右，自是祖若父皆流寓。光绪乙未，节母携兰荪归里。宣统庚戌，节母卒。兰荪丐周子穆先生作传，征文表襮焉。

节妇王氏，王永林之女，所称曰“观音门王善人”是也。适太平门外冯氏。夫国俊婴疾，王氏誓天，愿以身代。闻古来多刲股和药，可起病。即焚香告祖宗，剜肉一片以进。未几，国俊不起。哀毁不欲生，勉强支持。抚孤子成人，茹素终身。光绪三十二年卒，守节若干年。

贞女吴氏妇，神策门外人也。九岁嫁于陈家井吴氏，为童养媳。年十四，遭粤寇乱离迁徙。吴氏子失所在，未归。贞女守志，誓不嫁。长斋事佛，终其身。光绪十四年卒。北固乡人皆敬之，曰“吴贞女”云。

节妇王启发妻杨氏，有淑行，嫔于杨。仅一年，启发病卒。家酷贫，节妇捡柴山野间，鬻薄糜以为活。或有小余，给其邻里之穷者，否则献香花供佛前。平生寡言笑，人不见其露齿时。殁于光绪丙申年，守节若干时。

陈维垣妻李氏，随宦入京师。维垣官内阁中书，病殁旅邸。子元恒，才八岁。扶榇抚孤，归江宁。家本寒素，娣姒间亦待之薄。李氏教子益严，而佐以针黹。邻里间皆称贤，无闲言。元恒中同治丁卯举人。孙作霖，光绪乙亥经魁。作仪，庚寅进士。人皆以为母教之获报。光绪某年，旌表节行，卒年六十九。

贞女赖氏，原籍浙江。父某，官山西长子县典史。贞女字江宁陈元豫。未几，元豫卒。贞女知之，悲号欲殉。时父已殁，家惟寡母弱弟耳。邻有劝再字人者，贞女挥之出。母知志不可夺，请媒氏送归陈。亲视含殓立主，以犹子作谋嗣。贞女誓天，以头触地，流血满縗绖。守贞若干年，旌表贞孝。见《禅灵宝文集》。

烈妇席氏，上元候选从九品席元炳女，江宁举人陈作霖次子邑诸生诒禄妻。诒禄疾卒，席氏痛不欲生，勺饮不入口。越七日，即仰药以殉，年二十四，奏请旌表。

里人黄慎之思永学士代呈。

《明史》一百二十三卷《后妃列传》，载武宗后夏氏，上元人，正德元年，册立为皇后。嘉靖元年，上尊称曰“庄肃皇后”。十四年正月崩，合葬康陵，谥曰“孝静庄惠安肃温诚顺天偕圣毅皇后”。

世宗后方氏，江宁人。嘉靖十年，后与郑氏、王氏等同册为九嫔，冠九翟冠、大采鞠衣，圭用次玉谷，文册黄金涂，视皇后杀五分之一。至期，帝衮冕告太庙，御华盖殿，受百官贺。于是张后废，遂立为后。二十一年，宫婢杨金英等，谋弑逆。帝赖后救，得免。乃进后父泰和伯锐爵为侯。二十六年十一月，后崩，诏曰：“皇后比救朕危，奉天济难。其以元后礼葬。”隆庆祖[1]，上尊谥曰“孝烈端顺敏惠恭诚祗天卫圣皇后”。

今城东剪子巷东转，有方家巷，亦名“方家苑”，即孝烈家居此。大厦高楼，尚有遗宅可指识者。

节孝马伍氏，邑诸生马士贤之祖母。年十八，归马寿民。一年，寿民卒，遗腹才两月。及娩，生子夔生。抚孤成人，娶妇生子。夔生年二十余，又夭折。伍，协其妇哈，一如其昔年之茹辛守节三十四年。士贤既补诸生，于光绪三十二年，翔节行上当道旌表。宣统二年，崇祀上元贞孝祠。

夔生妻哈氏，伍节母之子妇，马士贤之母。夔生客荻港，归途感疾卒。士贤兄弟才弱息，哈氏上承姑命，下抚遗孤，垂三十余年。未及旌表。国更，士贤自撰行述，备志乘之采。

---

① 祖，当为“初”。

识金石书画

花林梁萧儋碑。

今用起重机扶直。里人仇采、杨鹿鸣董其役。溯此石斜立田间，自朱竹垞题跋已云然。数百年来得以保存，亦幸事也。仇采为作《记》，拟刊之碑旁。

燕矶永济寺清高宗赐僧默默诗刊石。

高宗南巡幸寺，老僧默默百有一岁，清健如少年，因赐诗曰："不会诗文不解禅，果然默默以全天。半生尘世半生佛，亦号山僧亦号仙。"命泐诗于石，立寺壁。未几，忽奉旨改第四句为"可号山僧可号仙"。于是将"可"字重刊于"亦"字上，今碑尚存。

报恩寺碑。

今在南山门前。二碑完整，其一为火毁，有裂痕。明永乐间立。

宋晟墓神道碑。

今在天界寺北。二石屹立道旁，刊御制赐祭葬文。

朝天宫碑。

今在江宁府学东首，二石缺一。

孝陵神道碑。

今在陵前里许，四周有垣，俗曰“四方城”。

改钟山为神烈山刻石。

今在朝阳门外石冈路旁，右有石坊跨大道。

徐中山王墓神道碑。

今在钟山阴，王墓前。

邓武顺宁河王墓神道碑。

今在邓墓山西首路旁。

俞通海墓神道碑。

今在机器局前，即雨花台山后。

卞忠贞祠碑记。

今在冶山西忠贞墓前祠屋内。同治九年庚午菏泽马新贻撰文，瑞安孙衣言书。

识 事

焦弱侯，名竑，实取《考功记·轮人》"竑其幅广，以为之弱"之义，犹之陆放翁名"游"字"务观"，取"游"为"旌族之旒"，"务"为"矛之属"。

黄九烟，亦号黄夕阳，以《夕阳诗》得名。明社既屋改名，人字略似，又号半非、笑苍。生二子，一承周姓后，遣归湘潭。康熙庚申已七十矣，自作墓志。五月五日泛舟西湖，纵饮大醉，赋《解脱吟》十二章，投水死。所著《夏为堂》《刍狗斋稿》已佚，《惊天泣鬼怡人集》虽传世亦鲜见。今存其《夕阳诗》暨《墓铭》。

我闻诗人言，夕阳无限意。夕阳自夕阳，何与诗人事？多少蚩蚩儿，昏觉同梦寐。独有多情人，烟云满胸次。所见皆夕阳，夕阳况相值。初不与诗期，尔时诗自至。灵均指纁黄，渊明赋佳气。夕阳本无言，诗人自憔悴。多情我亦然，见此欲下泪。吁嗟一夕阳，宇宙终相始。碧云惹相思，明霞淡摇曳。芳草恨无休，红树纷如醉。种种与偕来，茫茫自端萃①。羁客剧伤心，美人漫凝睇。第一最销魂，无如雨后霁。黯黯近黄昏，明灭半苍翠。悲吟织暮蝉，残虹空点缀。销魂复销魂，尤在秋冬际。草木倏变衰，悄如天地闭。断雁与寒鸦，点点皆愁思。终古此夕阳，阅尽人间世。河山送兴亡，城郭今古异。松柏五陵烟，楼台锁薜荔。哀乐两无端，歌哭都非是。所以钟情人，咏叹恒不置。长篇或短

---

① 自端萃，当为"百端萃"。

篇，风谣及颂偈。诗但说夕阳，便有深妙义。或一两句佳，定带夕阳字。首尾纵参差，往往不忍弃。问我何为然，殊不可思议。毋乃固癖成，韵事等魔祟。诗为夕阳穷，亦为夕阳贵。夕阳为诗传，或亦为诗累。诗耶夕阳耶，是一还是二？若与我为三，共命同根蒂。我今尽蒐罗，不独充巾笥。愁以当醇醪，病以当药饵。亦可惊天公，亦可泣幽魅。此集若告成，诗人应破涕。万古复千秋，夕阳长不坠。右《夕阳诗》。

笑苍乎笑苍乎，尔既不屑生前之富贵，独不留死后之文章乎？既不能飞身于碧落，独不当演梦于黄粱乎？而今竟若此，是汝安得不心伤乎？然则尔之英风浩气，宁不翻五岳而配三光乎？右《墓铭》。

先生又号圃庵、沃沃主人，居皮场巷，即今之平章巷。好食铛底焦饭，人又称之曰“锅巴老爹”。长子名椅，字禹弓，负才有志。杜茶村亟称之。先生又与吕晚村善，晚村家书曾及之。

董教增赴云贵总督任，舟车数阅月。正苦劳顿，已入滇境。山川平衍，树木蓊翳，心有所悦。登陆散步，行山麓间，闻有鼓乐声。径至村落，人群憧憧往来其间。问之，知为有某翁百岁介寿。董即入其室拜翁。翁问曰：“客何来？”董曰：“自江南。”问姓，曰：“董。”翁曰：“新制府董教增，客或其家属欤？”董唯唯。顾瞻四壁祝寿文字无佳者，叩翁出纸，援笔书联曰：“文星拜寿星，天德合月德。”既署名，一堂称敬。翁备鼓乐舆马送归船。

燕子矶宏济寺，以避高宗讳，改为“永济”。

江宁陈组云，名制锦，与溧水郑制锦同时同名。郑阿和珅，不甚直乡评，特府、县志有传，溧水并祀乡贤。陈系诗人，居南郊，当时有樊明征茂才赠诗推许曰：“仰首陆离低首诵，长干一塔一诗人。”见《随园诗话》。

康熙时，于成龙总制江南。其族弟亦曰于成龙，来守江宁府，且为制府推擢，清廉卓著，为时名臣，可谓奇事。制府谥“清端”。太守官至巡抚，谥“襄勤”。

同治三年，曾文正复省城，奏建昭忠祠，内附立贞烈祠，春秋祭享。陪祭江宁人士至有哭失声者，盖犹亲见家中人殉难时之苦况。越二三十年，但具礼文，而情挚不同矣。相传某年祭时，罗雨田先生直登享堂神位龛，手掷陆建瀛主牌碎于地，觥声责曰：“是贻祸吾上、江两邑之魁！朝廷恤其死乱兵，不究已往，还原官，斯已矣。奈何又列入祀典，屡受吾邑人瞻拜？”此事与方伯雄先生奏参撤销沔阳恤典同一有声，又与昔全谢山撤去谢三宾牌位于鄞县乡贤祠同一隽快。

杨朴庵先生长年举同治庚午乡试，名次近百名矣。头二场文已刻《乡试录》，备进呈。其卷以八月十四日分到高百足心夔房内。高，湖口人，有才名，亟赏之，决荐以中元，邀试官许可。已而榜发，元音左矣。高犹訚訚争辩之。说见朴庵《闻妙香室时文批注》。

黄慎之先生思永魁多士，赐进士及第。时京师郡馆中王姬亲见之。慎老归里邸，谒文庙。吾友马石楼亲见之，能道当时仪注。状元既偕新近士[①]谢恩退朝，有旨命顺天府尹用仪仗、鼓乐前导，又缀竹竿书“状元及第”飘扬通衢。状元朝服乘马，由天安门出正阳门甓楼正门，府尹送归第。慎老居郡馆，故典礼即在馆举行。同乡京朝官是日俱集馆道贺。馆中演剧，礼府尹为上宾。壮元归，望阙九叩香案谢恩。榜眼、探花各归第。府尹一一送如仪。慎老报抡元之捷，仓巷黄氏第宅其族也，不收报，而顾楼旧宅以阖门殉难时焚毁无遗。于是江宁县署前大书泥金报捷字曰：“十报联捷，状元及第。”迨慎老归，例谒文庙。由江宁府以次诸官员送状元。各朝服乘显轿，鼓乐前导，亦用竹梢揭小旗行仪仗间。全城士女出观云。

百人生产必有孪胎，千人以上有三胎，四胎则罕闻矣。江宁吴氏有孪生女。一嫁于郑氏，孪生二女。一嫁于范氏，又生双子。范氏女

---

① 注：“近士”，当为“进士”。

嫁于端木氏，亦孪生男。一母连气，似不多闻。

汀南风俗，祖宗、父母生忌日曰“冥寿”，犹之宁波俗曰“阴寿”，届期必有追庆典礼。近则更有作寿文者，甚非礼也。余忆昔时遇先王父百岁生忌，亦何尝不循例追祝？但服用素褂，不作乐，以素食待客。先大夫八十生忌亦如之。然有讥笑，谓为矫情。李莼客笔记谓悬像瞻貌，新旧姻娅皆藉是聚合。虽非古制，尚有典型，特不至如今日之变本加厉。

丙辰秋七月十九日午后，来凤街有随氏屋崩倒，声如震雷，墙土飞扬如烟焰，瓦砾中隐隐闻呼救声。试探之，知有人在倾圮中未死。罗掘支持，一一救出，计大小男女七人，面目如地狱变相。各人俱无纤微之伤，事亦奇矣。相传随翁极忠厚，举家皆友爱，翁尤有隐德云。

斗门桥下油市街回人某设清真堂卖医，蓄大小蛇无数，诡谲莫测，伤蛇命已恒河沙矣。一夕，回人患腹病，起呼妻索药。妻摸误蛇□，予之。未及晓，舌肿不能言，宛转哀号如蛇，惊跃而毙。多杀无辜，惨已！

丁巳年九十月之间，南乡马门桥麻田村忽传有鬼能治病。舁疾赴荒冢间一夜，其病自愈。初，仅乡愚趋之，唯恐后。已而城中远道来者，舟车塞途，草露觅宿，如醉似痴。其后感寒加病，归而死者日有所聞。久之，乃寂。

鞍辔坊有龚姓娶媳，喜舆乍启，新人已昏厥，不省人事。亟扶持出，已气绝。贺客错愕，举家惨淡。主人恶之，移尸侧室。媒妁无言，徒呼“荷荷”。妇家南门外，以裱画作业，仅此一女。甫登舆，遂聚变，闻平日亦无甚病也。

有谢风池者，居营上金粟庵。禅门日诵，自课精严。一日，与庵僧龃龉。谢不堪辱，迁门东正觉寺二年矣。今年闻谢又以不相安，觅死通济门外濠河，浮尸至于机器局门首。巡者为起置河干，待葬。忽有来认尸者，举家赴哭，备棺衾，将敛启之。视尸为老翁形，惊诧以为非是。遂弃置不问。然尸已易衣，急不可脱，仅舁棺去。盖误认者家有勃溪，忽失其子。闻有溺毙，必是其子尸，故率全家以来耳，盖当时未细辨也。

癸丑八月中秋，夜蚀甚。时城中居民新遭兵燹，十室已九劫矣。喘息未定，即中秋节亦不必以佳节论。余家处危城。是晚正在属付门户，早早就寝。陡闻枪声、钲鼓声、呼叱声，一时沸起，不可究诘。中天月色转变紫黑，未几全蚀，昏黯如晦。下界救护之声惨不耐听。先大夫曰："月蚀太异，恐天心之未厌祸也。"良久，始复光。考《嘉定屠城记》，乙酉六月望，月食既。占者为主城陷。

戊午春二月，江南有讹言曰："鼠疫来，能死人，不可治。"大声防疫，掘鼠熏鼠杀鼠，俶扰纷沓，计十数日不已，怳然疫止。起视社中鼠，累累如故。为疫为鼠，为鼠为疫，不可名状。是役也，人民不死于鼠之为疫，而死于防鼠疫之役。如是我闻。可嗤可鄙，有足记已。

正月间，人有自辽东归者，曰："北方谈鼠有疫，谈疫须防。苛暴之行，受苦久矣。余以作客，历犯艰险。今甫归里不及数十日，而鼠疫至。防疫声依然，万喙以鸣。于是居室之隔离，清洁卫生之种种设施，无不如在辽之日。含忍不敢出门者又十余日。"

先有人号于众曰："凡门墙宜布石灰，鼠见而避之矣。"于是人家皆以石灰涂其门，有画作圆形如符形者。某宅门前无石灰，官司登门辱詈之："尔家不怕大小男女遭瘟耶?"一时如犯刑章。稍缓，即捉其主人，批颊而去。

市中行人皆以白布作囊，蒙其口鼻。间有衣白如丧服者，巡警头面蒙白囊，欲言不可，欲不言又不能，彳亍街头如遇魅。上浮桥某姓豢小犬，白布蒙其口。人讶胡然。主人曰："犬善嗅，染疫较易。"犬之防亦无异于人。已而犬以固蔽久，失故常，遂病毙。

乡人荷担布包两具入卢妃巷，步上虹桥，忽发疲痫倒地，不省人事。巡者骇曰:“是染疫!”即时禁行人,焚其所担。已而病瘥,起视所有,早化灰烬,懊丧痛哭曰:“城中投器,乃忌吾器!”

人家有疾病,为防疫使者知,必强代医。入门,焚衣服及器皿,逼令人用寒水沐浴,以硫磺炙皮肤。三熏三沐,而呻吟宛转欲死。

吾友儿女多,有小儿痘殇,不敢哭,亦不敢敛小棺。夜半饬仆以破被裹尸,偷送丛葬间。明日,侦疫者来,则绐曰:“夜半失窃,贼去而物随之矣。”

花牌楼医士秦汉卿病逝,家复有人亦同时故。车子某亦以疾继逝。防疫者入其家,刷洗家具,禁止吊客,关锁其门户,甚至街巷间绝行人。后据侦知者曰:“医士实病春瘟,其弟妇以产难,车子腹疾,均非染疫也。”

殷伯衡住松涛巷,亦医士,以痨病殁。防者监视其柩,举而瘗之南郊,掘地一丈,倾石灰埋之。又将其家宅封固,室内器物衣服悉付之火。家中人赂以钱,得稍稍保全之。伯衡既殁,家中皆乱离,逃窜惊悸,不十日其弟某又死。

以防疫故,下关商货贮船中,不许移岸。于是某商径载货往下游。至镇江,复有三客船同系小轮船,驶至十二圩,缆断。夜深,船俱覆,死者六百余人。

陡门桥某姓家小儿病垂死,巡警当门号曰:“是染疫,速棺敛,不可迟延!”某姓泣述尚未气绝,求缓须臾。不许。胡乱纳之棺,即瘗之义冢。行路者尚闻柩有声如牛。

犁头尖有某姓儿以痘殇,同时邻人有病毙者。两家皆噤不敢哭,愁绪万状。有黠者曰:“两尸纳一棺,勿声也。”黎明,舁出南郊,并瘗之。

余友徐君居土街口,往访之,叩门久不应。余呼徐君名,乃蹑步从门隙窥曰:“此何时,子敢出乎?若不避疫,吾甚畏鼠。”余请启稍憩。徐君知余戆,开门延入,则见其头面塞白布,仅露声自口出，而又不即达，含糊以言。余嗟叹而不禁好笑。

白布塞口，名曰“兜子”。余又友李君赴上海。铁路中防疫使者，充实布满于其间，逢人必察其有无兜子。或不备，径不许行。客有置弗顾者，则直批其颊至流血，求医敷药，仍蒙以白布而兜其口鼻。

吾友马石楼豪于饮。夜醉归，小溲墙隅。巡者过，呵责曰：“不卫生！”马曰：“我亦从防疫队归也。不溲不排泄足引疫。子真不卫生！”巡者知醉人，不与语，鼠窜而去。马犹大呼曰：“桥上月色甚佳，此间无疫气。盍赏月再引满一樽乎？”闻者皆绝倒。

此次防疫，共损公家钱五万银元有余。其后，当道以江宁防疫而实未尝有疫文书诘责，不发帑。于是商会垫款四千五百金，余由红十字会补之。于是防疫使者乃携资归家，置田宅，或寄息银行。是亦“相鼠有皮”之可歌可颂者。

南门外机器局饬匠除刷烟囱，高十余丈，以梯盘旋之。囱颠有鹊巢，孵卵累累。匠探视之，中有一卵较大，壳有凹凸文篆字诘诎。持之下，两端成太极图，四篆均布曰“富贵昌宜”。总理吴鉴泉观察学廉拓字作《记》，以志异事。余见观察手书《记》，问之机器局中人亦尽悉，且曰：“卵以玻璃盒盛之，置厅室。”观察卸事，索之去。

门东小西湖陈景星家有鬼入梦，事甚奇。陈氏初有曾祖行名培玉，官贵州广顺州，生二子，长名“以庄”，次名“以强”，小名“聪苗”，随任在黔。聪苗十一岁忽失所在，遁入柏姓家为子。自幼至长，饮食敦诲，遂不复记忆其为陈氏子。年二十三，遇一和尚悟先，订交茹素，论道不懈。三十二岁时忽出应试，寄籍广顺，遂入学。距今年乙丑，计已八十八岁。江宁去广顺境数千里，不通音信又数十年。但陈氏每春秋祭，必设聪苗位，并不知其尚在人间世也。今春三月三日，陈景星之妇忽作梦呓，呼好子孙曰：“吾为而祖聪苗也。吾于今日寅时去世，寿已八十八。频年寄居黔中毓华寺，而等可致书老僧悟先。僧今年九十又六。”家中人诧异，群唤醒妇问之，则恍惚不尽悉，似见有白须老翁入我室耳。明日试寄快邮问之。越二十日，悟先复书来，并附聪苗肖像及遗嘱一通，且曰：“陈叟已於本月初三日逝，我为于郊外。”夜梦叟来告曰：“近已归江南原籍，命子孙兼祧矣。”迨快邮至，印证前梦，若合符节。景星之妇见肖像，一如其梦中之所见。陈氏乃依礼成服。悟先和尚并附抄广顺诸友好挽词数十通云。

金陵近俗，婚期已届，婿先往妇家亲迎，礼也。入门三揖，已而遍拜妇族邻友，又似是而非矣。顾文庄讥金陵之俗不亲迎，次日乃诣拜妇家。是明代之礼，与今日又略异。方望溪曰：“未成夫妇礼，何有妇之父母？妇不及期，尚不见舅姑，婿安得未婚而贸然谒妇族？”是说也，亦泥古。故皖俗婿亲迎，具柬曰“帘下婿”。夫婿亲迎，非于未婚之前而入妇家耶？主人降阶迎，盖婿而又兼宾矣。婿迎妇家，妇女设几筵于庙而拜迎于门外，揖让升堂。婿再拜奠雁。是婿谒妇翁也，故婿往妇家礼在未婚前。既迎妇归，妇入婿家亦如之。礼俗不过失，未可厚非。

婿亲迎，具名柬。金陵之俗称曰“门婿”，言入门而行婿礼也。余柬则子婿、孙婿、侄婿。所谓遍谒妇族，礼俗不相悖也。壻从“士”，训“有才知者”。对妇之称，从女作“婿”，则亲迎为近矣。皖俗曰“帘下婿”，犹门婿。湘中则曰“御轮生”。是文而不具称谓。亲迎御轮，非婿而何？断非无故而为人家女子临嫁时御轮也。亦有亲迎具柬贸然称“子婿”者，则金陵之俗为近是。

洪秀全据金陵，其太平天国玺在长沙制。一沉长沙南门河中，一都金陵时用之。同治三年洪败，玺为曾军所得。进呈内府，拓印极多。当时亦不甚奇，其后渐希。江南提督谭碧理欲求一纸，至出巨金亦不可见。

洪氏以江南总督署為王府，大门联曰：“虎贲三千，直扫幽燕之地；龙威九五，重开尧舜之天。”又一联曰：“独手擎天，重整大明新气象；丹心报国，扫除外族旧衣冠。”某殿门联曰：“马上得之，马上治之，造亿万年太平天国于弓刀锋镝之余;斯诚健者,东面而征,南面而征,救廿一省无罪良民于水火倒悬之会,是曰仁人。"浮诞虚诬,洪氏并恶其太文。相传某文士潦倒献策,故附会云然。

南京城始建于明祖。周四十里,而径亦十六七里也。近者省议会有拆城之议。一时附和者与反对者纷扰不一。某公欲止之。余拟上书,取"冷隽"之意,殆知亦未必谓然。但民意如此,未可即以迂阔视之。爰存稿,备省览,倘有采及葑菲者乎?

近闻执事等有拆城议案。仆亦以城为不然,然仆尤以拆为不愿。窃有责于诸公席前者。诸公为民代表,必能宣达民之所欲言,必能袚濯民之所不欲。天下苦破坏久矣。起视今日之所谓建置者,乃无一不从破坏入手。议会之议曰:"城宜拆,拆之实便。"不啻城為赘疣,抑或有以废物为利用者。仆每思之,何以地方偶有谣诼,即事戒严?吏谕其民曰:"早进城!"将谕其兵曰:"早闭城!"又唯恐城之不坚者。且未思一城之拆,非一手一足之所能经营,又非一朝一夕之所能蒇事。议会摇唇鼓舌,诚一唱而百和也。一议通过,诚铁铸而不可易也。仆以为拆城之益自有识时务者能言之,不拆之害亦自有识时务者能言之。然而拆后之益未见,而欲拆将拆之害已闻。宁受目前之害,以斩未来无形之益。得失是非,缓急进退,可以想见。夫今日议席间可兴可废之要务,必有重于拆城急于拆城者。乃不可思议,诸公欲出人头地,果以是为识时务之大者欤?仆尤有责者,论城于今日亦未始无用。且访人之建筑亦有其精义在。苟有利於民者,愿诸公急起而图之可也。于民无利,于己亦未必有益,则请有以息其喙。仆之鸣非恶声也,诸公其绥定之。不尽。

癸亥十月二十三日,江宁缎业机工数十百人啸聚于省议会,求罢议设立茧厂事,不协。机工遂毁议场,逢议员便殴辱。有江宁某议员责打最重,裂其衣,至流血。车载赴城南,一路批其颊。观者塞途。于是缎业公所之讼以起。是役也,两败而俱伤。其事始于议会提议:凡丹阳、无锡产丝之地,皆一律许设茧厂,卖丝于外洋,可获利,且省工。未计内地藉丝织为业之苦工,以金陵一隅计,已不可数万人。茧厂之设,是不啻绝若辈之生命。先由缎业董事向议会驳辩。丹阳议员王景常是为设茧厂作俑者,持益力。他议员从而附和者又若干人。盖主议成,即点金有术。虽夺万人之衣食为一已之餍饱,亦所不惜。众怒难犯,谓之咎由自取可也。余曾与某议员论其事。原书存后:

某白:此次议会挫折,人言言殊。神圣不可侵犯者,乃机工能犯之。事诚可诧,不佞简直言之。孟子所谓"上无道揆,下无法守"、"贼民兴,丧无日矣"。南京以织缎为首业,机工散处于城乡者十余万人。而染坊丝行经业扣范打线,缎业之附庸,又数万人。近年商业凋敝,呼吁无门。小本经营亏累至深,鸣之商会,何曾为之挽救?呼之地方有司,亦何曾为之怜恤?且苛捐横征,年复一年,层层加重。又孟子所谓"民之憔悴于虐政,未有甚于此时者也"。一旦忽闻浙江开放茧行,兔死而狐不能无悲矣。又闻江苏亦同此提议。切肤之痛,生计之绝,病人虑鬼,至可怜者也。百计哀吁,不能得一转机。于斯时也,在议会以为代人民筹权利,将来蚕桑推广,比较苦工组织,劳逸优劣,不可计矣。议会诸公摇唇鼓舌,为人民代表计,亦不得谓之左。特不料南其辕者而偏北其辙,至于决裂。如是如是。议会逢此鞠凶,直令人灰心。昔日不出,如苍生何!今日可恶,又莫黔首若矣。平心而论,不佞且尽最后之一言。大约以后欲作议员,必须由人民至公至正之选举而后可。议员出言,必须至诚至恳实表民意而后可。否则默无一言,模吾棱而伴吾食可也。甚至言之无罪,于已或亦有利,于人或不至有损亦可也。最难堪者,议场犹自以为是,各走一端而趋于极。究奚为乎?吾尤进忠告于议员:天下已无可为之事矣。剜出良心,而人莫之谅。礼貌既衰,去之唯恐不速也。贤人之隐,请从此始。经一番挫折,长一番见识。聪明睿智,不必误用。礼义廉耻,要当略存。果是神圣,谁其犯之?至于缎业工人,俗语所谓"狗急跳墙"。吾舌虽广长,不暇为若辈责。责备贤者,愿垂听焉。

《随园雅集图》,老人自谓三十年当代名题咏殆遍。闻此图为其裔孙宦川中携去,园址今久圮,大致废为圃。余于光绪乙酉归里应试,游其墓道,过其园门,尚有祠堂小屋三间,中具烛炉数事。闻遗像毁于火,吾友石楼或见之。园门北向,入径三曲,夹路榆荫。复入东向一门,即园内矣。近日遗址为外人盗买去。虽经园后人请官究诘,勒示禁止。恐亦具文,不足保存。

伍秉之住平章巷。其堂居前柱砖地中空,异而发之,以为窖藏。果有小儿卧具,已朽烂,中实泥。复于泥中摸索之,有锡茶壶一事,中有木盒,盒内藏妇女缠足布一卷。放开视之,有新发芽蚕豆二粒。他无所有。是可异已。

江宁詈人语曰"绝八代",不知何解,竟成清室之谶:自顺治至同治八代也。景庙则兄终而弟及矣。"八代绝",于斯为信。

己酉之夏,城中有讹言:人家香炉灰中生毛,长有三寸者。举而弃之,以为不祥。余亦察视,似是而非,中可究诘。

庚戌岁除、戌亥之交,天大雷电风雨,气象由温暖而突变严寒。谈气候者曰:地气郁腾,发而为雷,一泄即舒。谈休咎者曰:大寒发雷,又值岁除,一鸣惊人,恐有朕兆也。

丁未之夏,彗星扫文昌。占者以为文运之厄。庚戌之夏,欧西人纷纷告语曰:哈雷彗星将见。[1] 芒长十余丈,出东方,由西南行,至冬时才不见。应世界有大水之兆,或为人类之自相残杀。至已酉之夏

---

① 原注:"前有哈雷氏测知大彗星,故以名。"

则星见，光尾在西方，较寻常所见为大。

宣统三年辛亥十月，新军陷江宁城。驻防旗兵相约殉难于明故宫内火药局。先有佐领某结同志哭拜于万寿宫，各饱饫酒食极充足，引火著药轰然。突闻有大声如雷霆，天半黑烟缭绕，中杂有红绿光焰，霎时随风荡散。火药库屋基陷成大穴，周围尚余履数事，可惨亦可敬也。

同治癸亥，吾乡温明州宫保当候补宗人府府丞。时曾奏请推广捐例，得世给生员、举人。诏旨切责，大略谓此例一开，从此则富人滥列科目，寒士无由奋志。闻先生告归已十余年，甫入京而上此疏也。此中或别有寓意。特先生长者，何致冒不韪如是？见会稽李慈铭日记。

同治九年七月二十三日，盗杀两江总督马新贻于节署东箭道。今所传张文祥刺马是也。当时，马督校阅卫兵，事竣返署。张文祥突以利刃刺入胁肋，伤重，遂故。江宁布政使示谕民间曰："总督有家难，无预外人事。"安徽学政殷兆镛正在省会，为上江考生乡试录遗，出题曰"若刺褐夫"，一时舆论震异。李莼客笔记论其事，谓此等人全无人心，其文理不通亦已甚云。而《新虞初志》中竟有张文祥传，系桐城某文豪大著，狂瞽迂陋。稍识之无，妄论耸异。至訾谷山为渔色忘义之徒，尤而效之。且谓张文祥者亦革命家，则又蜣螂之转粪。愈推愈圆而愈得意，可鄙孰甚。夫谷山居官，廉明有声，由县令荐膺节钺。读书通籍，为菏泽世家。中外政绩，彰彰可考。非出身微贱之流，亦非捐纳卑鄙之类。故身后恤典，且建专祠赐谥。今龙盘里马公祠已毁，故老传说犹有道者。张文祥直会匪捻贼之余，逞其凶悍，无所不为，原无足深究。同时，京师道上，有盗白日前戕官于车中者，浙江嵊县署中有人持刀杀知县，兼及家属近十人者。近且海上虏人，勒索不遂，即惨杀多命。夫岂亦有报仇之可言？悠悠之口，乃至文人愈不辨是非，至可鄙耳。

周栎园亮工晚年侨居吾郡之高家巷，即孝子高官荫之宅，有"赖古堂”藏书处，金石图书极富。后以事论罪，即斥卖藏弆殆尽，屋归高氏。

沈万三，名秀，吴门富室。洪武时定都南京，命沈出资建廊舍一千六百五十余楹、酒楼四座，又命筑城甃街、造铁桥水关。今其子孙有遗留南京者。上浮桥之西有一茅庵，旁居沈姓，世操渡舟于陡门桥河流，历数百年矣。余曾询舟子，犹能道家世故事。

何氏两世祀乡贤。明何湛之，字公露，万历己丑进士，仕至四川道参议，著有《疏园归田稿》，崇祀乡贤。淳之，字仲雅，号太吴，万历癸未进士，仕至福建巡按，工书善画，著有《足园稿》，崇祀乡贤。

邓氏世居西城西南角万竹园。其远祖邓肃，宋时主管江州太平观。见《宋史》列传。始卜居洞庭山，著有《栟榈集》，采入《四库全书》。邓道常，明洪武时诸生，奉敕徒凤阳，移居临淮，复移寿州。清顺治间，邓旭以丁亥进士仕陕西洮岷道。又由寿州迁江宁，卜居于城西。至邓廷桢父子，遂官总督。迄今三四百年，代有传人。粤寇乱后，其青嶰堂前后左右皆废为菜圃。老屋尚余数椽，亦渐渐圮坏。邓氏子孙率多迁出。孝先太史则竟移其群碧楼藏弆，居吴下矣。

江阴缪小山荃荪喜藏书，在颜料坊购李氏宅，筑“艺风楼”三楹。缪避难去上海，楼中书籍亦随以去。久之，宅又易姓。今为夏博言、梅叔昆玉住屋，而“艺风楼”实梅叔憩息之所。庭前竹树略有点缀，楼外天阙、天印诸峰亦罗列可指。缪氏既卒于海上，其子孙遂弃书日本人。

戊午六月中浣，门西营门口有周氏妇，一产三胎二女一男。女胎先脱，次生一男，而又继之一女。

丁巳冬十一月二十一日午未之交，三日并出城中。万目睽睽，多以为异。久之，左右二日渐灭。不知他处如何也。

上浮桥北岸玉带巷口，今有大石坊。四柱尚全，前后石狮蹲象已存一二，坊上字亦废灭，且巍然仅有数石屹立空中，俗名之曰“白猫坊”。以俞通海宅在此，石坊在宅前耳。今在人家废屋院内，立桥上可见之。

刘军师桥之路有废宅，即刘诚意之赐第。屋宇低隘，而椽柱墙壁坚固异常。宅面北，左右皆成园圃，就中亦有卖菜佣、灌园叟居之。近见拆毁无遗，不可复见矣。

观音门，即直渎山，孙吴时所凿。《秣陵集》谓今河道已不可辨。其实今之门径，即古之直渎出江流水故道。陵谷变迁。观音门外之水道，已由山外纡折改流入江，而故道遂夷为平地。

凤凰台古阮籍墓，今已修整。穿凿之甚者，相传明人李昭于万历时掘地得石碣，因以为籍之葬处。其事与莫愁湖等。

卢龙山，即今之狮子山。其北连三宿岩，在城外静海寺矣。当时滨临大江，卢龙必在江心。鼓楼迤北，地势渐低，皆江也。观于三宿岩石，益信矣。

玄武湖相传有郭璞墓，恐非是。一说璞墓葬镇江中冷泉。

华林园即今小营址，六朝宫苑即今鸡鸣山下两江师范地。至南唐宫禁，则今张府园，一片荒畦，东达卢妃巷，西连破布营，南界珠市，北界虹桥，皆是也。

“华林”名园，见于史志凡三。一在洛阳，原曰“芳林”，避齐王芳讳改为“华林”。一在邺下，见《晋·载记》，石虎时作。一在建业，其前为吴之西苑，晋东迁，仿洛阳为之。

景阳井，即胭脂井，以在景阳宫中，今在北极阁山下。近年修葺古迹，魏梅村题绰楔曰：“色即是空。”吾友刘鉴三作碑记。

白门，即台城外门宣阳门。宋明帝以为不祥，极讳言。见《宋书·明帝纪》。白下门在白下城，即江乘之白石垒。唐因置白下县，今在神策门外。

南唐之亡，净德尼院中宫人殉难八十余人，皆赴火自焚。宋下江南，伶人不肯作乐，均被杀戮，瘗成京观，名“乐观山”。瓦官阁上，百姓、官家避难者数千人，吴越兵举火焚。而曹武惠犹誓天，谓兵下江南不妄杀人，亦史家诞辞。

曹武惠王庙祀，在钦天山下。明洪武改之，祀十功臣。

明顾起元文庄墓，在云台山之阳。裔孙绍劬茂才访得之，谓墓形极峻，土阜卸处见有粗碗重叠，砌土成坟。乡人有拾取一二者，绍劬索其一以归。碗质重，略有白釉，但已三百年物矣。

"水淹大成井，解元出金陵"，科举时之谚也。丁酉秋大水，榜发，江宁杨少农炎昌名第一。闻林雪晴端发解时，亦然。

城中太平桥有三：一在门西骁骑营之东，一在大影壁，一来[1]三牌楼。

莫愁湖之南有小荡曰"南湖"，犹莫愁之旧名。其实与莫愁为一湖，中有堤，通行人。久之，堤广而湖分焉。南湖之名，以北湖别之耳。

顾文庄著《顾氏小史·宅居·序》谓：其先居北门桥，其父毅庵公始卜居洪武街李氏宅。后遭大水，时毅庵公守襄阳，移居城南之牛市，视旧居稍崇。公归，见之不悦。牛市之屋，前临秦淮，后通颜料坊。初置一宅，故知县陈横厓之所居。后置左一宅，故少宗伯殷秋溟之所居。其右邻巷有陈氏小楼，续置之。又后东北隅史氏宅，文庄谓与其弟起南置，前有河房亭榭。又《顾氏谱·续宅居说》云：文庄兄弟聚庐托处于牛市、颜料坊之间。其宅旁从童子巷通牛市，有河房三间临淮水。考今之市巷，犹是旧名。文庄之居，不知其为谁氏居矣。

牛市旧宅，今惟吴兴会馆为最宽闳。据云是康熙时之建筑，非明代时物。童子巷之左右，惟昔日先世父有赁宅，余归里应试时犹居之。文庄所居殆是矣。其屋甚旧。若河房，则已隔牛市街路。或当

① 当为"在"。

日在对宇置宅，便起居耳。

文庄晚年，又自牛市迁于花盝冈，起遁园，大抵是自购地址，就固有者而修葺之。遁园在宅之右，今尚有水石一二可证。

遁园，后亦屡易姓。裔孙顾尔惺作《续宅居说》云：余从兄弟十有余人，将及婚配，居不容众，是以迁至花盝冈大宅。宅为故庐履道孙公所有，中建池桥亭榭、竹树山石，迨迁后始知为吾先文庄公之旧宅。至是又归顾氏者，时在道光初年。尔惺实顾遂初起贞之后。"故司徒清望"一额，今悬厅事正中。

曩与贤裔顾绍劬茂才游花盝冈旧宅，升堂谒文庄石刻画像，又仰见司徒公之额，深讶此宅为文庄故居。司徒别有宅有高冈里。以文庄昆季四人皆分居也，不应有额在此。即有额，不应在正中。迨读《顾氏谱》，见《续宅居说》，始悟今之顾裔皆司徒一派，非文庄后也。屋宇之变迁，家世之可考，皆于是乎知。

鸽子桥有陈氏璞园，其后即白衣庵。陈氏式微，园为合肥周氏所有。竹树乔木，山石嶙峋，较胡氏愚园精致。陈氏家业缎。至陈月舫读书，斐然有声，亦屡蹶场屋。相传月舫于某年乡试前梦神示题，一一拟之，且精湛不苟。比入场，果是题也。纳卷大喜，以为必获隽无疑。孰知榜发仍落孙山。自此遂徜徉诗酒，不复与科名较得失。贾籽原丈为言之。

侯青甫先生云松善书画，求者踵之，不可辞。因作《金缕曲》二阙，榜其门以谢之。词曰："对客频挥手，愿诸君收回绢素，都容分剖。书画词章三绝技，此语最难消受。况八十龙钟衰朽，终日涂鸦涂不了，惯直从辰巳交申酉。问所得，几曾有？　尤多亲戚之亲友，贴签条某翁某老。不知谁某，积压纵横旋散失。寻觅数番搔首，愧爽约又将谁咎？要不食言原有术，或先将润笔从丰厚。问破钞，可能否？"又一阙曰："润笔由来久，古之人一丝一缣，不嫌情厚。翰墨生涯论价值，不出板桥窠臼。于廉惠何伤之有？风雅钱仍风雅用，向荒园老屋添花柳。　五篮约，宴良友。漫嗤自享千金帚，算老来只余拙笔，尚夸人口。便类碔砆同瓦砾，索报却须琼玖。书数目榜之门右，博得道涂闻者笑，谓是翁罔顾言之丑。掩两耳，掉头走!”

上元寿民徐绍桂，二品封典，享寿一百二岁。宣统□年旌表，建坊于望仙桥北徐氏宗祠庭中。此坊俭朴，以在宅内免毁。

金亚匏先生题淞北玉鱿生《艳史丛抄·迈陂塘词》二阕曰:“是妆楼平心月旦，绣丝消受双拜。门墙桃李归红粉，值得才人无赖。花世界，怕冶叶昌条，占尽春如海。倾城难再。要豆蔻梢头，瑟琶门下，飞出彩云衫。　　《霓裳曲》，一字千金曾买。只今声价犹在。貂官将相鹔裘客，一样风流绝代。青史外，问几辈男儿，豹死皮千载?不如眉黛，为赋入闲情，诗成本事，留下爱河爱。”其二:“谢先生斯文护法，碎金收拾齐整。乌栏细格从头写，抵得《玉台新咏》。千片锦，有万片花魂，暗里春风影。真真唤醒，定游戏蓬莱，相逢子晋，齐解佩珠赠。

柔乡话，止有终烘作梗，彩豪横被阿禁。年时平地风波起，诗案老坡冤甚。余力劲，更溺影含沙，要断书生命。今犹齿冷。看文选楼高，商量艳体，谁再杀风景?”先生自注云:“癸酉夏，许少玉太守有《白门新柳记》之作。有‘欲倾湖上老渔，讲席诬构主名，讽大吏’，毁其版，而太守以愤卒。乙亥，张海初大令复作《秦淮艳品》，属余为之序。又逢彼之怒，所以厄余者甚力。两为逐客，贫病累年，皆彼之赐。”故第二阕兼咏及此事也。

光绪三十年甲辰夏五月端阳节，文德桥上因看月牙池竞龙舟，东面桥栏倾圮，堕水溺死者数十人。

聚宝门迤东城墙，于光绪二十八年春间忽崩隳十余丈。正在夜半时，城下居民悉被压。宅毁人死，惨不可看。

戊辰秋八月初七日下午，汉西门闸为火药车爆裂，轰声如地震，城内外民居倾圮甚多。行道之人有被难者。余有诗六解，纪其事。

己巳秋七月二十二日，汉西门虎贲仓废屋内，借贮火药、枪炮、炸弹，不戒于火，遂焚毁。一日夜，大声爆发如临敌。天空烟焰，光怪陆离，不可熄。余亦有诗六解，纪其事。

宣统二年，命两江总督端方建南洋劝业会。于是辟城北丁家桥一隅建馆舍，筑会场，征集各行省出产物品。千珍陈列，万商云集。中外交错，主客喧腾。舟车输送，昼夜流连。金帛劳勩，物力耗敝。好大喜功，夸奇斗靡，无所不至。如是，凡自三月至于十月而后已。赢得嘉名，号曰“劝业会”。惹有童谣，歌曰：“劝业开会，柴米赶贵。百姓遭瘟，宣统让位。”明年八月武昌事起，国家大事遂成瓦解，可叹也已。

鼓楼东北隅有钟亭，江宁布政使奉新许振祎以重机起卧钟而建置也。钟为明洪武二十三年铸，原有楼。楼毁，钟卧地，殆数百年。许复建屋三楹，为游人憩息地，撰联曰：“五百载山土尘钟，物久传讹，竟作景阳遗器考；四万斛江楼悬置，我来好事，要闻建业暮天声。”

近者有妄人议塞东关，浚青溪，合淮流入运渎，以出西水关，将城内淮河故道填平之，筑路成街市。误地方，殃民而已。后有经告语者，稍缓执行。于是，又议疏浚淮流。先自东关，始关外筑闸，司水道之启闭。关下涵洞，一一利导之。厥后，以资不给，乃停疏淮，而仅蒇事于东关内外水闸。幸哉，秦淮之未塞也！不然，辛未夏之大水，恐全城皆泽国。

东园地势极低，故金陵闸利遏淮流之散入也。玄武湖地势极高，故湖流入城设铜管，以利水势之高下。复于城内设闸，以司启闭，就水之多寡以疏流通。城内青溪不至泛滥，城外湖水藉有停蓄。又于淮流出西水闸处设云台闸，以遏水泄。斗门桥为淮入运渎，南分淮流，北合青流，回环通达城中。水利制度绵密，大致如此。厥后，土著者不复记忆掌故，官斯土者又不能夙谙地方利弊。临时妄议更张，又不察所以然，颠倒臆度，谓为关心民瘼乎！政变民穷，憔悴虐政之不暇，夫何言欤？

近年地方有司亦有疏浚秦淮一事。器利于畴昔，而程工实敷衍。两岸饬役挑土，倾之岸旁。大雨后或日久，又渐下堕。计自东关迤西，至于饮虹桥，直出西水关，为工甚巨。耗帑数万金，盖浚如未浚也。城中人几习忘之矣。

癸丑年，城中有乱事。到有广东兵专毁祠庙，木偶塑像，蹂躏无遗。一时通城骚扰，几一月乃已。

兵之毁塑像，非恶宗教也，或传像中必有宝器与金银物，故打毁。后以无所有，遂稍止。北兵入城则大异是：凡遇庙宇，无不叩头焚香去。以是民间有避入僧舍者，藉以倖免焉。

《潜庐挥麈录》[①]载，金陵乱后，豺狼之多，千百成群。城内白昼攫人，一二人孤行辄为所食。李少荃阁部督两江，命数营勇循环兜剿，日以为常，卒弗能尽。数年后遂无所见，殆疠气所化。考此事，里中父老绝无谈及者。纵有所见，或在城北地僻人稀处。

近年门西闻有打狼事。一狼自城上来，等犬嗥，见人窜去。事在辛未之夏。

《陶庵梦忆》载，报恩塔成于永乐初年。塔上下金刚佛像千百亿金身，琉璃砖十数块凑成之。偶于砖损一块，以字号报工部，发补之。夜必灯，费油若干斛。永乐时，海上夷蛮重译至者，见塔必顶礼，赞叹而去，谓四大部洲所无也。

今灵谷寺有废殿，砖甓砌成，俗曰“无梁殿”。当时迁志公塔于此，故增灵谷而广之。志公塔启，真身不坏，指爪绕身数匝。军士辇之不起。太祖亲礼之，许以金棺银椁、庄田三百六十。奉香火至今。寺僧数千口，食一庄田，而以原塔基起孝陵。载《陶庵梦忆》。

---

① 原注：“甲寅正月得手抄稿本，署曰‘参一居士撰’。又曰《泳经堂笔记》。”

《中国近现代稀见史料丛刊》已出书目

第一辑

莫友芝日记
汪荣宝日记
翁曾翰日记
邓华熙日记
贺葆真日记
徐兆玮杂著七种
白雨斋诗话
俞樾函札辑证
清民两代金石书画史
扶桑十旬记(外三种)

第二辑

翁斌孙日记
张佩纶日记
吴兔床日记
赵元成日记(外一种)
1934—1935中缅边界调查日记
十八国游历日记
潘德舆家书与日记(外四种)
翁同爵家书系年考
张祥河奏折
爱日精庐文稿
沈信卿先生文集
联语粹编
近代珍稀集句诗文集

第三辑

孟宪彝日记
潘道根日记
蟫庐日记(外五种)
壬癸避难日志　辛卯年日记
嘉业堂藏书日记抄
吴大澂书信四种
赵尊岳集
贺培新集
珠泉草庐师友录　珠泉草庐文录
校辑民权素诗话廿一种

第四辑

江瀚日记
英轺日记两种
胡嗣瑗日记
王振声日记
黄秉义日记
粟奉之日记
王承传日记
唐烜日记
王锺霖日记(外一种)
翁同龢家书诠释
甲午日本汉诗选录
达亭老人遗稿

第五辑

袁昶日记
吉城日记
有泰日记
额勒和布日记
孟心史日记·吴慈培日记
孙毓汶日记信稿奏折（外一种）
高等考试锁闱日录
东游考察学校记
翁同书手札系年考
辜鸿铭信札辑证
郭则沄自订年谱
庚子事变史料四种（外一种）
《申报》所见晚清书院课题课案汇录
近现代“忆语”汇编